国家文化产业资金支持媒体融合重大项目

国家级精品课程教材

21世纪新概念教材："多元整合型一体化"系列

高职高专教育会计专业精品课程教材新系

税务会计——原理、实务、案例、实训

训练手册

（第五版）

王碧秀　主编
梁伟祥　主审

东北财经大学出版社
Dongbei University of Finance & Economics Press　大连

图书在版编目（CIP）数据

《税务会计——原理、实务、案例、实训》训练手册 / 王碧秀主编. —5版.
—大连：东北财经大学出版社，2020.4
（高职高专教育会计专业精品课程教材新系）
ISBN 978-7-5654-3330-6

Ⅰ. 税… Ⅱ. 王… Ⅲ. 税务会计-高等职业教育-习题集 Ⅳ. F810.42-44

中国版本图书馆CIP数据核字（2018）第211436号

东北财经大学出版社出版
(大连市黑石礁尖山街217号 邮政编码 116025)
网 址：http://www.dufep.cn
读者信箱：dufep@dufe.edu.cn
大连图腾彩色印刷有限公司印刷 东北财经大学出版社发行
幅面尺寸：185mm×260mm 字数：313千字 印张：13
2020年4月第5版 2020年4月第1次印刷
责任编辑：许景行 李 栋 责任校对：王 娟
封面设计：冀贵收 版式设计：钟福建

定价：29.00元

教学支持 售后服务 联系电话：(0411) 84710309

如有印装质量问题，请联系营销部：(0411) 84710711

第五版前言

本书是《税务会计——原理、实务、案例、实训》（第五版）主教材的配套教材，内容根据2019年6月前的最新税收政策进行了修改。与侧重税务会计课程“教学环节”的主教材不同，本书侧重于税务会计课程的学生“训练环节”，其各章正文内容包括“预习要览”、“客观题”、“主观题”、“实训资料”、“课业范例”和“参考答案与提示”，书后附有“职业核心能力强化训练‘知识准备’参照范围”、“案例分析、职业核心能力和职业道德训练与考核参照规范及标准”两个“附录”和助学光盘。

“预习要览”指学生在使用本手册进行训练之前，先行预习的主要教学内容，包括“内容提要与结构”、“重点与难点”和“主要公式”。

“客观题”涵盖“单元训练”和“综合训练”的全部“自测题”，全面充分地练习这些类型多样、数量足够的习题，可以巩固和强化各章“教学环节”的知识建构，并为学生通过助学光盘进行自我测试与考核，乃至介入“主观题”训练提供必要准备。其中：“理论题”的功能是通过训练，强化学生对“是什么”的概念或观念的记忆，这种记忆和强化是了解“做什么”和“怎么做”的条件；“实务题”的功能是通过训练，强化学生对“做什么”和“怎么做”的操作规则的记忆，记住并强化这些规则建构，旨在克服学生实训操练时对专业规范的盲目性；“案例题”的功能是通过训练，强化学生对“主要观念”的记忆，记住并强化这些“主要观念”建构，是学生在主教材“主观题”的“案例分析题”中运用“主要观念”分析问题和决策设计的前提和基础；“实训题”的功能是通过运用本章“主要公式”的计算训练，为其后“主观题”的“实训题”全面操练做必要准备。

“主观题”以学生通过“客观题”对各章知识要点的记忆和掌握为前提，通过对各章教学内容的简要复述、深入解析和实际运用，全面培养其职业胜任力。与四大“教学环节”相对应的主观“操练题型”为“理论题”、“实务题”、“案例题”和“实训题”。

“实训资料”与各章“单元训练”和“综合训练”中“主观题”的“实训题”相配套，为每章的“情境设计”提供了三至四组资料，供“实训组”在进行实训操练时选择。

“课业范例”为各章“主观题”的“案例题”和“实训题”课业展示了具体的示范参照，有助于化解学生完成相关课业的难点。

“参考答案与提示”收录“客观题”、“主观题”和“实训资料”相关题型的“参考答案”或“分析提示”，旨在帮助学生查证其各项训练任务完成结果的对错。

“职业核心能力强化训练‘知识准备’参照范围”系参照中华人民共和国人力资源和社会保障部职业技能鉴定中心的《职业核心能力培训测评标准》编制，其范围是为操练构成学生职业发展后劲的那些能力圈定的，任课教师的“指导准备”和学生的相关操练均可按图索骥。

“案例分析、职业核心能力和职业道德训练与考核参照规范及标准”参照行业标准编制，为本课程的学生训练与考核提供了可以参照的规范与标准。

为方便学习，本书从第五版起将原助学光盘中的“自测系统”变为二维码资源，学生用智能手机扫描各章末的二维码，即可进行该章“客观题”的自测训练。

本书由丽水职业技术学院“税务会计”国家级精品资源共享课程负责人王碧秀教授主编，梁伟样主审，丽水职业技术学院的蔡梦颖参与了编写，书后的两个“附录”由东北财经大学出版社许景行编审编写，全书由丽水职业技术学院梁伟样教授主审。

在编写过程中我们参阅了许多中外书籍，得到了有关领导、专家的支持，在此一并表示衷心感谢!

在编写本书的过程中，尽管我们付出了不懈的努力，但由于水平有限，书中的疏漏与不足之处在所难免，恳请广大读者批评指正。

编　者

2019年10月

目 录

第1章 税收基础知识与税务会计

1.1 预习要览

1.1.1 内容提要与结构

1.内容提要

税收是政府为了满足社会公共需要，凭借政治权力，强制地、无偿地取得财政收入的一种形式。税收区别于其他财政收入形式的独有特征是强制性、无偿性和固定性。

我国现行的税收法律体系由税收实体法和税收程序法共同构成。我国现行开征的税种，按征税对象不同分为流转税、所得税、财产税、行为税、资源税、特定目的税和烟叶税；按税负能否转嫁分为直接税和间接税；按计税依据不同分为从量税、从价税和复合税；按税收管理与使用权限不同分为中央税、地方税、中央地方共享税；按税收与价格的关系不同分为价内税和价外税；按会计核算中使用的会计科目不同分为销售税金、资本性税金、所得税及增值税。

税制构成要素是指构成一个完整税种的基本要素，主要包括纳税人、征税对象、税目、税率、纳税环节、纳税期限、纳税地点、减免税、附加与加成、罚则等项目。纳税人是指税法规定的直接负有纳税义务的单位和个人，包括法人和自然人。征税对象即纳税客体，是征纳双方权利义务共同指向的客体或标的物，是区别一种税与另一种税的主要标志，它体现不同税种征税的最基本界限，决定不同税种的名称以及各税种性质。税率是应纳税额与计税依据之间的法定比例，是衡量税负轻重的重要标志，是税收制度的核心，税率的基本形式有比例税率、累进税率和定额税率。纳税环节是指按税法规定对处于不断运动中的征税对象选定的应当征税的环节，分为一次课征和多次课征。纳税地点是指税法规定的纳税人缴纳税款的地点。纳税期限是指纳税人发生纳税义务后，应向国家征税机关申报缴纳税款的期限。减免税是税率的重要补充，是税法普遍性与特殊性、统一性与灵活性的有机结合。减免税的具体形式有税基式减免、税率式减免和税额式减免三种。附加也称地方附加，是指地方政府按照国家规定的比例随同正税一起征收的列入地方预算外收入的一种款项。

税收征收管理的主要内容包括税务管理、税款征收、税务检查和法律责任。税务管理是税收征管的基础，主要包括税务登记管理、账证管理和纳税申报管理。自2015年10月1日起，在全面实施工商营业执照、组织机构代码证、税务登记证“三证合一”登记制度改革的基础上，再整合社会保险登记证和统计登记证，实现“五证合一、一照一码”。税款征收是税收征收管理的重点，包括税款征收方式和税款征收制度。现行的税款征收方式主要有查账征收、查定征收、查验征收、定期定额征收、委托代征等。税款征收制度主要有延期缴纳税款制度、税收滞纳金征收制度、税收保全措施、税收强制执行措施、税款退还与追征制度等。税务检查是税收征收管理的手段。

税务会计是以税收法律为依据，运用会计理论和方法，对会计主体发生的涉税事项进行核算与监督的一门专业会计。它是介于税收学与会计学之间的一门边缘学科，是融国家税收法令和会计处理于一体的专业会计。税务会计并不要求企业在财务会计的凭证、账簿、报表之外再设一套会计账表，也不需要独立设置税务会计机构。企业只需要设置一套完整的会计账表，平时只需按财务会计准则、会计制度进行会计处理，需要时按现行税法进行调整。同时，税务会计较财务会计而言，在目标、对象、核算原则、法律依据及计算损益程序等方面有其特殊性。

2. 内容结构

本章内容结构如图 1-1 所示。

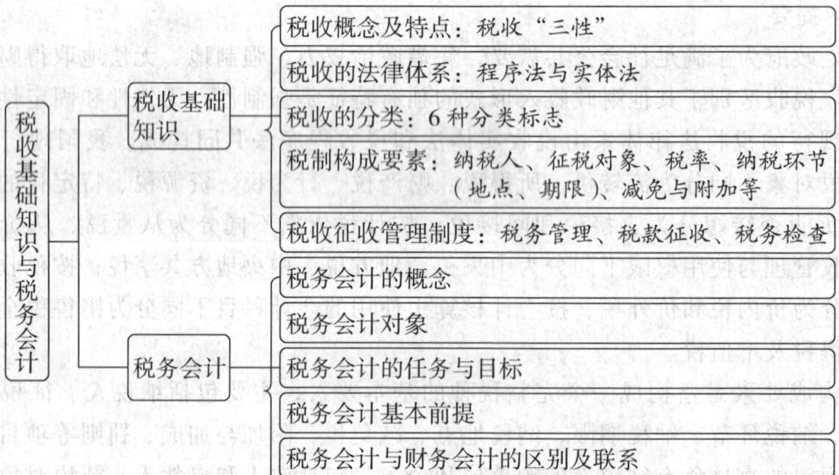

图 1-1 本章内容结构

3. 主要概念和观念

1）主要概念

税收 流转税 所得税 直接税 间接税 价内税 价外税 从量税 从价税 复合税 纳税人 负税人 征税对象 税率 起征点 免征额

2）主要观念

税收基础知识 税务会计

1.1.2 重点与难点

1. 重点理论

税收概念 税收法律制度体系 税收分类 税制构成要素 税收征收管理制度 五证合一登记制度 税务会计概念 税务会计对象 税务会计基本前提 税务会计的凭证、科

目和报表

2.重点实务

税务管理要求　税款征收方式与制度　税务检查规定　税务会计任务

3.重点操作

五证合一登记

4.难点

税收征收管理制度

1.1.3　主要公式

应纳税额=计税依据×税率

1.2　客观题

1.2.1　理论题

1.单项选择题

1）税制构成要素中区分不同税种的标志是（　）。

A.纳税人　B.征税对象　C.税目　D.税率

2）（　）是衡量税负轻重与否的重要标志，是税收制度的核心。

A.征税对象　B.税目　C.计税依据　D.税率

3）下列税率形式中，与征税对象的价值量无关的是（　）。

A.比例税率　B.超额累进税率　C.超率累进税率　D.定额税率

4）以商品或劳务的流转额为征税对象的税种称为（　）。

A.流转税　B.所得税　C.财产税　D.资源税

5）按（　）不同，税收可以分为直接税和间接税。

A.征税对象　B.税负能否转嫁

C.计税依据　D.税收管理与使用权

6）以征税对象的价值量为计税依据计征的税种称为（　）。

A.从价税　B.从量税　C.复合税　D.滑准税

2.多项选择题

1）税收区别于其他财政收入取得方式的独有特征，即税收的“三性”是指（　）。

A.合法性　B.固定性　C.无偿性

D.强制性　E.公平性

2）税法规定的纳税人的两种最基本形式是（　）。

A.居民纳税人　B.法人　C.自然人

D.企业　E.行政机关

3）我国现行税法规定的税率形式有（　）。

A.比例税率　B.全额累进税率　C.超额累进税率

D.超率累进税率　E.定额税率

4）下列各项中具有间接税特征的是（　）。

A.增值税　B.企业所得税　C.消费税
D.关税　E.个人所得税

5）税务会计对象的具体内容包括（　）。

A.税基的确定　B.应纳税额的计算
C.应纳税额的核算　D.税款的缴纳、退补与减免
E.税收滞纳金与罚款缴纳

6）税务会计与财务会计的区别主要表现在（　）。

A.目标不同　B.对象不同
C.核算原则不同　D.法律依据不同
E.计算损益的程序不同

3.判断题

1）纳税人和负税人都是由税法直接规定的。（　）

2）流转税主要对生产经营者的利润和个人的纯收入发挥调节作用。（　）

3）销售税金是指在销售过程中实现，按销售收入或数量计税并作为销售利润减项的税种。（　）

4）根据税法规定，纳税人因特殊情况不能按期纳税申报的，经省级以上税务机关核准，可以延期申报。（　）

5）纳税人停业期满未按期复业，又不申请延长停业的，税务机关应当视为已恢复营业，实施正常的税收征收管理。（　）

6）当会计制度规定与税法有差异时，税务会计的核算必须遵循税法规定。（　）

1.2.2 实务题

1.单项选择题

1）下列关于延期缴纳税款的说法错误的是（　）。

A.纳税人有特殊困难不能按期缴纳税款，经省、自治区、直辖市税务局批准，可以延期缴纳税款，但最长不得超过3个月

B.纳税人有特殊困难不能按期缴纳税款，经省、自治区、直辖市税务局批准，可以延期缴纳税款，但最长不得超过6个月

C.所谓特殊困难是指因不可抗力导致纳税人发生较大损失，正常生产经营受到较大影响

D.所谓特殊困难是指当期货币资金在扣除应付职工工资、社会保险后，不足以缴纳税款

2）下列关于税收滞纳金征收制度的说法错误的是（　）。

A.纳税人未按规定期限缴纳税款的，税务机关除责令限期缴纳外，还应加收滞纳金

B.扣缴义务人未按规定期限解缴税款的，税务机关除责令限期缴纳外，不再加收滞纳金

C.滞纳金必须在税务机关发出催缴通知书，责令限期缴纳税款，纳税人未能按期缴纳的情况下才能加收

D.加收滞纳金的起止日期为自法律、行政法规规定的税款缴纳期限届满次日起至纳税人实际缴纳税款之日止

3）下列关于税款退还的说法错误的是（ ）。

A.税务机关发现纳税人多缴税款的，应自发现之日起10日内办理退还手续

B.纳税人自结算缴纳税款之日起3年内发现多缴税款的，可以向税务机关要求退还多缴税款，并加算银行同期存款利息

C.纳税人发现多缴税款，要求退还的，税务机关应自接到纳税人退还申请之日起30日内查实并办理退还手续

D.纳税人多缴税款，由税务机关发现的可以退还，自己发现的不得退还

4）对营业额、所得额不能准确计算的小型工商户，其税款征收方式通常采用（ ）。

A.查定征收 B.查验征收 C.委托代征 D.定期定额征收

5）自（ ）起我国在全国范围全面实现“五证合一、一照一码”登记模式。

A.2015年12月1日 B.2015年10月1日

C.2016年10月1日 D.2016年5月1日

6）从事生产经营的纳税人，自领取税务登记证件或五证合一营业执照之日起（ ）日内，必须将所采用的财务、会计制度，报送主管税务机关备案。

A.10 B.15 C.30 D.45

2.多项选择题

1）纳税人办理下列事项应当出示税务登记证件（或五证合一营业执照）的有（ ）。

A.开立银行账户 B.领购发票

C.申请减免退税 D.办理延期申报

E.申请开具外出经营活动税收管理证明

2）纳税人下列事项发生改变，需办理变更税务登记的有（ ）。

A.单位名称 B.法定代表人

C.经济性质或经济类型 D.住所或经营地点

E.注册资本

3）我国现行税法规定的税款征收方式有（ ）。

A.查账征收 B.查定征收

C.查验征收 D.定期定额征收

E.代收代缴

4）我国现行税法规定的纳税申报方式有（ ）。

A.直接申报 B.邮寄申报

C.数字电文申报 D.银行网点申报

E.口头申报

5）对可能由于纳税人的行为或某种客观原因，致使以后税款的征收不能保证或难以保证的案件（ ）。

A.税务机关可以在规定的纳税期限之前责令限期缴纳税款

B.在限期内有明显转移、隐匿其应纳税商品、货物以及其他财产迹象的，税务机关应责令其提供担保

C.纳税人不能提供担保的，经县级以上税务局（分局）局长批准，可书面通知纳税人开户银行冻结纳税人金额相当于应纳税款的存款

D.纳税人不能提供担保的，经县级以上税务局（分局）局长批准，可以扣押、查封纳税人价值相当于应纳税款的商品、货物或其他财产

E.纳税人不能提供担保的，经省级以上税务局局长批准，可以扣押、查封纳税人价值相当于应纳税款的商品、货物或其他财产

6）税务机关有权进行如下税务检查（　　）。

A.检查纳税人的账簿、记账凭证、报表和有关资料

B.检查扣缴义务人代扣代缴税款账簿、记账凭证和有关资料

C.到纳税人的生产经营场所和货物存放地检查纳税人应纳税商品、货物或其他财产

D.到车站、码头、机场、邮政企业检查纳税人托运、邮寄应纳税商品、货物或其他财产的有关单据、凭证和有关资料

E.经县级以上税务局（分局）局长批准，凭全国统一格式的检查存款账户许可证明，查询从事生产经营的纳税人、扣缴义务人在银行的存款账户

3.判断题

1）扣缴义务人是纳税人的一种特殊形式。（　　）

2）有纳税义务的单位和个人，如果在纳税期内无应纳税款，可以不办理纳税申报。（　　）

3）已实行“五证合一、一照一码”登记模式的企业办理注销登记，应向国税、地税主管税务机关进行清税申报。（　　）

4）税务机关对可能由于纳税人的行为或某种客观原因，致使以后税款的征收不能保证或难以保证的案件，采用限制纳税人处理或转移商品、货物或其他财产的措施，就是税收强制执行措施。（　　）

5）税收强制执行措施需经省级以上税务局（分局）局长批准。（　　）

6）因纳税人计算等失误未缴或少缴税款的，税务机关在2年内可以追征税款和滞纳金。（　　）

1.2.3 案例题

无收入也要纳税申报吗？

背景与情境：甲公司于2019年3月2日成立并取得工商营业执照；3月10日设置了银行存款、库存现金等部分账户，对相关业务进行核算；3月25日向税务机关办理了税务登记；4月8日将所采用的财务、会计制度和具体的财务、会计处理办法，报送主管税务机关备案。由于公司成立时间较短，尚未发生任何收入性质的业务，故公司会计一直未向税务机关办理纳税申报。直至5月25日公司收到税务机关发来的一份税务处理通知书，主要内容是“你公司自成立以来已有2个月未按规定办理纳税申报，根据《中华人民共和国税收征收管理法》的规定将处罚款1 000元”。

分析要求：根据上述资料回答下列问题：

1）从事生产经营的纳税人应自领取营业执照或发生纳税义务之日起（　　）日内设置账簿，根据合法、有效的会计凭证记账、核算。

A.30　　B.15　　C.20　　D.60

2）从事生产经营的纳税人必须将所采用的财务、会计制度和具体的财务、会计处理办法，按税务机关的规定，自领取税务登记证件（或“五证合一”营业执照）之日起（　　）日内，及时报送主管税务机关备案。

A.30　　B.15　　C.20　　D.60

3）下列关于公司纳税申报事项处理的说法中，正确的是（　　）。

A.公司纳税申报期限应该从取得第一笔收入性质的业务开始计算

B.在纳税期内无论有无应纳税款，都必须按有关规定办理纳税申报

C.从取得营业执照以来公司未取得任何收入性质业务的，无须办理纳税申报

D.纳税人享受免税待遇的，在免税期间无须办理纳税申报

4）税务机关对不能如期办理纳税申报的纳税人可以采取（　　）。

A.到期时给予及时提醒

B.提醒后纳税人能办理纳税申报的不作任何其他处理

C.提醒后纳税人能办理纳税申报的，仍要加收税收滞纳金

D.不得未加提醒就直接给予经济处罚

1.2.4　实训题

1.单项选择题

1）下图为应用超额累进税率计算应纳税额的图式（数轴代表应税收入，金额单位：元），则级距为1 500元至2 000元的速算扣除数是（　　）元。

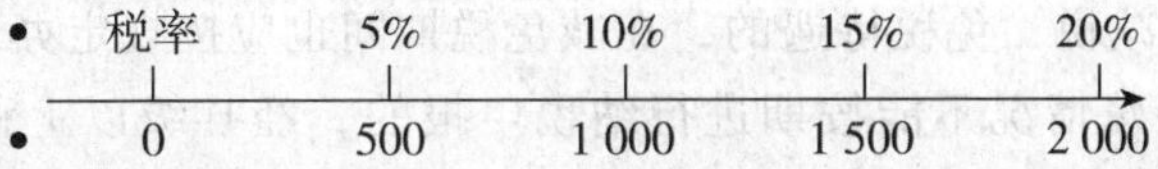

A.100　　B.150　　C.210　　D.360

2）某纳税人某月取得的应税收入为500元，假设税法规定的起征点为300元，税率为10%，则应纳税额为（　　）元。

A.50　　B.20　　C.0　　D.以上说法均不对

3）某纳税人某月取得的应税收入为500元，假设税法规定的免征额为300元，税率为10%，则应纳税额为（　　）元。

A.50　　B.20　　C.0　　D.以上说法均不对

4）因税务机关责任，致使纳税人、扣缴义务人未缴或少缴税款的，税务机关在（　　）内可要求纳税人、扣缴义务人补缴税款，但不得加收滞纳金。

A.4个月　　B.6个月　　C.1年　　D.3年

5）下列有关税款征收制度说法错误的有（　　）。

A.税收保全措施必须经县级以上税务局（分局）局长批准方可实施

B.书面通知纳税人开户银行或其他金融机构冻结纳税人金额相当于应纳税款的存款的行为属于税收保全措施

C.扣押、查封纳税人价值相当于应纳税款的商品、货物或其他财产的行为属于税收强制执行措施

D.书面通知其开户银行或其他金融机构从其存款中扣缴税款的行为属于税收强制执行措施

6）税务会计的对象是指纳税人因纳税活动所引起的（　　），即应纳税款的形成、计算、申报、缴纳、退补和罚款等税务活动的货币表现。

A.资金运动　　B.税务资金运动

C.税务活动　　D.营运资金运动

2.多项选择题

1）下列单位具有纳税主体身份的是（　　）。

A.生产销售啤酒的酒厂　　B.承担化妆品消费税的化妆品消费者

C.缴纳个人所得税的某税务人员　　D.依法代扣代缴税款的某学校

E.某百货商场

2）以下适用查账征收方式征收税款的纳税人有（　　）。

A.会计核算健全，能认真履行纳税义务的纳税人

B.生产规模小，账册不健全，但能够控制原材料或进销货的纳税人

C.经营品种比较单一，经营地点、时间和商品来源不固定的纳税单位

D.无完整考核依据的小型纳税单位

E.能够据以如实核算企业收入、成本、费用和财务成果的纳税人

3）下列关于纳税申报的说法正确的有（　　）。

A.凡有纳税义务的单位和个人，在纳税期内无论有无应纳税款，都必须按有关规定办理纳税申报

B.纳税人享受减税、免税待遇的，在减免税期间也应按规定办理纳税申报

C.纳税人因特殊情况不能按期进行纳税申报的，经县级以上税务机关核准可以延期申报

D.核准延期纳税申报的，应按上期实际缴纳的税款或税务机关核定的税款预缴，并在核准的延期内办理税款结算

E.核准延期纳税申报的，在核准的延期内办理税款结算即可，无须预缴税款

4）领取“一照一码”营业执照的企业发生（　　）变更，需要变更税务登记的，应到工商登记部门申请变更。

A.生产经营地　　B.财务负责人　　C.核算方式

D.法定代表人　　E.注册资本

5）税务机关在行使税务检查职责时，下列说法中正确的有（　　）。

A.税务机关在调查税收违法案件时，经设区的市、自治州以上的税务局（分局）局长批准，可以查询涉嫌人员的储蓄存款

B.税务机关依法进行税务检查时，有权向有关单位和个人调查纳税人、扣缴义务人和其他当事人与纳税或代扣代缴、代收代缴税款有关的情况

C.税务机关调查税务案件时，对与安全有关的情况和资料，可以记录、录音、录像、照相和复制

D.税务机关派出人员进行税务检查时，应当出示税务检查证和税务检查通知书

E.税务机关派出人员进行税务检查时，有责任为被检查人保守秘密

1.3　主观题

1.3.1　理论题

1.简答题

1）什么是税收？简述税收的“三性”特征。

2）什么是流转税？它有什么特点？

3）什么是所得税？它有什么特点？

2.理解题

1）税收按税负能否转嫁如何分类？

2）税收按计税依据如何分类？

3）税收按税收管理与使用权限如何分类？

1.3.2　实务题

1.规则复习

1）税制构成的要素包括哪些？

2）税务会计的对象是什么？

3）税务会计与财务会计有什么联系与区别？

2.业务解析

1）比较纳税人、扣缴义务人与负税人。

2）比较征税对象、税目与计税依据。

3）比较起征点与免征额。

1.3.3　案例题

税务检查行为正确吗？

背景与情境：2018年3月，白云市税务局对其所辖的甲公司2018年度的纳税情况依法进行税务检查，发现该公司有明显转移、隐匿应税收入的迹象，税务机关责令甲公司于2019年3月18日至3月28日内补缴税款，但甲公司在3月28日期限届满后，仍拒绝补缴税款。

问题：根据税收征收管理法律制度的规定，分析以下问题：

（1）税务机关在对甲公司进行税务检查时应当出示哪些证件、文件？

（2）针对甲公司的逃避纳税行为，税务机关可以采取何种手段？

分析要求：

1）形成性要求

（1）了解本教材“附录二”中附表2-1“形成性考核”的“考核指标”与“考核内容”。

（2）学生分析案例提出的问题，分别拟定《案例分析提纲》，提交小组讨论后各自修订。

（3）学生以其《案例分析提纲》修订稿为基础，各自撰写《案例分析报告》，提交小组讨论并修订后，评出小组优秀《案例分析报告》。

(4) 班级交流并修订小组优秀《案例分析报告》，评出班级优秀《案例分析报告》。

(5) 教师对班级优秀《案例分析报告》进行点评。

(6) 将附有“教师点评”的班级优秀《案例分析报告》纳入该课程教学资源库，通过校园网课程平台展示，并允许学生拷贝借鉴。

2）成果性要求

(1) 了解本教材“附录二”中附表2-1“课业考核”的“考核指标”与“考核内容”。

(2) 案例课业要求：以经班级交流和教师点评的《案例分析报告》为最终成果。

(3) 课业的结构、格式与体例要求：参照本《实训手册》“1.4课业范例”。

1.4 课业范例

变更业务也要办理变更登记吗？

案例分析报告

（报告人：　　　　　　　　　　）

背景与情境：林平县税务局直属分局在税务检查中发现，某服装店新增烟酒批发和零售项目，未办理税务登记变更手续，即下发《税收违章行为限期改正通知书》，责令其限期改正。该店经营者认为，其虽然增加了经营项目，但店名没有改变，也未到工商行政管理机关办理变更登记，因此不应办理税务登记变更手续。

问题：你认为林平县税务局直属分局的做法正确吗？依据何在？

分析：根据《中华人民共和国税收征管法》以及《税务登记管理办法》，从事生产、经营的纳税人，税务登记内容发生变化时，纳税人在工商行政管理机关办理注册登记的，应当自工商行政管理机关办理变更登记之日起30日内，持有关证件向原税务登记机关申报办理变更税务登记。纳税人不需要在工商行政管理机关办理注册登记的，或其税务登记内容与工商登记无关的，应当自有关机关批准或者宣布变更之日起30日内，持有关证件向原税务登记机关申报办理变更税务登记。根据《中华人民共和国税收征管法实施细则》和《税务登记管理办法》，经营范围属于税务登记内容。因此，该服装店改变经营范围，属于改变税务登记内容，即使店名没有改变，也理应按照上述规定在限期内办理变更税务登记。否则，将要受到税务机关的处罚。

指导老师点评：

（略）

实训组长（签字）：　　　　　　　　　　指导教师（签字）：

年　　月　　日

1.5 参考答案与提示

“1.2 客观题”参考答案

1.2.1 理论题

1.单项选择题

1）B　2）D　3）D　4）A　5）B　6）A

2.多项选择题

1）BCD 2）BC 3）ACDE 4）ACD 5）ABCDE 6）ABCDE

3.判断题

1）× 2）× 3）√ 4）× 5）√ 6）√

1.2.2 实务题

1.单项选择题

1）B 2）B 3）D 4）D 5）C 6）B

2.多项选择题

1）ABCDE 2）ABCDE 3）ABCDE 4）ABCD 5）ABCD 6）ABCDE

3.判断题

1）× 2）× 3）√ 4）× 5）× 6）×

1.2.3 案例题

1）B 2）B 3）B 4）ACD

1.2.4 实训题

1.单项选择题

1）B 2）A 3）B 4）D 5）C 6）B

2.多项选择题

1）ACE 2）AE 3）ABCD 4）ABC 5）ABCDE

"1.3 主观题"参考答案与提示

1.3.1 理论题

1.简答题

1）参考答案：

税收是政府为了满足社会公共需要，凭借政治权力，强制地、无偿地取得财政收入的一种形式。税收的"三性"是指强制性、无偿性和固定性。强制性是指国家以社会管理者的身份，用法律、法规等形式对征收捐税加以规定，并依照法律强制征收。无偿性是指国家征税后，税款即成为国家的财政收入，不直接归还纳税人，也不向纳税人支付任何报酬。固定性是指国家在征税之前，应以法律形式预先规定征税对象、征收标准、征税方法等，征纳双方必须遵守，不得随意变动。

2）参考答案：

流转税是指以商品或劳务的流转额为征税对象征收的一种税。此税种涉及商品生产和流通的各个环节，主要在生产、流通和服务领域中发挥调节作用，包括增值税、消费税和关税。

3）参考答案：

所得税是指以所得额为征税对象征收的一种税。此税种主要对生产经营者的利润和个人的纯收入发挥调节作用，包括企业所得税和个人所得税。

2.理解题

1）参考答案：

按税负能否转嫁，税收可以分为直接税和间接税。直接税是指税负不能转嫁，只能由纳税人承担的一种税，如所得税、财产税等。间接税是指纳税人能将税负全部或部分转嫁给他人的一种税，如流转税。

2）参考答案：

按计税依据不同，税收可以分为从量税、从价税和复合税。从量税是以征税对象的自然实物量（重量、容积等）为标准，采用固定单位税额征收的一种税，如车船税等。从价税是以征税对象的价值量为标准，按规定税率征收的一种税，如增值税、企业所得税等。复合税是同时以征税对象的自然实物量和价值量为标准征收的一种税，如白酒的消费税等。

3）参考答案：

按税收管理与使用权限的不同，税收可以分为中央税、地方税、中央地方共享税。中央税是指管理权限归中央、税收收入归中央支配和使用的一种税，如关税、消费税、车辆购置税等。地方税是指管理权限归地方，税收收入归地方支配和使用的一种税，如车船税、房产税、土地增值税等。中央地方共享税是指主要管理权限归中央，税收收入由中央和地方共同享有，按一定比例分成的一种税，如增值税、资源税、企业所得税、印花税等。

1.3.2 实务题

1.规则复习

1）参考答案：

税制构成要素是指构成一个完整税种的基本要素，一般包括总则、纳税人、征税对象、税目、税率、纳税环节、纳税期限、纳税地点、减免税、附加与加成、罚则、附则等项目。

2）参考答案：

税务会计的对象是纳税人的各种涉税事项所引起的税收资金运动。与税收资金运动相关的要素有应税收入、计税成本费用、应税所得、应交税金、税收减免、税款退还、税收滞纳金等。

3）参考答案：

税务会计与财务会计的联系：税务会计作为一项实质性工作并不是独立存在的，而是企业财务会计的一个特殊领域，是以财务会计为基础的，是税务中的会计，会计中的税务。税务会计并不要求企业在财务会计的凭证、账簿、报表之外再设一套会计账表，也不需要独立设置税务会计机构。企业只需要设置一套完整的会计账表；平时只需按财务会计准则、会计制度进行会计处理，需要时按现行税法进行调整。税务会计的资料来源于财务会计，税务会计与财务会计在计量单位、使用的文字和通用的基本会计原则等方面都相同。

税务会计与财务会计的区别：（1）目标不同。财务会计的目标是向信息使用者提供企业财务状况、经营成果的会计信息，为各利害关系人的决策提供依据。税务会计的目标是向信息使用者提供企业税务活动会计信息，确保纳税人正确履行纳税义务，也便于国家税收征收管理。（2）对象不同。财务会计核算与监督的对象是企业能以货币计量的全部经济事项，包括资金的投入、循环、周转、退出的全过程，而税务会计核算与监督的对象仅限于与纳税人纳税有关的资金运动，如税款的计算、申报、退补等。（3）核算原则不同。收益和费用直接决定企业财务会计中的利润总额和税务会计中的应纳税所得额，而两者的确认时间和口径，在会计准则和税收法规中的规定却不完全一致。财务会计强调提供信息的真实性和可靠性，会计制度规定财务会计核算应以权责发生制为基础。税务会计不仅要求所提供信息的真实性，更强调纳税人“支付能力”、“征管方便”和“足额、及时纳税”的要求，因而税务会计核算以修正的权责发生制为基础，即权责发生制和收付实现制结合。（4）法律依据不同。财务会计遵循财务会计准则，注重会计信息的客观、公允，会计人员对某些相同的经济业务可能有不同的表述，从而出现不同的会计结果。税务会计注重税务信息的合法性，因此，不仅要遵循那些与税法不相矛盾的财务会计一般原则，更要严格按税法的要求进行会计处理，其结果具有统一性。（5）计算损益的程序不同。财务会计的核算依据是会计制度，其损益的计算是按照会计制度规定的收入减去成本、费用、税金与损失后的余额，即会计利润。税务会计的核算依据是税法，当税法与会计制度存在差异时，税务会计处理必须以税法为依据，将会计利润调整为应税所得，即当财务会计核算与税务会计核算不一致时，财务会计核算必须服从于税务会计核算，从而使得核算结果符合税法的要求。

2.业务解析

1）参考答案：

纳税人，即纳税主体，是指税法规定的直接负有纳税义务的单位和个人，包括法人和自然人。扣缴义务人，是指按税法规定负有扣缴税款义务的单位和个人。确定扣缴义务人是加强税收源泉控制、简化征税手续、减少税款流失的需要。负税人是税款的实际承担者，是负担税款的经济实体。某种税的纳税人与负税人可能相同，也可能分离。

2）参考答案：

征税对象即纳税客体，是征纳双方权利义务共同指向的客体或标的物，是区别一种税与另一种税的主要标志。税目是税法中对征税对象分类规定的具体项目。设置税目有两个目的：一是明确具体的征税范围，凡列入税目的即为应税项目，否则不属于应税项目；二是便于针对不同税目确定不同税率，以体现不同的税收政策。计税依据，是据以计算征税对象应纳税款的直接数量依据，是征税对象量的具体化，具体有从价计税、从量计税、复合计税三种。

3）参考答案：

起征点是征税对象达到一定数额开始征税的起点，征税对象数额未达到起征点的不征税，达到起征点的按全部数额征税。免征额是在征税对象的全部数额中免予征税的数额，对免征额的部分不征税，仅对超过免征额的部分征税。

1.3.3 案例题

分析提示：

税务机关派出人员进行税务检查时，应当出示税务检查证和税务检查通知书，并有责任为被检查人保守秘密；未出示税务检查证和税务检查通知书的，被检查人有权拒绝检查。

根据税收征收管理制度规定，从事生产、经营的纳税人、扣缴义务人未按照规定的期限缴纳或解缴税款，由税务机关责令限期缴纳，逾期仍未缴纳的，经县级以上税务局（分局）局长批准，税务机关可以采取强制执行措施。

税务机关可以采取的税收强制执行措施有：书面通知纳税人开户银行从其存款中扣缴税款；依法拍卖或变卖其价值相当于应纳税款的商品、货物，以拍卖或变卖所得抵缴税款。

理论题　　实务题　　案例题　　实训题

第2章 增值税会计

2.1 预习要览

2.1.1 内容提要与结构

1.内容提要

增值税是以其发生的应税行为在流转过程中产生的增值额为计税依据征收的一种流转税。以法定增值额的价值构成为标准，增值税有“生产型”、“收入型”和“消费型”三种类型，我国自2009年1月1日起全面推行消费型增值税。

增值税纳税人是指在我国境内销售货物、劳务、服务、无形资产和不动产，以及进口货物的单位和个人。中华人民共和国境外单位或个人在境内发生应税行为，在境内未设经营机构的，以购买方为增值税扣缴义务人。根据经营规模大小及会计核算健全与否两个标准，增值税纳税人可分为一般纳税人和小规模纳税人。年应税销售额在规定标准以下，且会计核算不健全，不能按规定报送有关税务资料的纳税人为小规模纳税人；年应税销售额超过小规模纳税人认定标准的企业和企业性单位为一般纳税人。年应税销售额或年应税服务额超过小规模纳税人标准的其他个人按小规模纳税人纳税；非企业性单位、不经常发生应税行为的企业和个体工商户可选择按小规模纳税人纳税。

我国现行增值税征税范围为在我国境内销售货物、劳务、服务、无形资产、不动产以及进口货物。其中销售服务是指提供交通运输服务、邮政服务、电信服务、建筑服务、金融服务、现代服务、生活服务。

增值税视同销售行为有：将货物交付其他单位或个人代销；销售代销货物；设有两个以上机构并实行统一核算的纳税人，将货物从一个机构移送至其他机构用于销售，但相关机构设在同一县（市）的除外；将自产或者委托加工的货物用于免税项目、简易计税项目；将自产或者委托加工的货物用于集体福利或个人消费；将自产、委托加工或购进的货物作为投资，提供给其他单位或个体工商户；将自产、委托加工或购进的货物分配给股东或投资者；将自产、委托加工或购进的货物无偿赠送给其他单位或个人；向其他单位或个人无偿提供服务、转让无形资产或者不动产，但用于公益事业或者以社会公众为对象的除外。

一项销售行为如果既涉及货物又涉及服务，该行为统称混合销售行为。从事货物的生产、批发或者零售的单位和个体工商户的混合销售行为，按照销售货物缴纳增值税；其他单位和个体工商户的混合销售行为，按照销售服务缴纳增值税。

兼营行为，是指纳税人兼有不同税率或征收率的销售货物、加工修理修配劳务、服务、无形资产或者不动产的行为。纳税人发生兼营行为的，应分别核算适用不同税率或征收率的销售额，未分别核算销售额的，从高适用税率或者征收率。

一般纳税人的增值税适用税率（或征收率）有13%、9%、6%、5%、3%、零税率；小规模纳税人的增值税适用征收率有3%和5%两种。

我国现行的增值税优惠政策主要有法定免税项目、减征增值税项目、起征点、营业税改征增值税试点过渡政策中规定的免税项目。

一般纳税人增值税应纳税额的计算采用税款抵扣的方法，即“当期应纳税额=当期销项税额-当期进项税额”。销项税额是指纳税人发生应税行为按照销售额和增值税税率计算并收取的增值税额，即“销项税额=销售额×税率”。一般销售方式下销售额是指纳税人发生应税行为向购买方收取的全部价款和价外费用。视同销售行为销售额按下列顺序确定其销售额：按纳税人最近时期同类应税行为的平均销售价格；按其他纳税人最近时期同类应税行为的平均销售价格；按组成计税价格。包装物押金、折扣销售、以旧换新、还本销售、以物易物等方式销售额有特别规定。提供增值税应税服务、转让无形资产或销售不动产的纳税人采用差额征税的，按照国家有关增值税差额征税的政策规定，以取得的全部价款和价外费用扣除支付给规定范围纳税人的规定项目价款后的不含税余额为销售额。进项税额是指纳税人购进货物、加工修理修配劳务、服务、无形资产或者不动产，所支付或负担的增值税额。下列情形增值税进项税额可以抵扣：从销售方取得的增值税专用发票（含税控机动车销售统一发票，下同）上注明的增值税额；从海关取得的海关进口增值税专用缴款书上注明的增值税额；购进农产品，除取得增值税专用发票或海关进口增值税专用缴款书外，按照农产品收购发票或销售发票上注明的农产品买价和9%或10%的扣除率计算的进项税额；从境外单位或者个人购进服务、无形资产或者不动产，自税务机关或者扣缴义务人取得的解缴税款的完税凭证上注明的增值税额。下列情形进项税额不得抵扣：增值税小规模纳税人购进货物、加工修理修配劳务、服务、无形资产和不动产；一般纳税人会计核算不健全，或者不能够提供准确税务资料的；扣税凭证存在问题不得抵扣进项税额；非正常损失不得抵扣；用于最终消费的不得抵扣；用于简易计征办法和免税项目不得抵扣；差额征税允许扣减的款项中的进项税额不得扣除。

小规模纳税人增值税采用简易征收办法计算，其计算公式为“应纳税额=销售额×征收率”。进口货物在进口环节应由海关代征增值税，其计算公式为“应纳税额=组成计税价格×税率”。

一般纳税人核算增值税，应在“应交税费”科目下设置“应交增值税”“未交增值税”“预交增值税”“待抵扣进项税额”“待认证进项税额”“转让金融商品应交增值税”“简易计税”二级明细科目。

一般纳税人增值税纳税申报表与小规模纳税人增值税纳税申报表的格式及填写方法不同，但对两类纳税人的增值税纳税申报期间及地点的规定相同。纳税期限分别为1日、3日、5日、10日、15日、1个月或1个季度。以1个月或1个季度为1个纳税期的自期满之日起15日内申报纳税；以1日、3日、5日、10日或15日为1个纳税期的自期满之日起5日内预缴税款，于次月1日起15日内申报纳税并结清上月应纳税款；进口货物应当自海关填发进口增值税专用缴款书之日起15日内缴纳。固定业户向其机构所在地主管税务机关申报；非固定业户向销售地或劳务发生地主管税务机关申报，未向销售地或劳务发生地主管税务机关申报的，由其机构所在地或居住地主管税务机关补征；进口货物向报关地海关申报。

2.内容结构

本章内容结构如图2-1所示。

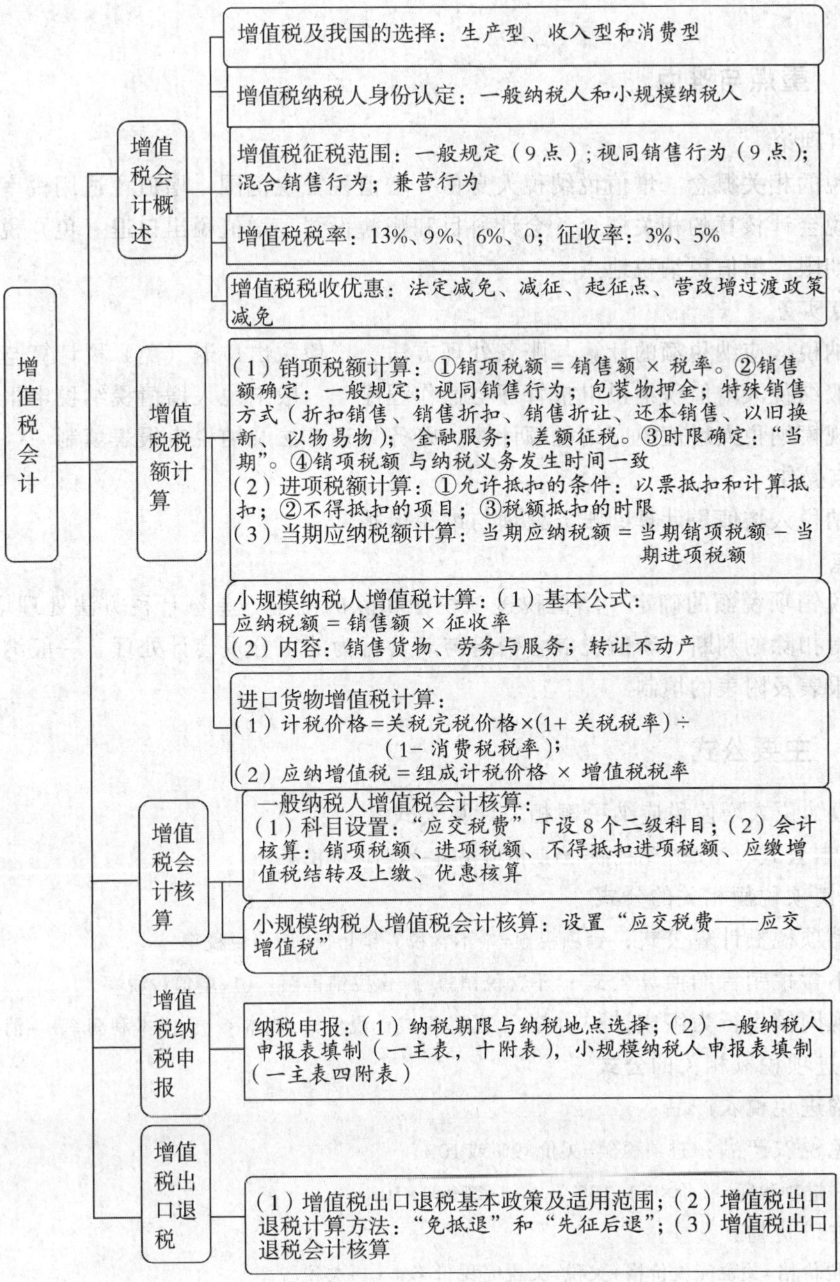

图2-1　本章内容结构

3.主要概念和观念

1）主要概念

增值税　小规模纳税人　一般纳税人　销项税额　进项税额　混合销售行为　兼营行为

2）主要观念

一般纳税人增值税应纳税额核算　一般纳税人增值税纳税申报　小规模纳税人增值税核算与申报

2.1.2　重点与难点

1.重点理论

增值税的相关概念　增值税纳税人身份　增值税征税范围　增值税适用税率　一般纳税人增值税会计核算的相关概念、会计科目和账簿设置　增值税出口退（免）税政策　增值税纳税期限　增值税纳税地点

2.重点实务

一般纳税人应纳税额的计算与账务处理方法　增值税出口退（免）税计算与账务处理方法　一般纳税人增值税纳税申报管理与操作程序　一般纳税人增值税纳税申报表及附表填制　小规模纳税人增值税应纳税额计算、账务处理方法及纳税申报表填制

3.重点操作

一般纳税人增值税计算、账务处理与纳税申报

4.难点

增值税销项税额的确定　增值税进项税额扣除的确定　差额计税方法处理增值税　进项税额不得扣除的判断　增值税混合销售与兼营行为的区分及会计处理　一般纳税人增值税纳税申报表及附表的填制

2.1.3　主要公式

1.一般纳税人增值税应纳税额相关计算公式

1）基本公式：当期应纳税额=当期销项税额-当期进项税额

2）与销项税额相关的公式

（1）销项税额计算公式：销项税额=（不含税）销售额×增值税税率

（2）不含税销售额换算公式：不含税销售额=含税销售额÷（1+增值税税率）

（3）视同销售行为组成计税价格公式：组成计税价格=成本×（1+成本利润率）+消费税

3）与进项税额相关的公式

（1）购进免税农产品：

一般免税农产品：进项税额=买价×9%或10%

烟叶：进项税额=买价×（1+10%）×（1+20%）×10%

（2）进口货物：

组成计税价格=关税完税价格+关税=关税完税价格×（1+关税税率）

应纳税额=组成计税价格×增值税税率

2.一般纳税人增值税出口退税相关计算公式

1）“免、抵、退”

（1）免抵退税不得免征和抵扣税额=（出口货物离岸价－免税购进原材料价格）×（出口货物征税率－出口货物退税率）－免抵退税不得免征和抵扣税额抵减额

（2）当期应纳税额=当期内销货物的销项税额－（当期进项税额－当期免抵退税不得免征和抵扣税额）－上期留抵税额

（3）当期免抵退税额=（当期出口货物离岸价－免税购进原材料价格）×出口货物退税率

2）“先征后退”

（1）出口货物不予退税金额=出口货物不含税购进金额×（出口货物征税率－出口货物退税率）

（2）出口退税额=出口货物不含税购进金额×出口货物退税率

3.小规模纳税人应纳税额相关计算公式

1）应纳税额计算公式：应纳税额=销售额×征收率

2）不含税销售额换算公式：不含税销售额=含税销售额÷（1+征收率）

2.2 客观题

2.2.1 理论题

1.单项选择题

1）下列关于增值税纳税人认定的说法错误的是（　　）。

A.除国家税务总局另有规定外，纳税人一经认定为一般纳税人后，不得转为小规模纳税人

B.非企业性单位、不经常发生应税行为的企业和个体工商户，按小规模纳税人纳税

C.增值税纳税人年应税销售额超过规定标准的，除符合有关规定选择按小规模纳税人纳税外，必须在规定的时间内办理一般纳税人资格登记

D.年应税销售额未超过财政部、国家税务总局规定的小规模纳税人标准的纳税人，能够按国家统一的会计制度设置账簿，根据合法、有效凭证核算，能够提供准确税务资料的，也可以向主管税务机关申请办理一般纳税人资格登记，主管税务机关应确认其为增值税一般纳税人

2）以下属于增值税境内销售服务行为的有（　　）。

A.境内单位向境外单位购买的咨询服务

B.境外单位向境内单位提供完全发生在境外的会展服务

C.境外单位向境内销售完全在境外使用的专利和非专利技术

D.境外单位向境内单位或者个人出租完全在境外使用的有形动产

3）以下关于“增值税销售服务”的说法正确的是（　　）。

A.销售服务包括交通运输服务、邮政服务、电信服务、建筑服务、金融服务、现代服务和生活服务

B.销售服务包括交通运输服务、邮政服务、电信服务、建筑服务、金融服务、现代服务和加工修理修配

C.销售服务包括交通运输服务、邮政服务、电信服务、建筑服务、金融服务、生活服

务和无形资产

D.销售服务包括交通运输服务、邮政服务、电信服务、建筑服务、现代服务、生活服务和固定资产

4）下列关于混合销售行为的说法错误的是（　　）。

A.物业公司在提供物业管理时向用户收取水费和电费等属于混合销售行为，一并按物业管理服务计征增值税

B.有线电视经营者向用户收取初装费的同时向用户收取提供广播电视节目播映费属于混合销售行为，一并按播映业务计征增值税

C.有线电视经营者向用户收取初装费的同时向用户收取提供广播电视节目播映费属于兼营行为，能分别核算的，初装费按安装服务计征增值税，播映收费按广播影视服务计征增值税

D.餐饮企业提供餐食的同时售卖酒属于混合销售行为，按生活服务计征增值税

5）一般纳税人下列应税行为，适用13%的增值税税率的有（　　）。

A.提供有形动产租赁服务　　B.提供基础电信服务

C.提供增值电信服务　　D.提供不动产租赁服务

6）下列行为中不适用5%征收率征收增值税的是（　　）。

A.房地产开发企业中的小规模纳税人，销售自行开发的房地产项目

B.房地产开发企业中的一般纳税人，销售自行开发的房地产老项目

C.小规模纳税人销售其自建的不动产

D.纳税人销售旧货

2.多项选择题

1）下列各项中，应按小规模纳税人计算缴纳增值税的有（　　）。

A.年应税销售额60万元，从事货物生产或提供应税劳务的纳税人，以及以从事货物生产或提供应税劳务为主，并兼营货物批发或零售的纳税人

B.年应税销售额80万元，从事货物批发或零售的纳税人

C.应税服务年应税销售额600万元以下，从事销售服务、无形资产或者不动产的纳税人

D.年应税销售额超过小规模纳税人标准的其他个人

E.非企业性单位、不经常发生应税行为的企业和个体工商户

2）增值税征税范围中的“建筑服务”包括（　　）和其他建筑服务。

A.工程服务　　B.安装服务　　C.修缮服务

D.装饰服务　　E.工程设计

3）纳税人发生的下列行为中，应征收增值税的有（　　）。

A.将货物交付其他单位或个人代销

B.将购买的货物对外投资提供给其他单位或个体工商户的行为

C.将购买的货物分配给股东或投资者的行为

D.将购买的货物用于集体福利或个人消费的行为

E.将购买的货物用于免税项目的行为

4）一般纳税人发生（　　）应税行为，适用9%的增值税税率。

A.提供交通运输服务　　B.提供邮政服务
C.提供建筑服务　　D.销售不动产
E.转让土地使用权
5）一般纳税人（　　），可选择按简易计税方法依3%的征收率计征增值税。
A.提供公共交通运输服务
B.以清包工方式提供的建筑服务
C.为甲供工程提供的建筑服务
D.提供电影放映服务、仓储服务、装卸搬运服务、收派服务和文化体育服务
E.经认定的动漫企业为开发动漫产品提供的动漫脚本编撰、形象设计服务
6）下列关于增值税纳税义务发生时间的表述中，正确的有（　　）。
A.发生应税行为并收讫销售款或取得索取销售款凭据的当天
B.进口货物，为报关进口的当天
C.采取预收货款方式销售货物，为货物发出的当天
D.采取托收承付和委托银行收款方式销售货物，为发出货物并办妥托收手续的当天
E.视同销售，为应税行为完成的当天或者不动产权属变更的当天
3.判断题
1）单位以承包、承租、挂靠方式经营的，以承包人为纳税人。（　　）
2）境外单位或者个人向境内单位或者个人销售完全在境外发生的服务不征收增值税。（　　）
3）纳税人发生兼营行为的，应分别核算适用不同税率或征收率的销售额，未分别核算销售额的，从高适用税率或征收率。（　　）
4）单位或个体经营者聘用的员工为本单位或雇主提供的加工、修理修配劳务不征收增值税。（　　）
5）纳税人销售货物或应税劳务适用免税规定的，可以放弃免税，但放弃免税后，36个月内不得再次申请免税。（　　）
6）委托出口自产货物的生产企业增值税出口退税应选用“先征后退”办法核算。（　　）

2.2.2　实务题

1.单项选择题
1）汽车销售公司的下列价外收费中，应计征增值税的是（　　）。
A.销售汽车的同时代办保险而向顾客收取的保险费
B.销售汽车的同时为履行代扣代缴义务而向车主收取的车辆购置税
C.增值税销项税额
D.车辆装饰费
2）下列关于纳税人出租出借包装物收取押金的税务处理中，正确的是（　　）。
A.出租出借包装物收取的押金，凡单独记账核算又未逾期的，一律不征增值税
B.销售除啤酒、黄酒外的其他酒类产品收取的包装物押金，一律应在收取押金当期计征增值税

C.销售酒类产品收取的包装物押金，一律应在收取押金当期计征增值税
D.收取押金与收取租金的税务处理相同，一律应按价外收费计征增值税
3）下列关于以旧换新销售方式的增值税税务处理中，错误的是（ ）。
A.电器商场采取以旧换新方式销售彩电业务，应按新彩电的同期销售价格计征增值税
B.金银首饰以旧换新业务，可扣除金银首饰的回收价格计征增值税
C.金楼采取以旧换新方式销售金项链业务，应按新项链同期全新价格计征增值税
D.金楼采取以旧换新方式销售金项链业务，应按实际收取的不含税价格计征增值税
4）下列不得作为增值税扣税凭证的是（ ）。
A.销货方开具的增值税专用发票
B.海关开具的增值税完税凭证
C.收购免税农产品的收购发票
D.汇总开具增值税专用发票但没有销售清单
5）关于进项税额的下列处理方法中，错误的是（ ）。
A.差额征税允许扣减的款项中的进项税额不得扣除
B.进项税额已抵扣的外购货物改作个人消费的，其已抵扣的进项税额必须转出
C.一般纳税人兼营增值税应税项目与免税项目而又无法划分其进项税额的，进项税额一律不得抵扣
D.非正常损失的不动产在建工程所耗用的购进货物、设计服务和建筑服务，进项税额不得抵扣
6）下列关于小规模纳税人增值税的税务处理中，错误的是（ ）。
A.小规模纳税人应纳增值税按简易办法计算确定，公式为“应纳税额=销售额×征收率”
B.小规模纳税人增值税适用征收率为3%和5%
C.小规模纳税人不得抵扣进项税额
D.核算小规模纳税人应缴增值税应设置“应交税费——应交增值税（销项税额）”科目
2.多项选择题
1）下列关于一般纳税人增值税应纳税额计算的相关公式中，正确的有（ ）。
A.当期应纳税额=当期销项税额-（当期进项税额-当期进项税额转出）
B.销项税额=销售额×增值税税率
C.不含税销售额=含税销售额÷（1+增值税税率）
D.不含税销售额=含税销售额÷（1-增值税税率）
E.当期允许抵扣的进项税额=当期进项税额-当期进项税额转出
2）下列关于增值税视同销售行为计税销售额的说法中，正确的有（ ）。
A.按纳税人最近时期同类应税行为的平均销售价格确定
B.按其他纳税人最近时期同类应税行为的平均销售价格确定
C.按组成计税价格确定
D.组成计税价格=成本+利润+消费税

E.组成计税价格=成本×（1+成本利润率）÷（1-消费税税率）

3）下列关于进口货物增值税的税务处理的表述中，正确的有（　　）。

A.除特殊情况外进口货物均需在进口环节由海关代为征收增值税

B.进口货物增值税计算一律以组成计税价格为计税依据

C.组成计税价格=关税完税价格+关税+消费税+增值税

D.组成计税价格=关税完税价格+关税+消费税

E.组成计税价格=关税完税价格×（1+关税税率）÷（1-消费税税率）

4）下列关于特殊销售方式增值税计税销售额确定的说法中，正确的有（　　）。

A.商业折扣只要销售额与折扣额在同一张发票上分别注明就可按扣除折扣后的金额计算增值税

B.现金折扣必须按全部金额计算增值税，折扣额不得从销售额中扣除

C.销售折让可以按折让额计算增值税，并从折让发生当期增值税中扣除

D.计算增值税计税销售额时现金折扣不得扣除，商业折扣符合条件的可以扣除

E.计算增值税计税销售额时现金折扣不得扣除，销售折让可以扣除

5）下列关于增值税核算会计科目设置的说法中，正确的有（　　）。

A.一般纳税人核算增值税，应在"应交税费"科目下设置"应交增值税""未交增值税""待抵扣进项税额"等二级明细科目

B.一般纳税人核算增值税在"应交增值税"二级科目下设置的借方专栏有："进项税额""已交税金""减免税款""出口抵减内销产品应纳税额""销项税额抵减""转出未交增值税"

C.一般纳税人核算增值税在"应交增值税"二级科目下设置的贷方专栏有："销项税额""出口退税""进项税额转出""转出多交增值税"

D."销项税额抵减"专栏，记录一般纳税人按现行增值税制度规定因扣减销售额而减少的销项税额

E.小规模纳税人核算增值税只需设置"应交税费——应交增值税"，不需设置专栏

6）增值税出口退（免）税"免抵退"法应用中，对出口货物征税率与退税率不一致而产生的"免抵退税不得免征和抵扣税额"的处理方法有（　　）。

A.征税率与退税率不一致而产生的税额差额会计上应作为进项税额转出处理

B.免抵退税不得免征和抵扣税额=出口货物离岸价×（征税率-退税率）-免抵退税不得免征和抵扣税额抵减额

C.免抵退税不得免征和抵扣税额抵减额=免税购进材料价格×（征税率-退税率）

D.免抵退税不得免征和抵扣税额=出口货物离岸价×（征税率-退税率）+免抵退税不得免征和抵扣税额抵减额

E.免抵退税不得免征和抵扣税额=（出口货物离岸价-免税购进材料价格）×（征税率-退税率）

3.混合选择题

就"职业道德"相关领域的"参照规范与标准"、"职业核心能力"和"专业能力"各技能点的"参照规范与标准"（参见本章"主观题"之"实训题"的"能力与道德领域"），以及"职业核心能力强化训练'知识准备'的参照范围"（参见本教材"附录一"

的附表1-1）和“职业核心能力考核参照规范与标准”（参见本教材“附录二”的附表2-2），在下列各题中填入正确的选项：

1）关于信息处理、与人交流、与人合作、解决问题和革新创新职业核心能力的下列说法正确的有（　　）。

A.信息处理能力（中级）基本要求是指在更广泛的工作范围内获取需要的信息，进行信息开发处理，并根据工作岗位各方面的需要展示组合信息

B.“信息处理”（中级）“开发信息”技能点的“参照规范与标准”是指能对信息进行分类、定量筛选、运算分析、加工整理，用计算机扩展信息

C.“信息处理”（中级）“开发信息”技能点的“‘知识准备’参照范围”包括信息的分类方法与原则；信息筛选方法与要求；信息资料手工存储方法；计算机信息存贮方法；计算机其他相关知识

D.“革新创新”（中级）“揭示不足提出改进”技能点的“参照规范与标准”是指能在新需求条件下确认最佳方案，提出改进事物的创新点和具体方案

2）“职业态度”的“参照规范与标准”是指（　　）。

A.对职业、职业选择、职业工作和财务人员职业道德等问题具有正确的看法

B.对将要从事的职业种类、职业方向与事业成就有积极的向往和执着的追求

C.在履行职业义务时具有强烈的道德责任感和较高的自我评价能力

D.对职业选择或模拟选择有充分的认知和积极的倾向与行动

3）“增值税纳税人身份认定与征税范围确定”技能点的“参照规范与标准”有（　　）。

A.能正确认定增值税纳税人身份

B.能正确判断增值税征税范围

C.能正确选择增值税应纳税额计算方法

D.能对增值税涉税业务作出准确的账务处理

4）“增值税应纳税额与出口退（免）税计算”技能点的“参照规范与标准”有（　　）。

A.能正确选择增值税应纳税额与出口退（免）税计算方法

B.能正确设置增值税核算账户

C.能准确计算增值税应纳税额与出口退（免）税额

D.能正确判断增值税征税范围

5）“增值税账务处理”技能点的“参照规范与标准”有（　　）。

A.能正确设置增值税核算账户

B.能对增值税涉税业务作出准确的账务处理

C.能依照增值税申报资料管理要求与操作程序手工完成纳税申报

D.能准确计算增值税应纳税额

6）“增值税纳税申报”技能点的“参照规范与标准”有（　　）。

A.能依照增值税申报资料管理要求与操作程序手工完成纳税申报

B.能依照增值税申报资料管理要求与操作程序完成网上纳税申报

C.能顺利完成税款缴纳任务

D.能准确计算增值税应纳税额

4.判断题

1）金融商品转让不得开具增值税专用发票。 （ ）

2）小规模纳税人销售不动产（不含个体工商户销售购买的住房和其他个人销售不动产）或出租不动产，按照5%的征收率征收增值税。 （ ）

3）农业生产者销售的自产农产品免征增值税。 （ ）

4）增值税一般纳税人当期销项税额小于当期进项税额，不足抵扣时，其不足部分可以结转下期继续抵扣。 （ ）

5）总分机构不在同一县（市）的，增值税应由总机构汇总向总机构所在地主管税务机关申报缴纳。 （ ）

6）小规模生产企业自营出口自产货物适用“又免又退”的出口货物退税政策。 （ ）

2.2.3 案例题

晶都百货商场增值税的计算

背景与情境：晶都百货商场为增值税一般纳税人，2019年7月份发生下列增值税相关业务：

（1）从小规模生产企业购进商品一批，取得税务机关代开的专用发票，注明的销售额为800 000元、增值税24 000元；商场超市从某农场购进新鲜水果，开具的收购凭证上注明的价款为45 600元；从一般纳税人企业购进商品取得增值税专用发票，注明价款180 000元、增值税23 400元。

（2）以直接收款方式销售货物取得不含税销售收入1 750 000元，其中，大米95 000元，鸭蛋102 000元，食用植物油120 200元，新鲜水果90 000元，图书资料90 500元，化妆品130 000元，其余为其他商品。（提示：大米属于粮食，鸭蛋、新鲜水果属于农产品）

（3）庆祝“五一”国际劳动节，将经销的小家电免费发给员工，购进成本共计120 000元，零售价共计150 000元；向某福利院赠送童装一批，购进成本10 000元，零售价15 000元。

（4）商场品牌区受托代销（符合税法规定条件）服装，按本月代销零售收入的2%向委托方收取手续费18 000元。（提示：先计算代销行为的不含税销售额）

（5）有10台上月销售的彩电，因质量问题顾客要求退货，商场已将彩电退回厂家，并取得厂家开具的红字专用发票。经查彩电原不含税售价为每台3 000元，原购进不含税价为每台2 500元。

分析要求：根据上述资料回答下列问题：

1）根据业务（1），计算可抵扣的进项税额为（ ）元。

A.51 504　　B.47 400　　C.28 104　　D.51 960

2）根据业务（2），以直接收款方式销售货物的销项税额为（ ）元。

A.227 500　　B.272 392　　C.207 592　　D.277 592

3）根据业务（3），商场将小家电发给职工的行为处理正确的是（ ）。

A.视同销售行为计算销项税额19 500元

B.进项税额不得抵扣，计算进项税额转出15 600元

C.视同销售行为计算销项税额17 256.64元

D.进项税额不得抵扣，计算进项税额转出17 256.64元

4）根据资料（3），赠送福利院童装业务处理正确的是（　　）。

A.视同销售行为计算销项税额1 725.66元

B.视同销售行为计算销项税额1 950元

C.进项税额不得抵扣，计算进项税额转出1 300元

D.进项税额不得抵扣，计算进项税额转出1 150.44元

5）根据资料（4），下列税务处理中正确的是（　　）。

A.销项税额103 539.82元　　B.销项税额117 000元

C.销项税额104 558.69元　　D.销项税额134 435元

6）根据业务（5），下列税务处理中正确的是（　　）。

A.应扣减当期销项税额3 250元，扣减当期进项税额3 900元

B.应扣减当期销项税额3 250元，进项税额不得抵扣

C.应扣减当期销项税额3 900元，扣减当期进项税额3 250元

D.无须计算当期销项税额，也不得抵扣当期进项税额

2.2.4 实训题

1.单项选择题

1）某啤酒生产企业为增值税一般纳税人，某月向小规模纳税人销售啤酒，收取价款93 600元；同时收取包装物押金2 000元。则当月此项业务的增值税销项税额为（　）元。

A.12 168　　B.10 768　　C.10 998　　D.12 428

2）某食品加工厂上月收购的免税农产品因管理不善腐烂变质，经查其账面成本为81 900元，假设该农产品适用的扣除率为9%，则本月对上述农产品的税务处理正确的是（　）。

A.进项税额转出81 900元　　B.进项税额转出7 371元

C.进项税额转出8 100元　　D.进项税额不处理

3）某银楼为增值税一般纳税人，某月有一顾客拿来一条旧项链要求改成新款项链，银楼实收加工费4 000元，则银楼此项业务的增值税销项税额为（　　）元。

A.520　　B.640　　C.551.72　　D.460.18

4）某商业企业月初购进某品牌牛奶一批，取得的专用发票上注明的价款为500 000元、增值税为65 000元。月末将其中的6%作为福利发放给职工。则本月可以抵扣的进项税额为（　　）元。

A.65 000　　B.61 100　　C.3 900　　D.85 000

5）某图书销售中心（增值税一般纳税人）批发图书一批，每册标价20元（不含税价），共计1 000册。由于购买方购买数量多，按七折优惠价格成交，并将折扣额与销售额开具在同一张发票上，同时约定10日内付款享受2%的折扣。购买方如期付款，则销项税额为（　　）元。

A.1 234.8　　B.1 272.73　　C.1 260　　D.1 820

6）万隆超市为增值税小规模纳税人，某月购进货物取得普通发票，共计支付金额90 000元；当月销售货物共计收入167 800元；销售废旧物品取得收入80元。计算该商店当月应缴纳的增值税为（　　）元。

A.4 889.71　　B.4 887.38　　C.5 036.4　　D.5 034

2.多项选择题

1）云翔玩具厂为小规模纳税人，2019年7月份发生如下业务：2日购进材料一批，取得的增值税专用发票上注明的价款为10 000元、增值税为1 300元，价税合计款开出转账支票付讫；5日销售玩具一批，含税售价51 500元，款项收讫。对于上述业务的账务处理中正确的有（　　）。

A.借：原材料　11 300
　贷：银行存款　11 300

B.借：原材料　10 000
　应交税费——应交增值税（进项税额）　1 300
　贷：银行存款　11 300

C.借：银行存款　51 500
　贷：主营业务收入　51 500

D.借：银行存款　51 500
　贷：主营业务收入　50 000
　　应交税费——应交增值税　1 500

E.借：银行存款　51 500
　贷：主营业务收入　50 000
　　应交税费——应交增值税（销项税额）　1 500

2）甲公司（增值税一般纳税人）以自产货物一批对外投资，该批货物的成本为80 000元，市场不含税售价为120 000元。下列对于此项业务的账务处理中，正确的有（　　）。

A.增值税销项税额15 600元

B.借：长期股权投资　135 600
　贷：主营业务收入　120 000
　　应交税费——应交增值税（销项税额）　15 600

C.借：主营业务成本　80 000
　贷：库存商品　80 000

D.借：长期股权投资　95 600
　贷：库存商品　80 000
　　应交税费——应交增值税（销项税额）　15 600

E.增值税销项税额11 440元

3）某饮料加工厂（增值税一般纳税人）将一批新产品赠送给客户品尝，该批产品实际生产成本6 000元，尚无同类产品售价，则以下处理中正确的有（　　）。

A.货物对外捐赠应视同销售计算增值税销项税额，无同类产品售价的以组成计税价格为计税依据

B.组成计税价格为6 600元

C.增值税销项税额为858元

D.借：营业外支出 6 858

贷：库存商品 6 000

应交税费——应交增值税（销项税额） 858

E.借：营业外支出 7 458

贷：主营业务收入 6 600

应交税费——应交增值税（销项税额） 858

4）白云旅行社为增值税一般纳税人，2019年7月组织一日游团，共取得收入20 000元。门票支出3 000元，租车费支出4 440元，餐费支出4 000元，导游费支出2 000元，则下列账务处理中正确的有（　　）。

A.旅游服务增值税差额计税，门票、租车费、餐费支出可以扣除，适用税率为6%

B.取得收入的销项税额=20 000÷（1＋6%）×6%＝1 132（元），差额计税可抵扣的销项税额=（3 000＋4 440+4 000）÷（1＋6%）×6%＝648（元）

C.借：银行存款 20 000

贷：主营业务收入 18 868

应交税费——应交增值税（销项税额） 1 132

D.借：主营业务成本 12 752

应交税费——应交增值税（销项税额抵减） 648

贷：银行存款 13 400

E.应纳增值税额=1 132−648=484（元）

5）某企业（增值税一般纳税人）2019年6月从国外进口一台生产设备，海关审定的到岸价格为500 000元，缴纳进口关税75 000元。对此项业务海关环节应纳增值税及账务处理中，正确的有（　）。

A.进口设备应以组成计税价格为增值税的计税依据，其金额为575 000元

B.进口环节应纳增值税74 750元

C.关税为价内税应计入购入设备成本，而增值税为价外税并且符合税额抵扣条件应作进项税额处理

D.借：固定资产 575 000

应交税费——应交增值税（进项税额） 74 750

贷：银行存款 649 750

E.借：固定资产 649 750

贷：银行存款 649 750

6）某进出口公司2019年7月购进牛仔布委托服装厂加工成服装出口，取得增值税专用发票注明价款20 000元、增值税2 600元；支付服装加工费，取得增值税专用发票注明价款2 000元、增值税260元。服装出口退税率为13%。关于上述业务的下列处理中，正确的有（　　）。

A.外贸企业出口退税适用“先征后退”法计算

B.出口退税额为2 860元

C.借：其他应收款　2 860

　贷：应交税费——应交增值税（出口退税）　2 860

D.不予抵扣税额为260元

E.借：主营业务成本　260

　贷：应交税费——应交增值税（进项税额转出）　260

2.3　主观题

2.3.1　理论题

1.简答题

1）简述增值税一般纳税人和小规模纳税人的划分标准。

2）简述增值税视同销售行为的含义及类型。

3）简述增值税一般纳税人销售或进口适用9%低税率的货物种类。

4）简述现行税法对增值税纳税义务发生时间的规定。

5）简述增值税进项税额不得抵扣项目的基本内容。

2.理解题

1）解释增值税征税范围中所述“货物”“劳务”“服务”的特定含义。

2）解释混合销售行为的税务处理规定。

3）解释兼营行为的税务处理规定。

4）解释增值税一般纳税人出口货物增值税的“免、抵、退”的基本含义。

5）解释增值税纳税期限的法律规定。

2.3.2　实务题

1.规则复习

1）确定视同销售行为销售额的方法有哪些？写出组成计税价格的基本公式。

2）如何确定进口货物增值税的计税依据？写出其相关的计算公式。

3）怎样计算外购免税农产品可抵扣的进项税额？

4）增值税出口退税“免、抵、退”法的计算公式有哪些？

5）增值税出口退税“先征后退”法的计算公式有哪些？

2.业务解析

1）一般纳税人与小规模纳税人的增值税计算方法有何不同？

2）解析增值税视同销售行为会计核算的关键问题。

3）如何理解不得抵扣进项税额会计核算的处理？

4）解析“免、抵、退”法会计核算的基本流程。

2.3.3　案例题

1.案例分析

华都百货商场增值税应纳税额计算及申报处理正确吗？

背景与情境：滨海市华都百货商场为增值税一般纳税人，商场所有货物增值税税率全部为13%。2019年7月份发生增值税相关经济业务如下：购进货物取得的增值税专用发票上注明的价款为90万元、增值税为11.7万元；向一般纳税人销售货物，开具增值税专用发票，注明价款120万元；柜台零售货物金额23.73万元，其中，2.26万元开具了普通发票，其余未开具发票；“三·八”妇女节以库存商品（不含税价格2万元）为女职工搞福利；月末盘亏存货账面成本1.5万元，经查是因为管理不善被盗。

根据上述资料，商场税务员对当月增值税应纳税额计算如下：

进项税额=11.7万元

销项税额=（120+2.26）×13%=15.8938（万元）

增值税应纳税额=15.8938−11.7=4.1938（万元）

并在8月13日办理了网上申报手续。

问题：请分析商场税务员8月份增值税的计算与申报是否正确。如有错误请给予更正。

分析要求：

1）课业的结构、格式与体例要求：参照本书“课业范例2.5.1”。

2）其他要求：与第1章“主观题”之“案例题”的“分析要求”相同。

2.善恶研判

背景与情境：宏星实业公司为增值税一般纳税人，适用的增值税税率为13%，预计每年可实现不含税销售收入100万元，同时需要外购货物10吨。现有可供选择的两个供货渠道甲和乙。其中甲为一般纳税人，能够开具增值税专用发票，适用税率13%；乙为小规模纳税人，能够委托主管税务局代开增值税征收率为3%的专用发票。甲、乙两个企业提供的货物质量相同，不含税价格均为每吨10 000元。

问题：

（1）请你从税收角度对上述供货渠道做出选择。

（2）本案例对你有哪些启示？

研判要求：

（1）形成性要求

①学生分析案例提出的问题，拟出《善恶研判提纲》；小组讨论，形成小组《善恶研判报告》；班级交流、相互点评和修订各组的《善恶研判报告》；在校园网的本课程平台上展出经过修订并附有教师点评的各组《善恶研判报告》，供学生借鉴。

②了解本教材“附录二”的附表2-1中“形成性训练与考核”的“参照指标”与“考核点”。

（2）成果性要求

①课业要求：以经过班级交流和教师点评的《善恶研判报告》为最终成果。

②了解本教材“附录二”的附表2-1中“课业训练与考核”的“参照指标”与“考核点”。

2.3.4 实训题

“增值税计算、账务处理与纳税申报运作”业务胜任能力训练

【实训目的】

见主教材本章章名页“学习目标”中的“实训目标”。

【实训内容】

专业能力训练："能力领域"、"技能点"、"名称"和"参照规范与标准"见表2-1。

表2-1　**能力领域、技能点、名称和参照规范与标准**

能力领域	技能点	名称	参照规范与标准
增值税计算、账务处理与纳税申报	技能Ⅰ	增值税纳税人身份认定与征税范围确定	1）能正确认定增值税纳税人身份 2）能正确判断增值税征税范围
	技能Ⅱ	增值税应纳税额与出口退（免）税计算	1）能正确选择增值税应纳税额与出口退（免）税计算方法 2）能准确计算增值税应纳税额与出口退（免）税额
	技能Ⅲ	增值税账务处理	1）能正确设置增值税核算账户 2）能对增值税涉税业务作出准确的账务处理
	技能Ⅳ	增值税纳税申报	1）能依照增值税申报资料管理要求与操作程序手工完成纳税申报 2）能依照增值税申报资料管理要求与操作程序完成网上纳税申报 3）能顺利完成税款缴纳任务

职业核心能力和职业道德训练内容、种类、等级与选项见表2-2；各选项的"参照规范与标准"见本教材附录二的附表2-2和附表2-3。

表2-2　**职业核心能力与职业道德训练内容、种类、等级与选项表**

内容	职业核心能力							职业道德						
种类	自我学习	信息处理	数字应用	与人交流	与人合作	解决问题	革新创新	职业观念	职业情感	职业理想	职业态度	职业良心	职业作风	职业守则
等级		中级		中级	中级	中级	中级			认同级	认同级	认同级	认同级	认同级
选项		√		√	√	√	√			√	√	√	√	√

【组织形式】

将班级学生分成若干实训小组，根据实训内容和项目需要进行角色划分。

【实训任务】

（1）对表2-1所列专业能力领域各技能点，依照其"参照规范与标准"实施阶段性基本训练。

（2）对表2-2所列职业核心能力选项，依照本教材附录二附表2-2的"参照规范与标准"实施"中级"强化训练。

（3）对表2-2所列职业道德选项，依照本教材附录二附表2-3的"参照规范与标准"实施"认同级"相关训练。

【实训要求】

（1）实训前学生要了解并熟记本实训的"实训目标"、"能力与道德领域"、"实训任务”与“实训要求”，了解并熟记本教材“附录二”附表2-1、附表2-2中的“考核指标”与“参照规范与标准”内涵，将其作为本实训的操练点和考核点来准备。

（2）通过“实训步骤”，将“实训任务”中所列的三种训练整合并落实到本实训的“活动过程”和“成果形式”中。

（3）实训后学生要对本次“增值税计算、账务处理与纳税申报”的实训活动进行总结，在此基础上撰写实训报告。

【情境设计】

将学生分成若干实训组，各组结合本实训“成果形式”的“实训课业”题目，在“2.4 实训资料”的四组资料中任选一组，进行关于“增值税计算、账务处理与纳税申报”的实训操练。每组成员通过参与和体验所选资料项目的运作过程，相应实训报告的准备、撰写、讨论与交流等实践活动，完成各自实训任务。

【指导准备】

知识准备：

（1）该企业相关会计环境情况。

（2）该企业货物销售业务情况。

（3）增值税纳税人、增值税征税范围、税率相关法律规定理论。

（4）“增值税会计”的理论与实务知识。

（5）见本教材“附录一”附表1-1的“知识准备”，与本章“职业核心能力‘强化训练项’”各技能点相关的“‘知识准备’参照范围”。

（6）见本教材“附录二”附表2-2、附表2-3中，涉及本章“职业核心能力领域‘强化训练项’”各技能点和“职业道德领域‘相关训练项’”的“参照规范与标准”知识。

操作指导：

（1）教师向学生阐明“实训目的”、“能力与道德领域”和“知识准备”。

（2）教师就“知识准备”中的第（5）、（6）项，对学生进行培训。

（3）教师指导学生就所选“实训资料”中的项目进行“增值税计算、账务处理与纳税申报”的系列运作操练。

（4）教师指导学生撰写《××企业增值税计算、账务处理与纳税申报实训报告》。

【实训时间】

本章课堂教学内容结束后的双休日和课余时间，为期一周。

【实训步骤】

（1）将学生组成若干个实训组，每8～10位同学分成一组，每组确定1～2人负责。

（2）对学生进行关于“增值税计算、账务处理与纳税申报运作”实训的“指导准备”培训。

（3）各实训组成员熟悉所选“实训资料”，结合“实训资料”内容及“实训要求”进行增值税计算、账务处理与纳税申报表填制的全面操练。

（4）各实训组成员在实施上述训练的过程中，融入对“信息处理”、“解决问题”和“革新创新”等职业核心能力的各“技能点”的“中级”强化训练和对“职业态度”和“职业作风”等职业道德各“素质点”的“认同级”相关训练，并对训练过程作简要记录与说明。

（5）各实训组成员整合上述操练的过程与结果，分别撰写作为最终成果形式的关于“增值税计算、账务处理与纳税申报”的实训报告。

（6）各实训组成员的实训报告提交小组讨论并修订后，评出小组优秀实训报告。

（7）在班级交流并修订各组的优秀实训报告，评出班级优秀实训报告。

（8）教师对班级优秀实训报告进行点评。

（9）将附有“教师点评”的班级优秀实训报告纳入该课程教学资源库，通过校园网课程平台展示，并允许学生拷贝借鉴。

【成果形式】

实训课业：《××企业增值税计算、账务处理与纳税申报实训报告》

课业要求：

（1）本课业应包括“关于‘专业能力’的基本操练”、“关于‘职业核心能力’与‘职业道德’选项的融入性操练”和“实训感言”三部分。其中，“关于‘专业能力’的基本操练”应包括对所选企业纳税人身份认定、征税范围和税率确定分析、对所选企业增值税应纳税额的计算过程、账务处理和纳税申报表等内容。

（2）报告结构、格式与体例参照本《训练手册》“课业范例2.5.2”。

（3）实训课业定稿后，在其标题下注明“项目组长姓名”和“项目组成员姓名”。

2.4 实训资料

实训资料2.4.1

1）企业基本情况：

企业名称：滨海市永江木业有限责任公司

纳税人识别号：310106786378146123

企业地址：滨海市环城东路56号

法人代表：李永江

注册资本：人民币300万元

企业类型：有限责任公司

财务负责人：赵利

办税员：李永利

企业开户银行及账号：工商银行滨海市中山支行 8522671260890853576

该公司为增值税一般纳税人，从事木制品加工销售，增值税纳税期限为1个月，会计核算遵循企业会计准则。

2）2019年7月份与增值税相关的经济业务如下：

（1）向某林场购进原木一批，取得普通发票，注明价款116万元；委托运输部门将原木从林场运至厂部共支付不含税运费6.8万元，取得增值税专用发票。

（2）以购进原木为原料加工高档桌椅一批，销售给某商场，取得不含税收入188万元；另外收取地区独家代理费用11.3万元。

（3）以购进原木为原料加工高档木床一批，取得不含税收入65万元。

（4）以废弃边角料加工儿童木床一批，取得不含税收入36万元。

(5) 购进集成材料一批验收入库，取得增值税专用发票，注明价款21万元。

(6) 月末盘存发现上月自农场购进木材短缺29.79万元（其中含运费成本2.79万元），经认定短缺的木材属于非正常损失。

(7) 当月购进电锯一台，取得增值税专用发票，注明价款22万元；支付不含税运费1万元，取得增值税专用发票。

(8) 购进管理部门办公用小汽车一辆，取得增值税专用发票，注明价款32万元。

其他资料：本月取得的专用发票均在当月通过认证，6月份无留抵税额，应支付的款项全部以银行存款付讫。

3）操练要求：

(1) 计算本期销售货物的销项税额；

(2) 计算本期购进货物的进项税额；

(3) 计算本期进项税额转出额；

(4) 计算当月应纳增值税税额；

(5) 手工填报7月份增值税纳税申报表及其附表；

(6) 按序号顺序编制每笔业务的会计分录。

实训资料 2.4.2

1）企业基本情况：

企业名称：滨海市中山百货有限公司

纳税人识别号：310106786315884231

企业地址：滨海市中山路88号

法人代表：李刚

注册资本：人民币500万元

企业类型：有限责任公司

财务负责人：王一平

办税员：刘玮

企业开户银行及账号：建设银行滨海市中山支行　8522671260890558888

中山百货为增值税一般纳税人，增值税纳税期限为1个月，会计核算遵循企业会计准则。

2）2019年8月份与增值税相关的经济业务如下：

(1) 首饰柜台以旧换新销售首饰，实际收到12万元，旧首饰扣减零售收入2万元。

(2) 商场超市销售各类水果蔬菜取得含税销售收入5万元，销售其他食品取得含税销售收入60万元。

(3) 商场家电部以分期收款方式批发销售一批进口家电，合同规定不含税销售额300万元，约定本月15日收取货款的70%，剩余款项9月15日收回，商场本月15日收到约定款项后按全额开具了增值税专用发票。同时以旧换新销售家电，实际收到90万元，已扣减旧家电收购款5万元。

(4) 外购商品取得经认证的增值税专用发票，注明销售额360万元（商品已付款70%）；取得未经认证的增值税专用发票，注明价税合计140万元，该商品本月售出70%。

(5) 从小规模生产企业购买商品，取得税务机关代开的专用发票，注明销售额为80万元；商场超市从果农处购入鲜水果直接用于销售，收购凭证上注明的价格为6万元。

(6) 上月售出的彩电10台，因质量问题顾客要求退货（原零售价每台0.3万元），商场已将彩电退回厂家（原购进的含税价格每台0.25万元），并已取得厂家开出的红字专用发票。

(7) 购进8台税控收款机，取得增值税专用发票注明价款20万元，增值税2.6万元。

其他资料：7月留抵税额为0.2万元。

3）操练要求：

(1) 按序号逐项计算增值税税额（要求分别说明是属于进项税额、销项税额还是进项税额转出），并编制相关会计分录；

(2) 计算当月应纳增值税税额；

(3) 手工填制该公司5月份增值税纳税申报表及其附表。

实训资料2.4.3

1）企业基本情况：

企业名称：爱丽芬特股份有限公司

纳税人识别号：310106789128495231

企业地址：滨海市江滨路18号

法人代表：彦力平

注册资本：人民币2 000万元

企业类型：股份有限公司

财务负责人：王刚

办税员：宋一佳

企业开户银行及账号：工商银行滨海市中山支行　852317126012719532

该公司成立于2000年，为增值税一般纳税人，从事服装生产，拥有自营出口经营权。增值税纳税期限为1个月，会计核算遵循企业会计准则。

2）2019年8月与增值税相关的经济业务资料如下：

(1) 外购原材料等货物，取得的增值税专用发票上注明的价款为480 000元、增值税为62 400元。

(2) 内销服装150套，每套不含税售价2 400元。

(3) 报关出口服装650套，出口FOB价每套320美元，报关出口当日美元对人民币汇率为1∶6.82。

其他资料：服装增值税税率为13%，出口退税率为9%。上述业务购销款均以银行存款收支。上月留抵税额为73 200元。

3）操练要求：

(1) 爱丽芬特股份有限公司出口退（免）增值税应选择何种方法计算？

(2) 计算爱丽芬特股份有限公司出口应退（免）增值税额。

(3) 对爱丽芬特股份有限公司出口涉税业务进行账务处理。

实训资料2.4.4

1）企业基本情况：

企业名称：滨海市大洋路万家超市

纳税人识别号：310106789123849123

企业地址：滨海市大洋路123号

法人代表：李梅

财务负责人：王海

办税员：王海

该超市为增值税小规模纳税人，增值税纳税期限为1个月。

2）2019年8月份与增值税相关的经济业务如下：

（1）从食品厂购进各种食品，取得食品厂开具的增值税普通发票，注明价款15 000元、税额1 950元。

（2）当月销售小食品及其他日用百货18 000元，均未开具销售发票。

（3）出售旧包装物价税合计取得收入2 472元，未开具销售发票。

（4）出售一台使用过的设备，售价1 200元，该设备原价3 500元。

3）操练要求：

（1）计算该企业当月应纳增值税税额；

（2）按序号编制每笔业务的会计分录；

（3）填报8月份增值税纳税申报表。

2.5 课业范例

课业范例2.5.1

一般纳税人增值税计算

案例分析报告

（报告人：　　　　　　　　　　　　　）

背景与情境：上海市东华制药厂为增值税一般纳税人，主要生产避孕药和降压药。该企业2019年7月发生如下增值税相关业务：

（1）生产避孕药购买原材料，取得增值税专用发票，注明价款30 000元、增值税3 900元。

（2）生产降压药购买原材料，取得增值税专用发票，注明价款50 000元、增值税6 500元；同时支付该批采购不含税运输费300元，取得增值税专用发票。

（3）为各种药品生产线职工购买工作服，取得增值税专用发票，注明价款20 000元、增值税2 600元。

（4）销售避孕药，开具增值税专用发票，注明价款40 000元、增值税5 200元。

（5）销售降压5号药品6箱，开具增值税专用发票，注明价款60 000元、增值税7 800元。

（6）购买销售避孕药和降压药的泡沫包装，取得增值税专用发票，注明价款10 000

元、增值税1 300元；同时支付包装运输费500元（不含税），取得增值税专用发票。

（7）3个月前购入的一批用于降压药生产的原材料，现改用于生产避孕药，账面成本2 100元。

（8）将1箱自产的降压药赠送给上级主管部门，账面成本4 000元，成本中外购材料比例达60%。

（9）因保管不善毁损2箱降压药，账面成本8 000元。

（10）企业根据上述资料计算，当期申报销项税额为7 800元，当期申报进项税额为14 300元，当期申报进项税额转出1 224元，当期申报应纳增值税税额为-5 276元。

问题：

（1）该企业当期销售发票使用存在什么问题？

（2）该企业当期销项税额计算存在什么问题？

（3）该企业当期进项税额计算存在什么问题？

（4）该企业当期进项税额转出计算存在什么问题？

（5）该企业当期应缴纳多少增值税？

分析：

（1）该企业当期销售免税药品不能开具增值税专用发票。根据税收法规规定，违反规定开具增值税专用发票的，对其已开具的销售额应依照增值税适用税率全额征收增值税，且不得抵扣进项税额，并按照《中华人民共和国发票管理办法》及其实施细则的规定给予处罚。

（2）该企业赠送给上级主管部门的药品应视同销售计算销项税额；该企业销售免税药品开具增值税专用发票的，对其开具的销售额应依照增值税适用税率全额征收增值税，且不得抵扣进项税额。

当期销项税额=7 800+60 000×1×13%÷6+5 200=14 300（元）

（3）用于免税项目的进项税额不能抵扣；同时用于应税药品和免税药品生产的原材料和运输费应按销售额分摊可抵扣和不可抵扣的进项税额；对开具增值税专用发票的免税货物，其销售额应依照增值税适用税率全额征收增值税，且不得抵扣进项税额。

当期用于分摊进项税额的应税销售额=60 000+60 000×1÷6=70 000（元）

当期用于分摊进项税额的免税销售额=40 000元

当期可抵扣的进项税额=6 500+300×9%+（2 600+1 300+500×9%）×70 000÷（70 000+40 000）

=9 037.45（元）

（4）用于生产应税产品的原材料改变用途用于免税项目的，以及产成品保管不善毁损的，其原已抵扣的进项税额，应作进项税额转出处理。

进项税额转出=2 100×13%+8 000×60%×13%=897（元）

（5）该企业当期应缴纳增值税税额=14 300-（9 037.45-897）=6 159.55（元）

指导老师点评：

（略）

实训组长（签字）：　　　　　　指导教师（签字）：

年　　月　　日

课业范例2.5.2

丽云旅游有限公司

增值税计算、账务处理与纳税申报实训报告

（报告人：　　　　　　　　　　　　）

一、关于专业能力的基本操练

□第一步，收集整理背景资料

1）企业基本情况：

企业名称：丽云旅游有限公司

纳税人识别号：310106786309447354

纳税人身份：增值税小规模纳税人

企业地址：滨海市人民路123号

法人代表：王维

注册资本：人民币100万元

企业类型：有限公司

、所属行业：旅游业

经营范围：旅游服务

企业开户银行及账号：中国银行海滨支行　1984563

财务负责人：王维

办税员：刘伯温

会计政策：小企业会计准则

税款缴纳方式：以1个季度为一期纳税

2）经营业务资料（仅选取与增值税相关的经济业务）：

2019年7月至9月发生业务如下：

（1）提供旅游服务税控器具开具的普通发票总收入为51 500元，其中住宿费、餐饮费、交通费、签证费、门票费等金额共计20 600元。

（2）提供咨询服务取得税控器具开具的普通发票总收入为30 900元。

（3）以售价3 150 000元销售2013年购进的办公楼，由税务机关代开增值税专用发票。办公楼原购进价为2 100 000元。

（4）出租办公楼取得总收入42 000元，企业自行开具普通发票。

（5）销售货物206 000元，提供加工修理修配劳务103 000元，全部为税控器具开具的普通发票。

（6）销售使用过的设备一台，售价为82 400元，开具普通发票。

□第二步，计算增值税

（1）提供旅游服务差额计税，可扣除住宿费、餐饮费、交通费、签证费、门票费等金额共计20 600元。

应纳税额=（51 500−20 600）÷（1+3%）×3%=900（元）

（2）提供咨询服务。

应纳税额=30 900÷（1+3%）×3%=900（元）

（3）销售不动产差额计税，可扣除购进原价。

应纳税额=（3 150 000−2 100 000）÷（1+5%）×5%=50 000（元）

需在不动产所在地预缴增值税=（3 150 000−2 100 000）÷（1+5%）×5%=50 000（元）

（4）出租办公楼。

应纳税额=42 000÷（1+5%）×5%=2 000（元）

（5）销售货物、提供加工修理修配劳务。

应纳税额=（206 000+103 000）÷（1+3%）×3%=9 000（元）

（6）销售使用过的设备一台，

应纳税额=82 400÷（1+3%）×2%=1 600（元）

□第三步，填制增值税纳税申报表及相关附表

（1）填制附列资料（见表2-3）。

表2-3　**增值税纳税申报表（小规模纳税人适用）附列资料**

税款所属期：2019年7月1日至2019年9月30日　　　填表日期：2019年10月9日

纳税人名称（公章）：　　　金额单位：元（列至角分）

应税行为（3%征收率）扣除额计算			
期初余额	本期发生额	本期扣除额	期末余额
1	2	3（3≤1＋2，且3≤5）	4＝1＋2－3
0.00	20 600.00	20 600.00	0.00
应税行为（3%征收率）计税销售额计算			
全部含税收入（适用3%征收率）	本期扣除额	含税销售额	不含税销售额
5	6=3	7＝5－6	8＝7÷1.03
82 400.00	20 600.00	61 800.00	60 000.00
应税行为（5%征收率）扣除额计算			
期初余额	本期发生额	本期扣除额	期末余额
9	10	11（11≤9＋10，且11≤13）	12＝9＋10－11
0.00	2 100 000.00	2 100 000.00	0.00
应税行为（5%征收率）计税销售额计算			
全部含税收入（适用5%征收率）	本期扣除额	含税销售额	不含税销售额
13	14=11	15＝13－14	16＝15÷1.05
3 192 000.00	2 100 000.00	1 092 000.00	1 040 000.00

根据（1）、（2）资料填制附表“应税行为（3%征收率）扣除额计算”“应税行为（3%征收率）计税销售额计算”相关项目。

根据（3）、（4）资料填制附表“应税行为（5%征收率）扣除额计算”“应税行为（5%征收率）计税销售额计算”相关项目。

注意：（5）、（6）资料数据直接在主表填列。

（2）填制纳税申报主表（见表2-4）。

表2-4

增值税纳税申报表

（小规模纳税人适用）

纳税人识别号：310106786309447354

纳税人名称（公章）：丽云旅游有限公司　　　　单位：元（列至角分）

税款所属期：2018年7月1日至2018年9月30日　　　　填表日期：2018年10月9日

	项目	栏次	本期数		本年累计	
			货物及劳务	服务、不动产和无形资产	货物及劳务	服务、不动产和无形资产
一、计税依据	（一）应征增值税不含税销售额（3%征收率）	1	300 000.00	60 000.00		
	税务机关代开的增值税专用发票不含税销售额	2				
	税控器具开具的普通发票不含税销售额	3	300 000.00	80 000.00		
	（二）应征增值税不含税销售额（5%征收率）	4	—	1 040 000.00	—	
	税务机关代开的增值税专用发票不含税销售额	5	—	3 000 000.00	—	
	税控器具开具的普通发票不含税销售额	6	—	40 000.00	—	
	（三）销售使用过的固定资产不含税销售额	7（7≥8）	80 000.00	—		—
	其中：税控器具开具的普通发票不含税销售额	8	80 000.00	—		—
	（四）免税销售额	9=10+11+12				
	其中：小微企业免税销售额	10				
	未达起征点销售额	11				
	其他免税销售额	12				
	（五）出口免税销售额	13（13≥14）				
	其中：税控器具开具的普通发票销售额	14				
	项目	栏次	本期数		本年累计	
			货物及劳务	服务、不动产和无形资产	货物及劳务	服务、不动产和无形资产
二、税款计算	本期应纳税额	15	11 400.00	53 800.00		
	本期应纳税额减征额	16	800.00			
	本期免税额	17				
	其中：小微企业免税额	18				
	未达起征点免税额	19				
	应纳税额合计	20=15-16	10 600.00	53 800.00		
	本期预缴税额	21		50 000.00	—	—
	本期应补（退）税额	22=20-21		3 800.00	—	—

纳税人或代理人声明：	如纳税人填报，由纳税人填写以下各栏：
本纳税申报表是根据国家税收法律法规及相关规定填报的，我确定它是真实的、可靠的、完整的。	办税人员：　　财务负责人：　　法定代表人： 联系电话：
	如委托代理人填报，由代理人填写以下各栏：
	代理人名称（公章）：　　经办人： 联系电话：

主管税务机关：　　　　接收人：　　　　接收日期：

根据资料（5）、（6），货物及劳务应征增值税不含税销售额（3%征收率）为300 000元（（206 000+103 000）÷（1+3%）），其中，“税控器具开具的普通发票不含税销售额”为300 000元。

根据附列资料8项，服务、不动产和无形资产应征增值税不含税销售额（3%征收率）为60 000元，其中，“税控器具开具的普通发票不含税销售额”为80 000元（差额计税扣除前金额）。

根据附列资料16项，服务、不动产和无形资产应征增值税不含税销售额（5%征收率）为1 040 000元，其中，“税务机关代开的增值税专用发票不含税销售额”为3 000 000元，“税控器具开具的普通发票不含税销售额”为40 000元。

根据资料（6），“销售使用过的固定资产不含税销售额”为80 000元，其中，“税控器具开具的普通发票不含税销售额”为80 000元。

货物及劳务本期应纳税额=300 000×3%+80 000×3%=11 400（元）

服务、不动产和无形资产本期应纳税额=60 000×3%+1 040 000×5%=53 800（元）

货物及劳务本期应纳税额减征额=80 000×3%−80 000×2%=800（元）

□第四步，缴纳增值税税款

企业增值税税款采用1个季度为纳税期，于10月15日前申报税款，并补缴7至9月份的增值税3 800元。

二、关于“职业核心能力”与“职业道德”选项的融入性操练

实训前，我们对列入本章“实训题”【指导准备】中“知识准备”的相关知识进行了必要预习，接受了指导老师的全部“操作指导”。通过参加“知识准备”第（2）、（3）项的培训，我们了解了本章涉及的“专业能力”各项技能、“职业核心能力”和“职业道德”选项的“参照规范与标准”，克服了实训过程中对相关操作规范的盲目性。

在实训中，我们在实施本组“实训资料”的计算分析操练和实训报告的准备、撰写、讨论与交流的同时，有意识地融入了“信息处理”、“解决问题”和“革新创新”等“职业核心能力”强化训练和“职业态度”和“职业守则”等“职业道德”的相关训练。

三、实训感言

本次实训是在学习和掌握了“增值税会计”的理论、实务知识及“职业核心能力”与“职业道德”选项的“参照规范与标准”基础上进行的，力求做到关于“增值税会计”的职业认知以其“理论知识”为指导、关于“增值税会计”的技能操作以其“实务知识”为规范、关于“职业核心能力”和“职业道德”的选项训练以其“参照规范与标准”为参照，从而有效克服了“增值税计算、账务处理与纳税申报”实训中的盲目性。如果说，针对前两者的专业训练培养和提高了我们“增值税计算、账务处理与纳税申报”的专业能力，那么针对后者的融入性训练培养和提高了我们的“可持续发展能力”和“职业道德素质”。对于我们“税务会计”的“职业胜任力”阶段性建构来说，所有这些训练都是必不可少的。

指导老师点评：

（略）

实训组长（签字）： 指导教师（签字）：

201 年 月 日

2.6 参考答案与提示

“2.2 客观题”参考答案

2.2.1 理论题

1.单项选择题

1）B 2）A 3）A 4）B 5）A 6）D

2.多项选择题

1）ABD 2）ABCD 3）ABC 4）ABCDE 5）ABCDE 6）ABCDE

3.判断题

1）× 2）√ 3）√ 4）√ 5）√ 6）×

2.2.2 实务题

1.单项选择题

1）D 2）B 3）C 4）D 5）C 6）D

2.多项选择题

1）ABCE 2）ABCDE 3）ABDE 4）ABCDE 5）ABCDE 6）ABCE

3.混合选择题

1）ABCD 2）D 3）AB 4）AC 5）AB 6）ABC

4.判断题

1）√ 2）√ 3）√ 4）√ 5）× 6）×

2.2.3 案例题

1）A 2）C 3）B 4）A 5）C 6）C

2.2.4 实训题

1.单项选择题

1）B 2）C 3）D 4）B 5）C 6）A

2.多项选择题

1）AD 2）ABC 3）ABCD 4）ABCDE 5）ABCD 6）ABC

“2.3 主观题”参考答案与提示

2.3.1 理论题

1.简答题

1）参考答案：

增值税一般纳税人和小规模纳税人的划分标准有两条：年应税销售额与会计核算水平。具体可归纳见表2-5。

表2-5　　**增值税一般纳税人和小规模纳税人的划分标准**

标准名称		具体规定
基本标准	年应税销售额	从事货物生产销售、加工修理修配，销售服务，无形资产或者不动产的纳税人，年应税销售额在500万元（含）以下的为小规模纳税人
	会计核算水平	年应税销售额未超过财政部、国家税务总局规定的小规模纳税人标准的纳税人，能够按国家统一的会计制度设置账簿，根据合法、有效凭证核算，能够提供准确税务资料的，也可以向主管税务机关申请办理一般纳税人资格登记，主管税务机关应确认其为增值税一般纳税人
特殊标准		①年应税销售额超过小规模纳税人标准的其他个人，按小规模纳税人纳税 ②非企业性单位、不经常发生应税行为的企业和个体工商户，可选择按小规模纳税人纳税

2）参考答案：

增值税视同销售行为是指作为业务本身不是销售，但按照税法规定应当视同正常销售计征增值税的行为。我国增值税法规规定，单位和个人的下列行为应视同销售货物计征增值税：将货物交付他人代销；销售代销货物；设有两个以上机构并实行统一核算的纳税人，将货物从一个机构移送至其他机构用于销售（相关机构设在同一县（市）的除外)；将自产或者委托加工的货物用于免税项目、简易计税项目；将自产或委托加工的货物用于集体福利或个人消费；将自产、委托加工或购买的货物对外投资；将自产、委托加工或购买的货物分配给股东或投资者；将自产、委托加工或购买的货物无偿赠送他人；向其他单位或个人无偿提供服务、转让无形资产或者不动产，但用于公益事业或者以社会公众为对象的除外。

3）参考答案：

一般纳税人销售或进口下列货物增值税适用9%的低税率：农产品（含粮食）、自来水、暖气、石油液化气、天然气、食用植物油、冷气、热水、煤气、居民用煤炭制品、食用盐、农机、饲料、农药、农膜、化肥、沼气、二甲醚、图书、报纸、杂志、音像制品、电子出版物。

4）参考答案：

现行税法对增值税纳税义务发生时间的规定如下：(1）销售货物或应税劳务，为收到销货款或取得索取销货款凭据的当天。先开具发票的，为开具发票当天。实际业务中，因结算方式不同有以下几种形式：①采取直接收款方式销售货物的，不论货物是否发出，均为收到销货款或取得索取销货款凭据的当天。②采取托收承付和委托收款方式销售货物的，为发出货物并办妥托收手续的当天。③采取赊销和分期收款方式销售货物的，为书面合同约定的收款日期当天；无书面合同或书面合同未约定收款日期的，为货物发出当天。④采取预收货款方式销售货物的，为货物发出当天。但生产销售工期超过12个月的大型机械设备、船舶、飞机等货物，为收到预收款或书面合同约定的收款日期当天。⑤委托其他纳税人代销货物，为收到代销清单或收到全部或者部分货款的当天；未收到代销清单及货款的，为发出代销货物满180天的当天。⑥销售应税劳务，为提供劳务同时收讫销售款或者取得索取销售款凭据的当天。⑦发生视同销售货物行为，为货物移送的当天。(2）进口货物，为报关进口的当天。

5）参考答案：

增值税法规规定，下列项目的进项税额不得从销项税额中抵扣：①用于适用简易计税方法计税项目、免征增值税项目、集体福利或者个人消费的购进货物、加工修理修配劳务、服务、无形资产和不动产。其中涉及的固定资产、无形资产、不动产，仅指专用于上述项目的固定资产、无形资产（不包括其他权益性无形资产）、不动产。②非正常损失的购进货物及相关的加工修理修配劳务和交通运输业服务。非正常损失（下同），是指因管理不善造成被盗、丢失、霉烂变质，以及因违反法律法规造成货物或者不动产被依法没收、销毁、拆除的情形。③非正常损失的在产品、产成品所耗用的购进货物（不包括固定资产）、加工修理修配劳务或者交通运输业服务。④非正常损失的不动产，以及该不动产所耗用的购进货物、设计服务和建筑服务。⑤非正常损失的不动产在建工程所耗用的购进货物、设计服务和建筑服务。纳税人新建、改建、扩建、修缮、装饰不动产，均属于不动产在建工程。⑥购进的贷款服务、餐饮服务、居民日常服务和娱乐服务。⑦纳税人接受贷款服务向贷款方支付的与该笔贷款直接相关的投融资顾问费、手续费、咨询费等费用。⑧财政部和国家税务总局规定的其他情形。

2.理解题

1）参考答案：

我国现行增值税征税范围为在我国境内销售货物、劳务、服务、无形资产、不动产以及进口货物。货物是指有形动产，包括电力、热力、气体。销售劳务是指有偿提供加工修理、修配劳务。销售服务是指提供交通运输服务、邮政服务、电信服务、建筑服务、金融服务、现代服务、生活服务。交通运输服务包括陆路运输服务、水路运输服务、航空运输服务和管道运输服务。邮政服务包括邮政普遍服务、邮政特殊服务和其他邮政服务。电信服务包括基础电信服务和增值电信服务。建筑服务包括工程服务、安装服务、修缮服务、装饰服务和其他建筑服务。金融服务包括贷款服务、直接收费金融服务、保险服务和金融商品转让。现代服务包括研发和技术服务、信息技术服务、文化创意服务、物流辅助服务、租赁服务、鉴证咨询服务、广播影视服务、商务辅助服务和其他现代服务。销售无形资产是指转让无形资产所有权或者使用权的业务活动。销售不动产是指转让不动产所有权的业务活动。

2）参考答案：

一项销售行为如果既涉及货物又涉及服务，该行为统称混合销售行为。

从事货物的生产、批发或者零售的单位和个体工商户的混合销售行为，按照销售货物缴纳增值税；其他单位和个体工商户的混合销售行为，按照销售服务缴纳增值税。如生产货物的单位，在销售货物的同时附带运输，其销售货物及提供运输的行为属于混合销售行为，所收取的货物款项及运输费用应一并按销售货物计征增值税；物业公司在提供物业管理服务中，向用户收取的水费、电费等属于混合销售行为，按物业管理服务计征增值税。上述从事货物的生产、批发或者零售的单位和个体工商户，包括以从事货物的生产、批发或者零售为主，并兼营销售服务的单位和个体工商户在内。

3）参考答案：

兼营行为，是指纳税人兼有不同税率或征收率的销售货物、加工修理修配劳务、服务、无形资产或者不动产的行为。纳税人发生兼营行为的，应分别核算适用不同税率或征收率的销售额，未分别核算销售额的，按照从高适用税率或征收率征税。

4）参考答案：

“免”，是指对生产企业出口自产货物免征本企业生产销售环节增值税。“抵”，是指生产出口自产货物所耗原材料、零部件、燃料、动力等所含应予退还的进项税额，抵扣内销货物应纳税额。“退”，是指生产企业出口自产货物在当月内应抵扣的进项税额大于应纳税额时，对未抵扣完的部分予以退税。

5）参考答案：

增值税的纳税期限分别为1日、3日、5日、10日、15日、1个月或者1个季度，其中以1个季度为纳税期限的，适用于小规模纳税人、银行、财务公司、信托投资公司、信用社，以及财政部和国家税务总局规定的其他纳税人，具体纳税期限由主管税务机关根据纳税人应纳税额的大小分别核定；不能按照固定期限纳税的，可以按次纳税。

纳税人以1日、3日、5日、10日、15日为1个纳税期的，自期满之日起5日内预缴税款，于次月1日起15日内申报纳税并结清上月应纳税款；以1个月或者1个季度为1个纳税期的，自期满之日起15日内申报纳税并结清上月应纳税款。

扣缴义务人解缴税款的期限，依照纳税义务人的规定执行。

纳税人进口货物，应当自海关填发海关进口增值税专用缴款书之日起15日内缴纳税款。

2.3.2 实务题

1.规则复习

1）参考答案：

增值税法规规定，发生视同销售行为而无销售额的，税务机关有权按下列顺序确定其销售额：①按纳税人最近时期同类应税行为的平均销售价格确定；②按其他纳税人最近时期同类应税行为的平均销售价格确定；③按组成计税价格确定。其计算公式为：

组成计税价格=成本+利润+消费税

=成本×（1+成本利润率）+消费税

=成本×（1+成本利润率）÷（1–消费税税率）

公式中：“成本”为发生应税行为产生的实际成本。“成本利润率”，除应征消费税的货物应根据国家税务总局在《消费税若干具体问题的规定》中规定的成本利润率计算外，一律按10%计算。如果征收增值税的货物同时又征收消费税，上述公式的组成计税价格应加上消费税。

2）参考答案：

进口货物一律以组成计税价格为计税依据计算应纳增值税税额。具体计算公式如下：

组成计税价格=关税完税价格+关税+消费税=关税完税价格×（1+关税税率）÷（1–消费税税率）

应纳税额=组成计税价格×增值税税率

3）参考答案：

外购免税农产品。除取得增值税专用发票或海关进口增值税专用缴款书外，从按简易计税方法依3%征收率计征增值税的小规模纳税人取得增值税专用发票的，以专用发票上注明的金额和9%的扣除率计算进项税额，取得（开具）农产品销售发票或收购发票的，以农产品销售或收购发票上注明的农产品买价和9%的扣除率计算进项税额。

进项税额=买价×9%

4）参考答案：

“免抵退”法计算公式如下：

①免抵退税不得免征和抵扣税额=（出口货物离岸价-免税购进原材料价格）×（出口货物征税率-出口货物退税率）

免抵退税不得免征和抵扣税额抵减额=免税购进原材料价格×（出口货物征税率-出口货物退税率）

②当期应纳税额=当期内销货物的销项税额-（当期进项税额-当期免抵退税不得免征和抵扣税额）-上期留抵税额

③当期免抵退税额=（当期出口货物离岸价-免税购进原材料价格）×出口货物退税率

5）参考答案：

①出口货物不予退税金额=出口货物不含税购进金额×（出口货物征税率-出口货物退税率）

②出口退税额=出口货物不含税购进金额×出口货物退税率

2.业务解析

1）参考答案：

一般纳税人增值税采用税款抵扣的方法计算确定，当期应纳税额=当期销项税额-当期进项税额。小规模纳税人增值税采用简易办法计算，不得抵扣进项税额，当期应纳税额=销售额×征收率。

2）参考答案：

增值税视同销售行为会计核算，关键应解决两方面问题：其一，对于视同销售行为应计算增值税销项税额，贷记“应交税费——应交增值税（销项税额）”科目。其二，对视同销售行为货物的价值转移，是作销售收入处理，还是直接按成本结转。在税务会计与财务会计相分离的情况下，若该行为能使企业获得收益或体现企业与外部的关系，则应作销售处理；否则按成本结转。

3）参考答案：

购进货物发生的不得抵扣的增值税税额应计入购入货物成本，但如果购进货物或应税劳务的进项税额已申报抵扣，应将其已抵扣的增值税进项税额作转出处理，扣减发生期进项税额。

4）参考答案：

第一步，计算“免抵退税不得免征和抵扣税额”。

免抵退税不得免征和抵扣税额=出口货物离岸价×（出口货物征税率-出口货物退税率）-免抵退税不得免征和抵扣税额抵减额

免抵退税不得免征和抵扣税额抵减额=免税购进原材料价格×（出口货物征税率-出口货物退税率）

第二步，计算当期应纳税额。

当期应纳税额=当期内销货物销项税额-（当期进项税额-当期免抵退税不得免征和抵扣税额）-上期留抵税额

第三步，计算免抵退税额。

当期免抵退税额=当期出口货物离岸价×出口货物退税率-免抵退税抵减额

免抵退税抵减额=免税购进原材料价格×出口货物退税率

第四步，判断确定应退应抵税额。

若上述当期应纳税额为正数，表示应上缴的税额，不退税。

若上述当期应纳税额为负数，应根据下列步骤计算当期应退税额和当期免抵税额：

A.若当期应纳税额≥0，则当期实际退税额=0。

B.若当期应纳税额<0，说明内销货物应纳税额与出口货物退税额相抵后尚有未抵完的进项税额。

a.当期期末留抵税额（即当期应纳税额绝对值）<当期免抵退税额，则：

当期应退税额=当期期末留抵税额

当期免抵税额=当期免抵退税额-当期应退税额

b.当期期末留抵税额≥当期免抵退税额，则：

当期应退税额=当期免抵退税额

当期免抵税额=0

留待下期抵扣税额=当期期末留抵税额-当期应退税额

2.3.3 案例题

1.案例分析

分析提示：

华都百货商场7月份增值税的计算存在如下错误：

（1）盘亏存货处理有误；（2）零售货物未开具发票及开具普通发票的销售额计算有误；（3）以库存商品搞职工福利的税务处理有误。

正确的结果：

进项税额=11.7万元

进项税额转出=2×13%+1.5×13%=0.455（万元）

销项税额=120×13%+23.73÷（1+13%）×13%=18.33（万元）

应纳税额=7.085万元

2.善恶研判

（1）从甲企业购进：应纳增值税税额11.7万元（100×13%-10×1×13%）；从乙企业购进：应纳增值税税额12.7万元（100×13%-10×1×3%），由于采购对象不同，企业在抵税环节可节约增值税1万元（12.7-11.7）。

（2）作为企业的一员，我们应该根据所掌握的税收知识，通过合理的税收筹划选择最大限度降低税负的筹划方案，作出对企业最有利的决策，给企业当好参谋！

2.3.4 实训题

教学建议：

（1）让学生了解企业内外部环境因素对税务处理影响的重要性。

（2）指导学生如何从繁杂的经济业务中选择与增值税相关的典型业务资料，并加以整理，使学生对增值税纳税人、征税范围、适用税率等法律规定有更深的理解。

（3）指导学生根据整理所得的典型业务进行增值税应纳税额计算、账务处理与纳税申报实际操练，进一步提高增值税核算与申报技能。

（4）培养学生认真细心的工作态度。

“2.4 实训资料”参考答案

实训资料2.4.1

业务（1）：购进原木（农产品）用于生产13%税率货物（桌椅）的适用扣除率为10%。进项税额=116×10%+6.8×9%=12.212（万元）

业务（2）：销项税额=188×13%+11.3÷（1+13%）×13%=25.74（万元）

业务（3）：销项税额=65%×13%=8.45（万元）

业务（4）：销项税额=36×13%=4.68%（万元）

业务（5）：进项税额=21×13%=2.73（万元）

业务（6）：进项税额转出=（29.79−2.79）÷（1−10%）×10%+2.79×9%=3.2511（万元）

业务（7）：进项税额=22×13%+1×9%=2.95（万元）

业务（8）：进项税额=32×13%=4.16（万元）

参考答案：

（1）销项税额=38.87万元

（2）进项税额=22.452万元

（3）进项税额转出=3.2511万元

（4）应纳税额=20.0691万元

（5）报表主要项目：

“销项税额”：38.87万元

“进项税额”：22.052万元

“进项税额转出”：3.2511万元

“实际抵扣税额”：18.8009万元

“应纳税额合计”：20.0691万元

“期末留抵税额”：0

（6）略

实训资料2.4.2

参考答案：

（1）①销项税额=12÷（1+13%）×13%=1.3805（万元）；②销项税额=5÷（1+9%）×9%+60÷（1+13%）×13%=7.3154（万元）；③销项税额=300×13%+（90+5）÷（1+13%）×13%=49.9292（万元）；④进项税额=360×13%=46.8（万元）；⑤进项税额=80×3%+6×9%=2.94（万元）；⑥扣减当期销项税额=0.3÷（1+13%）×13%×10=0.3451（万元），扣减当期进项税额0.25÷（1+13%）×13%×10=0.8276（万元）；⑦进项税额=2.6万元。

销项税额总计=58.28万元；进项税额总计=52.0524万元。

（2）应纳税额=58.28−52.0524−0.2=6.2276（万元）

（3）报表主要项目：略

实训资料2.4.3

参考答案：

（1）适用“免抵退”法。

（2）进项税额62 400元；销项税额46 800元；免抵退税不得免征和抵扣税额56 742.4

元；当期应纳税额-32 057.6元；当期免抵退税额127 670.4元；当期退税额32 057.6元；当期免抵税额95 612.8元。

（3）略。

实训资料2.4.4

参考答案：

（1）应纳增值税税额=619.57元

（2）略。

（3）报表主要项目：

“（一）应征增值税货物及劳务不含税销售额”：17 475.73元。

“（二）销售使用过的应税固定资产不含税销售额”：1 165.05元。

“本期应纳税额”：619.57元。

“应纳税额合计”：619.57元。

理论题 实务题 案例题 实训题

第3章
消费税会计

3.1 预习要览

3.1.1 内容提要与结构

1.内容提要

消费税是对在我国境内从事生产、委托加工和进口应税消费品的单位和个人，就其应税消费品的销售额或销售量征收的一种流转税。它与增值税在征税范围、征税环节、征收方法、税收调节、税收性质等方面有完全不同的特性。

消费税的征税范围包括烟、酒、高档化妆品、贵重首饰及珠宝玉石、鞭炮焰火、成品油、摩托车、小汽车、高尔夫球及球具、高档手表、游艇、木制一次性筷子、实木地板、电池和涂料15个税目。消费税税率有比例税率、定额税率和复合税率三种，其中，黄酒、啤酒和成品油适用定额税率，白酒和卷烟适用复合税率，其他应税消费品全部适用比例税率。

根据应税消费品的性质不同，消费税应纳税额计算方法有从价计税、从量计税和复合计税三种。从价计税计算公式为“应纳税额=销售额×比例税率”；从量计税计算公式为“应纳税额=销售量（进口数量、委托加工数量）×定额税率”；复合计税计算公式为“应纳税额=销售额×比例税率+销售量（进口数量、委托加工数量）×定额税率”。

自产销售应税消费品，从价计税的，计税依据为纳税人销售应税消费品向购买方收取的全部价款和价外费用；从量计税的，计税依据为实际销售数量。

自产自用应税消费品应根据用途不同确定是否应计征消费税。凡用于连续生产应税消费品的不征税；用于其他方面的于移送使用时征税。一般情况下，从价计税的，以纳税人销售同类货物的平均销售价格为计税依据；无同类货物销售价格的，以组成计税价格为计税依据。但对用于换取生产资料和消费资料、投资入股和抵偿债务的应税消费品，应以纳税人同类应税消费品的最高销售价格作为消费税计税依据。从量计税的，其计税依据为移送使用数量。

委托加工应税消费品，从价计税的，以受托方同类消费品的销售价格为计税依据；没有同类消费品销售价格的，以组成计税价格为计税依据。从量计税的，以委托方收回的数量为计税依据。

消费税的核算根据其生产环节及货物用途不同而有所区别：自产销售应税消费品计提

消费税，借记“税金及附加”科目，贷记“应交税费——应交消费税”科目。自产自用应税消费品计提消费税应根据其用途不同，借记“生产成本”“在建工程”“营业外支出”“管理费用”“税金及附加”等科目，贷记“应交税费——应交消费税”科目。委托加工环节委托方支付消费税的会计核算分两种情况：当委托方收回委托加工应税消费品直接用于销售的，由受托方代扣代缴的消费税应计入委托加工物资成本；当委托方收回委托加工应税消费品用于连续生产应税消费品，且按税法规定准予抵扣已纳消费税税款的，由受托方代扣代缴的消费税应借记“应交税费——应交消费税”科目。

进口应税消费品应以组成计税价格或进口数量为计税依据计征消费税。进口环节缴纳的消费税会计上应全部计入进口货物的采购成本。批发环节的应税消费品特指卷烟。零售环节的应税消费品特指金银首饰、钻石及钻石饰品、超豪华小汽车。

出口应税消费品退（免）消费税的政策包括出口免税并退税、出口免税不退税和出口不免税也不退税三种。有出口经营权的外贸企业购进应税消费品直接出口，以及受其他外贸企业委托代理出口的应税消费品，适用出口免税并退税政策。有出口经营权的生产企业自营出口或委托外贸企业代理出口自产应税消费品，适用出口免税不退税政策。出口货物消费税的退税率就是其征税率。从价计税的应税消费品出口应退消费税，为购进货物时已缴纳的消费税税额。从量计税的应税消费品出口应退消费税，应依货物报关出口的数量计算退税额。

为了避免重复征税，税法规定用外购或委托加工收回的已税消费品连续生产应税消费品的，准予从应纳税额中扣除已纳消费税税额。

消费税纳税期限的规定与增值税相同。其纳税期限分别为1日、3日、5日、10日、15日、1个月或1个季度。纳税人以1个月或1个季度为1个纳税期的，自期满之日起15日内申报纳税；以1日、3日、5日、10日或15日为1个纳税期的，自期满之日起5日内预缴税款，于次月1日起15日内申报纳税并结清上月应纳税款。进口应税消费品，应当自海关填发税款缴款书之日起15日内缴纳税款。

消费税纳税地点的一般规定如下：自产自用的应税消费品，应当向纳税人机构所在地或居住地主管税务机关申报纳税；委托加工的应税消费品，由受托方所在地主管税务机关代扣代缴，但委托个人加工的应税消费品，由委托方向其机构所在地或居住地主管税务机关申报纳税；进口的应税消费品，由进口人或其代理人向报关地海关申报纳税。消费税纳税申报表应根据应税消费品的不同种类分别填列。

2. 内容结构

本章内容结构如图3-1所示。

3. 主要概念和观念

1）主要概念

消费税　自产自用　委托加工应税消费品

2）主要观念

生产环节消费税核算　委托加工环节消费税核算　进口环节消费税核算　批发零售环节消费税核算　已纳消费税税款扣除核算　出口货物应退消费税核算　消费税纳税申报

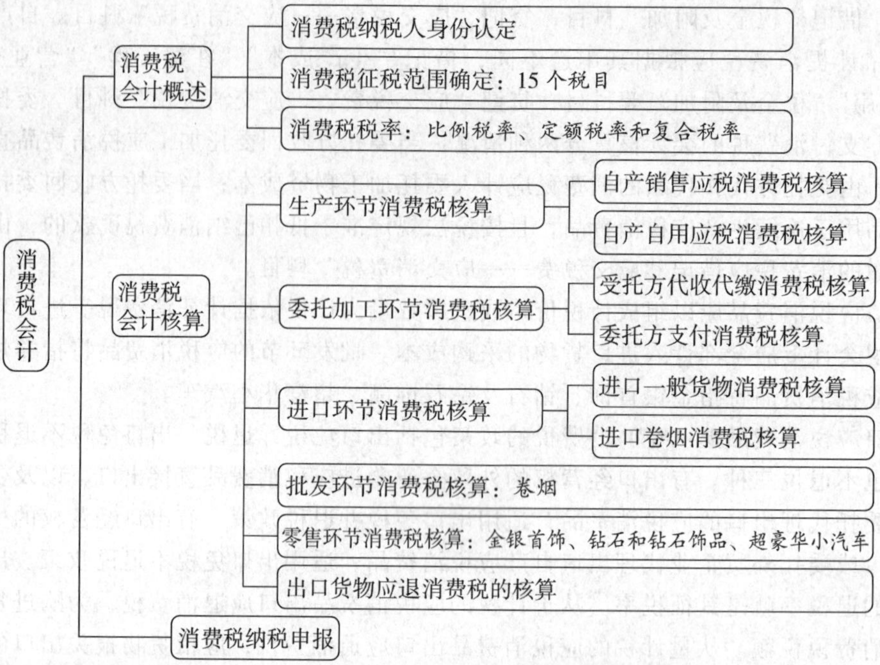

图3-1　本章内容结构

3.1.2　重点与难点

1.重点理论

消费税的相关概念　消费税纳税人身份　消费税征税范围　消费税适用税率　消费税会计科目与账簿设置　消费税纳税期限　消费税纳税地点

2.重点实务

生产、委托加工、进口及批发零售环节应纳消费税税额的计算及账务处理方法　已纳消费税扣除额的计算及账务处理方法　出口应税消费品退（免）消费税税额的计算及账务处理方法　消费税纳税申报操作程序与要求　消费税纳税申报表的填制

3.重点操作

消费税计算、账务处理与纳税申报

4.难点

消费税计税依据的确定　外购和委托加工收回应税消费品已纳消费税的抵扣　视同销售应税消费品应纳税额的计算　委托加工应税消费品的确认　委托加工应税消费品应纳税额的计算　委托加工应税消费品应纳税额的账务处理

3.1.3　主要公式

1.应税消费品应纳消费税基本计算公式

从价计税：应纳税额=销售额×比例税率

从量计税：应纳税额=销售量（进口数量、委托加工数量）×定额税率

复合计税：应纳税额=销售额×比例税率+销售量（进口数量、委托加工数量）×定额税率

2.组成计税价格计算公式

(1) 自产自用应税消费品无同类货物售价计算公式

从价计税：组成计税价格=成本×（1+成本利润率）÷（1−比例税率）

复合计税：组成计税价格=（成本+利润+从量税）÷（1−比例税率）

(2) 委托加工应税消费品受托方无同类货物售价计算公式

从价计税：组成计税价格=（材料成本+加工费）÷（1−比例税率）

复合计税：组成计税价格=（材料成本+加工费+从量税）÷（1−比例税率）

(3) 进口应税消费品计算公式

从价计税：组成计税价格=（关税完税价格+关税）÷（1−比例税率）

复合计税：组成计税价格=（关税完税价格+关税+从量税）÷（1−比例税率）

3.出口应退消费税计算公式

从价计税：应退消费税=出口货物工厂销售额×比例税率

从量计税：应退消费税=报送出口数量×定额税率

复合计税：应退消费税=出口货物工厂销售额×比例税率+报送出口数量×定额税率

4.以外购应税消费品连续生产应税消费品允许扣除税额计算公式

当期准予扣除的外购应税消费品已纳税额=当期准予扣除的外购应税消费品买价×外购应税消费品适用税率

当期准予扣除的外购应税消费品买价=期初库存的外购应税消费品买价+当期购进的应税消费品买价−期末库存的外购应税消费品买价

5.以委托加工收回应税消费品连续生产应税消费品允许扣除税额计算公式

当期准予扣除的委托加工应税消费品已纳税额=期初库存的委托加工应税消费品已纳税额+当期收回的委托加工应税消费品已纳税额−期末库存的委托加工应税消费品已纳税额

3.2 客观题

3.2.1 理论题

1.单项选择题

1) 下列消费品应征收消费税的有（　　）。

A.酒　　B.钢琴

C.价值8 000元的手表　　D.电动汽车

2) 下列各项中属于税法规定的“委托加工”的是（　　）。

A.委托方提供原料或主要材料，受托方代垫辅助材料并收取加工费

B.委托方支付加工费，受托方提供原料或主要材料

C.委托方支付加工费，受托方以委托方的名义购买原料或主要材料

D.委托方支付加工费，受托方购买原料或主要材料再卖给委托方进行加工

3) 下列应税消费品适用复合计税方式征收消费税的是（　　）。

A.白酒　　B.雪茄烟　　C.啤酒　　D.黄酒

4) 下列应税消费品应在生产环节和批发环节同时征收消费税的是（　　）。

A.烟丝　　B.卷烟　　C.小汽车　　D.成品油

5）纳税人采取委托收款方式销售应税消费品，其消费税纳税义务发生时间为（　）。

A.发出应税消费品当天　　B.办妥托收手续的当天

C.收到货款的当天　　D.合同约定的收款日期当天

6）下列各项中，符合现行消费税法规规定的是（　）。

A.纳税人总分支机构不在同一县（市）的，一律在总机构所在地缴纳消费税

B.纳税人销售的应税消费品，除另有规定外，应向纳税人机构所在地或居住地税务机关申报纳税

C.纳税人委托加工应税消费品，其纳税义务发生时间为纳税人支付加工费的当天

D.因质量原因由购买方退回的消费品，可退还已征的消费税，也可直接抵减应纳税额

2.多项选择题

1）下列各项中，应同时征收增值税和消费税的有（　）。

A.批发环节销售卷烟　　B.零售环节销售金基合金首饰

C.生产环节销售普通护肤护发品　　D.进口小汽车

E.零售环节销售白酒

2）珠宝店同时经营金银首饰和珠宝玉石，下列各项中应在零售环节征收消费税的有（　）。

A.珍珠项链　　B.镀金工艺项链

C.纯金项链、戒指　　D.钻石及钻石饰品

E.水晶项链

3）下列应税消费品中，适用从量计税方式征收消费税的有（　）。

A.啤酒　　B.白酒　　C.果啤

D.柴油　　E.汽油

4）下列物品中，应征收消费税的有（　）。

A.高档美容类化妆品　　B.高档修饰类化妆品

C.高档护肤类化妆品　　D.护发素

E.香皂

5）下列单位中属于消费税纳税义务人的有（　）。

A.进口应税消费品的单位

B.委托加工应税消费品的单位

C.生产销售应税消费品（金银首饰除外）的单位

D.受托加工应税消费品的单位

E.烟草专卖局

6）某化妆品厂生产的高档化妆品的下列用途中应征消费税的有（　）。

A.本厂职工运动会奖品　　B.出厂前的抽检品

C.促销活动中的赠送品　　D.电视广告样品

E.对外投资

3.判断题

1）凡征收消费税的消费品均应征收增值税。（　）

2）受托加工应税消费品的个体经营者不承担代扣代缴消费税的义务。（　）

3）消费税为价内税，而增值税为价外税。（　）

4）海关负有扣缴进口环节消费税的义务。（　）

5）纳税人采取预收款方式销售应税消费品的，其纳税义务发生时间为收到预收款当天。（　）

6）委托加工应税消费品的，消费税应由委托方向受托方所在地主管税务机关申报纳税。（　）

3.2.2　实务题

1.单项选择题

1）自产销售应税消费品计提的消费税税额会计上应记入（　）科目。

A.“管理费用”　　B.“税金及附加”

C.“销售费用”　　D.“主营业务成本”

2）对用于换取生产（或消费）资料、投资入股和抵偿债务的从价计税消费品下列说法中，正确的是（　）。

A.按同类应税消费品的最高销售价格计征消费税

B.按同类应税消费品的平均销售价格计征消费税

C.按同类应税消费品的最高销售价格计征增值税

D.计算增值税与计算消费税的依据相同

3）下列关于自产自用复合计税的应税消费品消费税组成计税价格的计算公式中，正确的是（　）。

A.组成计税价格=成本×（1+成本利润率）÷（1-消费税比例税率）

B.组成计税价格=成本×（1+成本利润率）÷（1+消费税比例税率）

C.组成计税价格=［成本×（1+成本利润率）+从量税］÷（1+消费税比例税率）

D.组成计税价格=［成本+利润+移送使用数量×定额税率］÷（1-消费税比例税率）

4）委托方收回委托加工应税消费品直接对外销售时，下列处理中正确的是（　）。

A.支付由受托方代收代缴的消费税款时，应借记“委托加工物资”科目，贷记“银行存款”科目

B.支付由受托方代收代缴的消费税款时，应借记“应交税费——应交消费税”科目，贷记“银行存款”科目

C.支付由受托方代收代缴的消费税款时，应借记“银行存款”科目，贷记“应交税费”科目

D.收回的应税消费品对外销售时，应按销售额继续计征消费税

5）下列关于应税消费品出口应退消费税计算方法不正确的是（　）。

A.应退消费税额=出口货物离岸价×比例税率

B.应退消费税额=出口货物工厂销售额×比例税率

C.应退消费税额=报关出口数量×定额税率

D.应退消费税额=出口货物工厂销售额×比例税率+报关出口数量×定额税率

6）下列关于消费税纳税地点的说法中，错误的是（　）。

A.自产销售应税消费品应当向纳税人机构所在地或居住地主管税务机关申报纳税
B.委托加工应税消费品，一律由受托方所在地主管税务机关代收代缴
C.进口应税消费品，由进口人或其代理人向报关地海关申报纳税
D.纳税人到外县（市）销售或委托外县（市）代销自产应税消费品的，应回纳税人机构所在地或居住地申报

2.多项选择题

1）下列关于从价计税的自产销售应税消费品消费税计税销售额的说法中，正确的有（　　）。

A.消费税的计税依据与增值税的计税依据相同
B.计税销售额包括纳税人销售货物向购买方收取的全部价款和价外费用
C.计税销售额包含消费税但不含增值税
D.价外向购买方收取的包装物租金应计入销售额
E.价外向购买方收取的包装物押金一律计入销售额

2）自产自用应税消费品从价计征消费税时，其计税依据为（　　）。

A.纳税人有同类货物销售价格的，以同类货物的平均销售价格为计税依据
B.纳税人无同类货物销售价格的，以组成计税价格为计税依据
C.组成计税价格=成本+利润+消费税
D.组成计税价格=成本×（1+成本利润率）÷（1-消费税税率）
E.组成计税价格=成本×（1+成本利润率）÷（1+消费税税率）

3）下列关于受托方扣缴委托加工应税消费品消费税相关计算方法中，正确的有（　　）。

A.从价计税，且受托方有同类消费品的，应纳税额=同类消费品销售价格×比例税率
B.从价计税，但受托方无同类消费品的，应纳税额=（材料成本+加工费）÷（1-比例税率）×比例税率
C.从量计税，应纳税额=委托加工数量×定额税率
D.从量计税，应纳税额=委托加工收回数量×定额税率
E.复合计税的组成计税价格=（材料成本+加工费+从量税）÷（1-比例税率）

4）下列关于进口货物（卷烟除外）应纳消费税的相关计算公式中，正确的有（　　）。

A.从价计税，应纳税额=组成计税价格×比例税率
B.从价计税，组成计税价格=关税完税价格×（1+关税税率）÷（1-比例税率）
C.从量计税，应纳税额=进口数量×定额税率
D.复合计税，应纳税额=组成计税价格×比例税率+进口数量×定额税率
E.复合计税，组成计税价格=（关税完税价格+关税+进口数量×定额税率）÷（1-比例税率）

5）下列关于批发环节征收消费税的说法中，正确的有（　　）。

A.批发环节的应税消费品特指卷烟
B.批发环节卷烟消费税适用复合计征方式
C.批发环节卷烟适用比例税率为11%，定额税率0.005元/支
D.卷烟批发企业多业经营时，卷烟销售额与其他商品销售额应分开核算；未分开核算的，全额计征消费税

E.卷烟批发企业在计算卷烟消费税时不得扣除卷烟生产环节已缴纳的消费税税额

6）下列关于零售环节征收消费税的说法正确的有（　　）。

A.零售环节的应税消费品特指金银首饰、钻石及钻石饰品、超豪华小汽车

B.“金银首饰”特指金、银和金基、银基合金首饰，以及金、银和金基、银基合金的镶嵌首饰

C.零售环节纳税人同时经营金银首饰与非金银首饰，又不分别核算的，一律按金银首饰计征消费税

D.纳税人采取以旧换新方式销售金银首饰的，按实际收取的不含增值税价款计征消费税

E.超豪华小汽车是指每辆零售价格130万元（不含增值税）及以上的乘用车和中轻型商用客车

3.混合选择题

就“职业道德”相关领域的“参照规范与标准”、“职业核心能力”和“专业能力”各技能点的“规范与标准”（参见本章“主观题”之“实训题”的“能力与道德领域”），以及“职业核心能力强化训练‘知识准备’”的“参照范围”（参见本教材“附录一”的附表1-1）和“职业核心能力考核参照规范与标准”（参见本教材“附录二”的附表2-2），在下列各题中填入正确的选项：

1）下列关于职业核心能力中级“数字应用”的表示正确的有（　　）。

A.其知识准备的技能点包括解读数据信息、进行数据计算、展示和使用数据信息

B.其规范标准的基本要求是指在更加广泛的工作范围内，灵活地运用数字应用能力以适应工作岗位各方面的需要

C.其技能点“解读数据信息”是指能从不同信息源获取信息，读懂、归纳、汇总数据，编制图表

D.其技能点“进行数据计算”是指能从事多步骤、较复杂的计算，使用公式计算结果

2）“职业情感”的“参照规范与标准”是指（　　）。

A.对职业、职业选择、职业工作和财务人员职业道德等问题具有正确的看法

B.对将要从事的职业种类、职业方向与事业成就有积极的向往和执着的追求

C.对职业或职业模拟有愉快的主观体验、稳定的情绪表现、健康的心态、良好的心境，具有强烈的职业认同感、职业荣誉感和职业敬业感

D.对职业选择或模拟选择有充分的认知和积极的倾向与行动

3）“消费税征税范围和税率的确定”技能点的“参照规范与标准”有（　　）。

A.能正确判断消费税征税范围

B.能正确选择消费税的适用税率

C.能正确选择消费税应纳税额计算方法

D.能准确计算消费税应纳税额

4）“消费税应纳税额与出口退（免）税计算”技能点的“参照规范与标准”有（　　）。

A.能正确选择消费税应纳税额与出口退（免）税计算方法

B.能正确设置消费税核算账户

C.能准确计算消费税应纳税额与出口退（免）税额

D.能正确判断消费税征税范围

5）“消费税账务处理” 技能点的“参照规范与标准”有（　）。

A.能正确设置消费税核算账户

B.能对消费税涉税业务作出准确的账务处理

C.能用手工填制消费税纳税申报表

D.能准确计算消费税应纳税额

6）“消费税纳税申报”技能点的“参照规范与标准”有（　）。

A.能依照消费税申报资料管理要求与操作程序手工填制消费税纳税申报表

B.能依照消费税申报资料管理要求与操作程序完成网上纳税申报

C.能顺利完成税款缴纳任务

D.能准确计算消费税应纳税额

4.判断题

1）消费税的计税销售额为含消费税但不含增值税的销售额。（　）

2）外贸企业受非生产性商贸企业委托代理出口的应税消费品不得退还已纳消费税。（　）

3）自产自用应税消费品的消费税纳税义务发生时间为移送使用当天。（　）

4）自产应税消费品用于广告样品时计提的消费税会计上应记入“税金及附加”科目。（　）

5）带料加工金银首饰，其消费税的计税依据为受托方收取的不含税加工费。（　）

6）外贸企业收购货物出口其增值税和消费税均适用“出口免税并退税”政策。（　）

3.2.3 案例题

地板制造商应纳消费税的计算

背景与情境：某市龙人木业制造厂为增值税一般纳税人，2019年6月份发生下列与消费税相关的涉税业务：

（1）进口实木地板一批，关税完税价289.6万元，缴纳关税28.96万元。进口实木地板的80%用于连续加工高档实木漆饰地板，加工的地板直接发往外地经销商，取得不含税销售额502万元；另外20%直接对外销售，取得不含税销售额80万元。

（2）为奖励业绩突出人员，使用自产A型实木地板作为奖品，其账面成本20万元，市场不含税售价25万元。

其他相关资料：实木地板适用的消费税税率为5%。

要求：根据上述资料回答下列问题：

1）根据资料（1），进口环节应缴纳消费税（　）元。

A.166 296　　B.159 280　　C.167 663　　D.157 682

2）根据资料（1），销售高档实木漆饰地板允许抵扣的消费税为（　）元。

A.133 037　　B.127 424　　C.134 130　　D.126 146

3）根据资料（1），销售高档实木漆饰地板应缴纳消费税（　）元。

A.251 000　B.235 000　C.853 400　D.116 870

4）根据资料（1），直接对外销售的进口实木地板应缴纳消费税（　）元。

A.0　B.40 000　C.38 000　D.23 400

5）根据资料（2），自产A型实木地板用于职工奖励应缴纳消费税（　）元。

A.15 100　B.12 500　C.13 000　D.14 300

3.2.4 实训题

1.单项选择题

1）某酒厂以外购粮食白酒作为曲香调味生产浓香白酒100吨，当月全部发往经销商，并办妥托收手续，不含税价款1 480万元尚未收到。则该厂上述业务应纳的消费税为（　）万元。

A.121　B.112　C.306　D.103

2）某进出口贸易公司为增值税一般纳税人进口白酒2吨，已知关税完税价格为100万元，缴纳关税30万元，则该批进口白酒应缴纳的消费税为（　）元。

A.327 500　B.327 000　C.325 600　D.323 500

3）某化妆品厂将一批自产的高档化妆品用于职工福利，该批化妆品暂无同类产品市场销售价格，账面显示生产成本为8 000元，已知化妆品的成本利润率为5%，则该批高档化妆品应缴纳的消费税为（　）元。

A.2 520　B.1 482.35　C.3 429　D.2 578

4）甲公司为增值税一般纳税人，某年6月取得一批烟丝的逾期包装物押金收入10万元，烟丝适用的消费税税率为30%，则下列关于消费税的计算正确的是（　）。

A.10÷（1+13%）×13%

B.10×13%

C.10÷（1+13%）×30%

D.10÷（1+30%）×30%

5）某啤酒厂5月销售给甲商场啤酒40吨，实现不含税销售额120 000元，代垫运费2 000元。则该啤酒厂上述业务应缴纳的消费税为（　）元。

A.10 000　B.9 000　C.9 600　D.9 800

6）某高尔夫球具厂接受某俱乐部委托加工一批高尔夫球具，俱乐部提供的主要材料的不含税成本为8 000元，球具厂收取含税加工费和代垫辅料费2 784元，球具厂没有同类球具的销售价格。该俱乐部应缴纳的消费税为（　）元。

A.1 162.64　B.1 123.56　C.1 150　D.1 213.56

2.多项选择题

1）某化妆品生产企业为增值税一般纳税人，销售高档化妆品，开具增值税专用发票注明价款共计850 000元、增值税110 500元。对于此项业务，下列处理中正确的有（　）。

A.应交消费税税额为127 500元

B.计提消费税的会计分录为：

借：税金及附加　127 500

　贷：应交税费——应交消费税　127 500

C.计提消费税的会计分录为：

借：销售费用　　127 500

　贷：应交税费——应交消费税　　127 500

D.实现销售收入的会计分录：

借：银行存款　　960 500

　贷：主营业务收入　　850 000

　　　应交税费——应交增值税（销项税额）　　110 500

E.实现销售收入的会计分录：

借：银行存款　　960 500

　贷：主营业务收入　　960 500

2）某摩托车生产企业（增值税一般纳税人），将自产的摩托车5辆移交本厂相关部门使用。该摩托车不含税售价为7 000元/辆，生产成本为5 000元/辆，消费税税率为3%。对于此项业务，下列处理中正确的有（　）。

A.上述自产自用行为应视同销售同时计征增值税和消费税

B.增值税销项税额为4 550元

C.消费税税额为1 050元

D.借：固定资产　　30 600

　贷：库存商品　　25 000

　　　应交税费——应交增值税（销项税额）　　4 550

　　　　　　　——应交消费税　　1 050

E.借：固定资产　　40 600

　贷：主营业务收入　　35 000

　　　应交税费——应交增值税（销项税额）　　4 550

　　　　　　　——应交消费税　　1 050

3）某汽车制造厂为增值税一般纳税人，用自产的乘用车10辆投资于某客运公司，税务机关认可的不含税售价为150 000元/辆，实际生产成本为100 000元/辆，乘用车适用的消费税税率为5%。对于此项业务，下列处理中正确的有（　）。

A.用自产应税消费品对外投资，应视同销售同时征收增值税和消费税

B.对外投资增值税和消费税的纳税义务发生时间均在货物移送时

C.应交增值税为195 000元，应交消费税为75 000元

D.借：长期股权投资　　1 770 000

　贷：主营业务收入　　1 500 000

　　　应交税费——应交增值税（销项税额）　　195 000

　　　　　　　——应交消费税　　75 000

E.借：主营业务成本　　1 000 000

　贷：库存商品　　1 000 000

4）某酒厂（增值税一般纳税人）欠甲公司货款50 000元，经双方协商现以自产粮食白酒10吨抵偿。该粮食白酒成本为3 000元/吨，每吨售价在4 800 ~ 5 200元浮动，平均售价为5 000元/吨。对于此项业务，下列处理中正确的有（　）。

A.增值税的计税依据为货物的平均售价，增值税税额为6 500元

B.消费税的计税依据为货物的最高售价，消费税税额为20 400元

C.借：应付账款——甲公司 50 000
　　营业外支出 6 500
　贷：主营业务收入 50 000
　　应交税费——应交增值税（销项税额） 6 500

D.借：主营业务成本 30 000
　贷：库存商品 30 000

E.借：税金及附加 20 400
　贷：应交税费——应交消费税 20 400

5）某卷烟厂（增值税一般纳税人）委托甲企业加工烟丝。卷烟厂提供烟叶成本55 000元，支付加工费20 000元，取得增值税专用发票。卷烟厂收回烟丝后直接用于销售，实现销售收入100 000元。下列关于增值税与消费税的处理中正确的有（ ）。

A.根据支付加工费的增值税专用发票编制会计分录：
借：委托加工物资 20 000
　　应交税费——应交增值税（进项税额） 2 600
　贷：银行存款 22 600

B.根据实际支付的消费税编制会计分录：
借：委托加工物资 32 143
　贷：银行存款 32 143

C.根据实际支付的消费税编制会计分录：
借：应交税费——应交消费税 32 143
　贷：银行存款 32 143

D.卷烟厂收回烟丝对外销售时只需缴纳增值税，不再缴纳消费税

E.烟丝是应税消费品，卷烟厂收回烟丝对外销售时应同时缴纳增值税和消费税

6）某企业从国外进口自用小汽车一辆，关税完税价格为350 000元，关税税率为20%，消费税税率为12%，价税款全部支付。对于此项业务，下列处理中正确的有（ ）。

A.增值税和消费税的计税依据相同，均为477 273元

B.海关进口环节应缴纳增值税62 046元，消费税57 273元

C.进口汽车应编制如下会计分录：
借：固定资产 539 319
　贷：银行存款 539 319

D.进口汽车应编制如下会计分录：
借：固定资产 482 046
　　应交税费——应交消费税 57 273
　贷：银行存款 539 319

E.进口汽车应编制如下会计分录：
借：固定资产 477 273
　　应交税费——应交增值税（进项税额） 62 046

贷：银行存款 539 319

3.3 主观题

3.3.1 理论题

1.简答题

1）简述消费税征税范围的具体内容。

2）简述消费税税率的基本类型及其适用性。

3）什么是委托加工应税消费品？

4）简述现行税法对于可以扣除已纳消费税税额的具体项目的规定。

5）简述现行税法对消费税纳税义务发生时间的规定。

2.理解题

1）与增值税相比，消费税有哪些特性？

2）解释“贵重首饰及珠宝玉石”消费税征税环节的具体规定。

3）消费税计税方法有哪些？说明其适用性。

4）解释卷烟消费税适用税率的确定方法。

5）解释啤酒消费税适用税率的确定方法。

3.3.2 实务题

1.规则复习

1）怎样确定自产销售应税消费品消费税计税依据？写出其应纳消费税的计算公式。

2）怎样确定自产自用应税消费品消费税计税依据？写出其应纳消费税的计算公式。

3）怎样确定委托加工应税消费品消费税计税依据？写出其应纳消费税的计算公式。

4）怎样确定进口一般货物消费税计税依据？写出其应纳消费税的计算公式。

5）如何计算外贸企业出口应税消费品应退消费税税额？写出其应退消费税的计算公式。

2.业务解析

1）比较从价计税消费品在自产自用、委托加工和进口环节计算消费税组成计税价格公式的差异。

2）比较复合计税消费品在自产自用、委托加工和进口环节计算消费税组成计税价格公式的差异。

3）解析进口卷烟应纳消费税的计算程序。

4）比较说明委托加工业务中委托方与受托方业务的对应关系。

5）比较说明消费税与增值税出口退税政策的差异。

3.3.3 案例题

思佳日化厂消费税计算正确吗？

背景与情境：丽都市思佳日化厂为增值税一般纳税人，主要生产化妆品和一部分护肤护发品。该厂2019年8月份发生的涉税业务及税务处理如下：[本题中胭脂、眉笔属于高档化妆品范围]

（1）厂部非独立核算门市部对外销售本厂生产的洗发水900瓶、胭脂1 800盒，价税合计收入226 000元。会计未将上述销售作明细核算，无法分清两种产品的各自收入额。应纳消费税税额计算如下：

226 000÷（1+15%）×15%=29 478.26（元）

（2）销售化妆品礼盒800套，取得不含税销售额520 000元。该礼盒由胭脂、卸妆油、眉笔和洗发水、护发素组成。账户资料显示：化妆品销售额242 000元，护肤护发品销售额278 000元。应纳消费税税额计算如下：

242 000×15%=36 300（元）

（3）本月用于职工福利发放的普通化妆品，生产成本30 000元，本厂无同类产品销售价格。应纳消费税税额计算如下：

30 000×15%=4 500（元）

当月应纳消费税税额=29 478.26+36 300+4 500=70 278.26（元）

问题：请你对该厂税务人员申报的上述消费税业务进行审计，若有错误请更正。

分析要求：

（1）课业的结构、格式与体例要求：参照本《训练手册》“课业范例3.5.1”。

（2）其他要求：与第1章“主观题”之“案例题”的“分析要求”相同。

3.3.4　实训题

“消费税计算、账务处理与纳税申报运作”业务胜任能力训练

【实训目的】

见主教材本章章名页“学习目标”中的“实训目标”。

【实训内容】

专业能力训练：“能力领域”、“技能点”、“名称”和“参照规范与标准”见表3-1。

表3-1　**能力领域、技能点、名称及其参照规范与标准**

能力领域	技能点	名称	参照规范与标准
消费税计算、账务处理与纳税申报	技能Ⅰ	消费税征税范围和税率的确定技能	1）能正确判断消费税征税范围 2）能正确选择消费税的适用税率
	技能Ⅱ	消费税应纳税额与出口退（免）税计算技能	1）能正确选择消费税应纳税额与出口退（免）税计算方法 2）能准确计算消费税应纳税额与出口退（免）税额
	技能Ⅲ	消费税账务处理技能	1）能正确设置消费税核算账户 2）能对消费税涉税业务作出准确的账务处理
	技能Ⅳ	消费税纳税申报技能	1）能依照消费税申报资料管理要求与操作程序手工填制消费税纳税申报表 2）能依照消费税申报资料管理要求与操作程序完成网上纳税申报 3）能顺利完成税款缴纳任务

职业核心能力和职业道德训练：其内容、种类、等级与选项见表3-2；各选项的“参

照规范与标准”见本教材附录二的附表2-2和附表2-3。

表3-2 职业核心能力与职业道德训练内容、种类、等级与选项表

内容	职业核心能力							职业道德						
种类	自我学习	信息处理	数字应用	与人交流	与人合作	解决问题	革新创新	职业观念	职业情感	职业理想	职业态度	职业良心	职业作风	职业守则
等级			中级	中级	中级	中级	中级		认同级		认同级	认同级	认同级	认同级
选项			√	√	√	√	√		√		√	√	√	√

【组织形式】

将班级学生分成若干实训小组，根据实训内容和项目需要进行角色划分。

【实训任务】

（1）对表3-1所列专业能力领域各技能点，依照其“参照规范与标准”实施阶段性基本训练。

（2）对表3-2所列职业核心能力选项，依照本教材附录二附表2-2的“参照规范与标准”实施“中级”强化训练。

（3）对表3-2所列职业道德选项，依照本教材附录二附表2-3的“参照规范与标准”实施“认同级”相关训练。

【实训要求】

（1）实训前学生要了解并熟记本实训的“实训目标”、“能力与道德领域”、“实训任务”与“实训要求”，了解并熟记本教材“附录二”附表2-1、附表2-2中的“考核指标”与“参照规范与标准”内涵，将其作为本实训的操练点和考核点来准备。

（2）通过“实训步骤”，将“实训任务”中所列的三种训练整合并落实到本实训的“活动过程”和“成果形式”中。

（3）实训后学生要对本次“消费税计算、账务处理与纳税申报”的实训活动进行总结，在此基础上撰写实训报告。

【情境设计】

将学生分成若干实训组，各组结合本实训“成果形式”的“实训课业”题目，在“3.4 实训资料”的四组资料中任选一组，进行关于“消费税计算、账务处理与纳税申报”的实训操练。每组成员通过参与和体验所选资料项目的运作过程，相应实训报告的准备、撰写、讨论与交流等实践活动，完成实训任务。

【指导准备】

知识准备：

（1）该企业相关会计环境情况。

（2）该企业货物销售业务情况。

（3）消费税征税范围、税率相关法律规定理论。

（4）“消费税会计”的理论与实务知识。

（5）见本教材“附录一”附表1-1的“知识准备”，与本章“职业核心能力‘强化训练项’”各技能点相关的“‘知识准备’参照范围”。

（6）见本教材“附录二”附表2-2、附表2-3中，涉及本章“职业核心能力领域‘强化训练项’”各技能点和“职业道德领域‘相关训练项’”的“参照规范与标准”知识。

操作指导：

（1）教师向学生阐明“实训目的”、“能力与道德领域”和“知识准备”。

（2）教师就“知识准备”中的第（5）（6）项，对学生进行培训。

（3）教师指导学生就所选“实训资料”中的项目进行“消费税计算、账务处理与纳税申报”的系列运作操练。

（4）教师指导学生撰写《××企业消费税计算、账务处理与纳税申报实训报告》。

【实训时间】

本章课堂教学内容结束后的双休日和课余时间，为期一周。

【实训步骤】

（1）将学生组成若干个实训组，每8～10位同学分成一组，每组确定1～2人负责。

（2）对学生进行关于“消费税计算、账务处理与纳税申报运作”实训的“指导准备”培训。

（3）各实训组成员熟悉所选的“实训资料”，结合“实训资料”内容及“实训要求”进行消费税计算、账务处理与申报表填制的全面操练。

（4）各实训组成员在实施上述训练的过程中，融入对“数字应用”、“解决问题”和“革新创新”等职业核心能力的各“技能点”的“中级”强化训练和对“职业情感”和“职业守则”等职业道德各“素质点”的“认同级”相关训练，并对训练过程作简要记录与说明。

（5）各实训组成员整合上述操练的过程与结果，分别撰写作为最终成果形式的关于“消费税计算、账务处理与纳税申报”的实训报告。

（6）各实训组成员的实训报告提交小组讨论并修订后，评出小组优秀实训报告。

（7）在班级交流并修订各组的优秀实训报告，评出班级优秀实训报告。

（8）教师对班级优秀实训报告进行点评。

（9）将附有“教师点评”的班级优秀实训报告纳入该课程教学资源库，通过校园网课程平台展示，并允许学生拷贝借鉴。

【成果形式】

实训课业：《××企业消费税计算、账务处理与纳税申报实训报告》

课业要求：

（1）本课业应包括“关于‘专业能力’的基本操练”、“关于‘职业核心能力’与‘职业道德’选项的融入性操练”和“实训感言”三部分。其中，“关于‘专业能力’的基本操练”应包括对所选企业征税范围和税率确定分析、对所选企业消费税应纳税额的计算过程、账务处理和纳税申报表等内容。

（2）报告结构、格式与体例参照本《训练手册》“课业范例3.5.2”。

（3）实训课业定稿后，在其标题下注明“项目组长姓名”和“项目组成员姓名”。

3.4 实训资料

实训资料3.4.1

1）企业基本情况：

企业名称：滨海市红鹰卷烟厂

纳税人识别号：834106786309474836

企业地址：滨海市滨江路567号

法人代表：李天鸿

注册资本：人民币5 000万元

企业类型：有限责任公司

财务负责人：李强

办税员：赵岳

企业开户银行及账号：工商银行滨海市滨江支行　8734671260890238587

红鹰卷烟厂为增值税一般纳税人，生产A、B两个牌号的卷烟，会计核算执行企业会计准则，消费税纳税期限为1个月。

2）2019年6月份与消费税相关的经济业务资料如下：

（1）提供账面成本24万元的烟叶委托嘉德厂加工烟丝一批，收回委托加工的烟丝，支付不含税加工费12万元。嘉德厂没有同类烟丝的销售价格，红鹰卷烟厂收回的烟丝全部用于生产A牌卷烟。

（2）销售A牌卷烟50标准箱，取得不含税收入85万元。（提示：确定适用比例税率为36%）

（3）从汇宁厂购进烟丝，取得增值税专用发票，注明价款320万元，本月已全部用于生产B牌卷烟。

（4）用A牌卷烟25标准箱抵偿前欠金龙公司货款52.65万元。本厂A牌卷烟的最高销售价为85元/标准条，平均销售价为70元/标准条。〔已知：1标准箱=250标准条〕

（5）销售B牌卷烟120标准箱，每标准箱3万元，由于购货方能及时付款，厂家给予2%的现金折扣。（提示：确定适用比例税率为56%）

（6）以每箱不含税价15 000元的价格销售B牌残次品卷烟25箱。（提示：残次品卷烟应当按同牌号规格正品卷烟的征税类别确定适用税率）

（7）本月销售雪茄烟120盒，取得不含税销售额50万元，包装费4 520元（含税），开具普通发票。每盒25支。

其他资料：题中应支付的款项全部以银行存款付讫，应收取的款项全部收讫并存入银行。

3）操练要求：

（1）按题目序号确定红鹰卷烟厂征税范围、适用税率，计算应纳消费税税额，并编制与消费税相关的会计分录；

（2）填制红鹰卷烟厂烟类应税消费品消费税纳税申报表。

实训资料3.4.2

1）企业基本情况：

企业名称：滨海市稻花香有限公司

纳税人识别号：834106786432365758

企业地址：滨海市南湖路435号

法人代表：李玉清

注册资本：人民币5 000万元

企业类型：有限责任公司

财务负责人：王平

办税员：李爱萍

企业开户银行及账号：工商银行滨海市南湖支行　8734671260832179084

稻花香有限公司为增值税一般纳税人，主要从事白酒生产，会计核算执行企业会计准则，消费税纳税期限为1个月。

2）2019年6月份与消费税相关的经济业务资料如下：

（1）委托兴华酒厂加工粮食白酒一批，公司提供原材料实际成本6 000元，支付不含税加工费1 500元，兴华酒厂收取代垫粮食白酒辅助材料含税款452元，该企业无同类消费品价格。企业共收回粮食白酒1 000千克，收回后直接出售。

（2）销售38度稻花香牌白酒15吨，开具增值税专用发票，注明价款1 226 200元。

（3）销售52度稻花香牌白酒10吨，取得不含税销售额为1 500 000元，同时收取品牌使用费100 000元。

（4）将38度和52度的稻花香牌白酒组成礼品盒共15吨，销售给和平商贸公司，取得不含税销售额3 500 000元。稻花香有限公司负责运输，收取运费180 000元、装卸费7 200元。（提示：从事货物生产、批发或者零售的单位和个体工商户的混合销售行为，按照销售货物缴纳增值税）

（5）本月销售礼品盒3 000套，每套不含税售价为300元。每套礼盒包含38度稻花香牌白酒1千克，不含税单价80元；干红葡萄酒1千克，不含税单价70元。

（6）公司研制白酒新品种一批，用于广告样品0.2吨。该种白酒无同类产品出厂价，生产成本每吨65 000元。粮食白酒成本利润率为10%。

（7）向滨海市白酒节捐赠52度稻花香白酒250千克。

其他资料：题中应支付的款项全部以银行存款付讫，应收取的款项全部收讫并存入银行。

3）操练要求：

（1）计算兴华酒厂代收代缴的消费税，编制兴华酒厂扣缴消费税的会计分录；

（2）计算稻花香有限公司本月应缴纳消费税总额，并编制与消费税相关的会计分录；

（3）填制稻花香有限公司本月酒类应税消费品消费税纳税申报表。

实训资料3.4.3

1）企业基本情况：

企业名称：滨海市通用股份有限公司

纳税人识别号：834106786586097675

企业地址：滨海市开发路341号

法人代表：胡军

注册资本：人民币15 000万元

企业类型：有限责任公司

财务负责人：陈开慧

办税员：胡宝祥

企业开户银行及账号：工商银行滨海市开发路支行　8734671260828790543

滨海市通用股份有限公司为增值税一般纳税人，主要从事汽车及汽车轮胎的生产与销售，会计核算执行企业会计准则，消费税纳税期限为1个月。

2）2019年5月份与消费税相关的经济业务资料如下：

（1）当月进口排量为4.0升的日产“丰田”越野车22辆，关税完税价为175 000美元/辆。已知关税税率为20%，消费税税率为25%，假设1美元=6.2元人民币。

（2）采用委托银行收款方式内销A牌小轿车40辆，每辆不含税售价180 000元，货已发出并办妥委托收款手续，款项未收到；同时收取售后服务费4 520元/辆。A牌小轿车适用的消费税税率为5%。

（3）用10辆B牌汽车投资入股某租赁公司，占该公司有表决权股份的10%。B牌汽车的出厂不含税价每辆300 000元，最高不含税价每辆375 000元。B牌汽车消费税税率为9%

3）操练要求：

（1）计算进口环节应纳关税、增值税与消费税，并编制会计分录；

（2）计算国内销售汽车应纳消费税税额，编制与消费税相关的会计分录；

（3）填制通用股份有限公司当月小汽车消费税纳税申报表。

3.5 课业范例

课业范例3.5.1

委托加工应税消费品

消费税核算案例分析报告

（报告人：　　　　　　　　　　　　）

背景与情境：大山木地板厂为增值税一般纳税人，2019年6月份发生如下委托加工业务：

当月从林场收购木材30吨，开具的收购凭证上注明收购款42万元；另支付运输费3万元、增值税0.27万元，取得增值税专用发票。木材收到验收后又运往红安地板厂委托其加工成未上漆的实木地板。当月收回全部委托加工的实木地板，取得红安地板厂开具的增值税专用发票，注明加工费8万元、增值税1.04万元。红安地板厂按税法规定扣缴了消费税税款。大山木地板厂委托收回的实木地板全部领用继续加工上漆。当月生产实木地板2 000箱，对外销售实木地板1 500箱，取得不含税销售额450万元；用于本企业会议室装修用100箱。已知实木地板的消费税税率为5%。

大山木地板厂对上述业务进行了如下消费税计算和账务处理：

（1）当月应纳消费税税额=450×5%=22.5（万元）

（2）当月准予抵扣的委托加工实木地板已纳消费税税额=（42+3）÷（1−5%）×5%=2.3684（万元）

（3）当月实际应纳消费税税额=22.5−2.3684=20.1316（万元）

（4）账务处理如下：

收回委托加工货物，支付受托方扣缴的消费税时，编制会计分录：

借：应交税费——应交消费税　　23 684

　贷：应付账款（或银行存款）　　23 684

计提当月应交消费税时，编制会计分录：

借：税金及附加　　225 000

　贷：应交税费——应交消费税　　225 000

下月实际缴纳消费税时，编制会计分录：

借：应交税费——应交消费税　　201 316

　贷：银行存款　　201 316

问题：大山木地板厂的上述计算和账务处理是否正确，为什么？

分析：上述计算存在如下错误：

（1）实木地板用于本企业办公室装修，应视同销售计算消费税，即：

视同销售应纳消费税税额=450÷1 500×100×5%=1.5（万元）

（2）根据增值税法规规定，向农业生产者购入农产品用于生产适用13%税率的可按收购款的10%抵扣进项税额。则：

发出委托加工的木材成本=42×（1−10%）+3=40.8（万元）

受托方代扣代缴的消费税税额=（40.8+8）÷（1−5%）×5%=2.57（万元）

根据消费税法规规定，委托加工收回的应税消费品，用于连续加工应税消费品的，其已缴纳的消费税准予抵扣，即：

当月准予抵扣委托加工实木地板已纳消费税税额=2.57（万元）

（3）当月实际应纳消费税税额=450×5%+1.5−2.57=21.43（万元）

（4）正确的账务处理：

收回委托加工货物，支付受托方扣缴的消费税时，编制会计分录：

借：应交税费——应交消费税　　25 700

　贷：应付账款（或银行存款）　　25 700

计提当月应交消费税时，编制会计分录：

借：税金及附加　　240 000

　贷：应交税费——应交消费税　　240 000

下月缴纳消费税时，编制会计分录：

借：应交税费——应交消费税　　214 300

　贷：银行存款　　214 300

指导老师点评：

（略）

实训组长（签字）：　　　　　　　　指导教师（签字）：

年　　月　　日

课业范例3.5.2

南江卷烟厂
消费税核算与申报实训报告

（报告人：　　　　　　　　　　　　　　　）

一、关于专业能力的基本操练

□第一步，收集整理背景资料

1）企业基本情况：

企业名称：南江卷烟厂

纳税人识别号：310106780946347793

纳税人身份：增值税一般纳税人

企业地址：海滨市人民路214号

法人代表：王紫维

注册资本：人民币4 500万元

企业类型：有限责任公司

经营范围：卷烟、烟丝的生产与销售

企业开户银行及账号：中国工商银行海滨市灯塔支行　8451963

财务负责人：赵阳

办税员：刘璐

会计政策：企业会计准则

纳税期限：1个月

2）生产经营业务资料（仅选取与消费税相关的经济业务）：

该企业2019年7月份的生产经营资料如下：

（1）外购烟丝账户资料：期初库存外购烟丝成本10 234元，本月购入烟丝成本145 800元，期末库存外购烟丝成本14 634元。本月领用的外购烟丝全部用于生产卷烟。

（2）委托加工烟丝已纳消费税账户资料：委托加工烟丝已纳消费税期初余额4 860元，收回委托加工烟丝已纳消费税21 630元，期末库存烟丝已纳消费税13 900元。本月领用的委托加工烟丝全部用于生产卷烟。

（3）7月15日，缴纳6月份消费税税款256 320元，款项已由银行代扣。

（4）本月生产A牌卷烟450标准箱，B牌卷烟400标准箱；销售A牌卷烟350标准箱，B牌卷烟300标准箱。A牌卷烟和B牌卷烟每标准条不含税销售价格分别为80元和40元。上述款项全部收讫存入银行。（提示：1标准箱=250条）

□第二步，确定征税范围、适用税率和税款计征方法，计算应纳消费税税额

烟丝消费税从价计征，税率为30%；卷烟消费税复合计征，定额税率为每标准箱150元，A牌卷烟从价税率为56%，B牌卷烟从价税率为36%。具体计算见表3-3至表3-6。

表3-3　　**销售卷烟消费税计算表**　　金额单位：元

日期：2019年8月15日　　数量单位：箱

项目 货物名称	从价计税		从量计税		应纳税额
	金额	税率	数量	税率	
A牌卷烟	7 000 000.00	56%			3 920 000.00
			350	150	52 500.00
B牌卷烟	3 000 000.00	36%			1 080 000.00
			300	150	45 000.00
合计	10 000 000.00		650		5 097 500.00

审核：赵阳　　制表：刘璐

表3-4　　**准予抵扣消费税计算表（外购应税消费品）**

日期：2019年8月15日　　金额单位：元

项目 货物名称	外购应税消费品购、用、存金额（不含税）				税率	当期准予抵扣消费税税额
	期初库存	本月购入	期末库存	生产领用		
烟丝	10 234.00	145 800.00	14 634.00	141 400.00	30%	42 420.00
合计	10 234.00	145 800.00	14 634.00	141 400.00		42 420.00

审核：赵阳　　制表：刘璐

表3-5　　**准予抵扣消费税计算表（委托加工应税消费品）**

日期：2019年8月15日　　单位：元

项目 货物名称	委托加工应税消费品已纳消费税				当期准予抵扣消费税税额
	期初库存	本月购入	期末库存	生产领用	
烟丝	4 860.00	21 630.00	13 900.00	12 590.00	12 590.00
合计	4 860.00	21 630.00	13 900.00	12 590.00	12 590.00

审核：赵阳　　制表：刘璐

表3-6　　**消费税通用计算表**

日期：2019年8月15日　　单位：元

项目	金额
当月销售的卷烟应纳消费税	5 097 500.00
当期准予扣除外购烟丝已纳税款	42 420.00
当期准予扣除委托加工烟丝已纳税款	12 590.00
当月实际应纳消费税	5 042 490.00

审核：赵阳　　制表：刘璐

□第三步，编制与消费税相关的会计分录，同时登记"应交税费——应交消费税"三栏式明细账（见表3-7和表3-8）（也可设置"待扣税金"账户专门核算）

表3-7 "应交税费——待扣消费税"明细账 单位：元

2019年 月	2019年 日	凭证号数（略）	摘要	借方	贷方	借或贷	余额
7	1		期初余额			借	4 860.00
	*		收回委托加工烟丝支付消费税	21 630.00		借	26 490.00
	*		结转应扣税金		12 590.00	借	13 900.00
	31		本月合计	21 630.00	12 590.00	借	13 900.00

表3-8 "应交税费——应交消费税"明细账 单位：元

2019年 月	2019年 日	凭证号数（略）	摘要	借方	贷方	借或贷	余额
7	1		期初余额			贷	256 320.00
	15		缴纳2月份消费税	256 320.00		平	0.00
	*		计提销售卷烟应纳消费税		5 097 500.00	贷	5 097 500.00
	*		结转外购烟丝允许抵扣消费税	42 420.00		贷	5 055 080.00
	*		结转委托加工烟丝允许抵扣消费税	12 590.00		贷	5 042 490.00
	31		本月合计	311 330.00	5 097 500.00	贷	5 042 490.00

（1）收回委托加工烟丝，支付消费税，编制会计分录：

借：应交税费——待扣消费税 21 630

　贷：银行存款（或应付账款） 21 630

（2）缴纳6月份消费税，编制会计分录：

借：应交税费——应交消费税 256 320

　贷：银行存款 256 320

（3）计提当月销售卷烟应纳消费税，编制会计分录：

借：税金及附加 5 097 500

　贷：应交税费——应交消费税 5 097 500

（4）计算结转外购烟丝允许抵扣的消费税时，编制会计分录：

借：应交税费——应交消费税 42 420

　贷：生产成本——卷烟 42 420

（5）计算结转委托加工烟丝允许抵扣的消费税时，编制会计分录：

借：应交税费——应交消费税 12 590

贷：应交税费——待扣消费税 12 590

□第四步，填制消费税纳税申报表及相关附表（见表3-9和表3-10）

表3-9 **烟类应税消费品消费税纳税申报表**

税款所属期：2019年7月1日至2019年7月31日

纳税人名称（公章）：南江卷烟厂　　纳税人识别号：| 3 | 1 | 0 | 1 | 0 | 6 | 7 | 8 | 0 | 9 | 4 | 6 | 3 | 4 | 7 | 7 | 9 | 3 |

填表日期：2019年8月15日　单位：卷烟万支、雪茄烟支、烟丝千克；金额单位：元（列至角分）

<table>
<tr><td rowspan="2">项目
应税消费品名称</td><td colspan="2">适用税率</td><td rowspan="2">销售数量</td><td rowspan="2">销售额</td><td rowspan="2">应纳税额</td></tr>
<tr><td>定额税率</td><td>比例税率</td></tr>
<tr><td>卷烟</td><td>30元/万支</td><td>56%</td><td>1 750</td><td>7 000 000.00</td><td>3 972 500.00</td></tr>
<tr><td>卷烟</td><td>30元/万支</td><td>36%</td><td>1 500</td><td>3 000 000.00</td><td>1 125 000.00</td></tr>
<tr><td>雪茄烟</td><td>—</td><td>36%</td><td>0</td><td>0</td><td>0</td></tr>
<tr><td>烟丝</td><td>—</td><td>30%</td><td>0</td><td>0</td><td>0</td></tr>
<tr><td>合计</td><td>—</td><td>—</td><td>—</td><td>—</td><td>5 097 500.00</td></tr>
</table>

<table>
<tr><td>本期准予扣除税额：55 010.00</td><td rowspan="3">声明
此纳税申报表是根据国家税收法律的规定填报的，我确定它是真实的、可靠的、完整的
经办人（签章）：
财务负责人（签章）：
联系电话：</td></tr>
<tr><td>本期减（免）税额：0</td></tr>
<tr><td>期初未缴税额：0</td></tr>
<tr><td>本期缴纳前期应纳税额：0</td><td rowspan="4">（如果你已委托代理人申报，请填写）
授权声明
为代理一切税务事宜，现授权______（地址）______为本纳税人的代理申报人，任何与本申报表有关的往来文件，都可寄予此人
授权人签章：</td></tr>
<tr><td>本期预缴税额：0</td></tr>
<tr><td>本期应补（退）税额：5 042 490.00</td></tr>
<tr><td>期末未缴税额：5 042 490.00</td></tr>
</table>

以下由税务机关填写

受理人（签章）：　　受理日期：　年　月　日　　受理税务机关（章）：

表3-10 **本期准予扣除税额计算表**

税款所属期：2019年7月1日至2019年7月31日

纳税人名称（公章）：南江卷烟厂 纳税人识别号：3 1 0 1 0 6 7 8 0 9 4 6 3 4 7 7 9 3

填表日期：2019年8月15日 金额单位：元（列至角分）

一、当期准予扣除的委托加工烟丝已纳税款计算	
1.期初库存委托加工烟丝已纳税款	4 860.00
2.当期收回委托加工烟丝已纳税款	21 630.00
3.期末库存委托加工烟丝已纳税款	13 900.00
4.当期准予扣除的委托加工烟丝已纳税款	12 590.00
二、当期准予扣除的外购烟丝已纳税款计算	
1.期初库存外购烟丝买价	10 234.00
2.当期购进烟丝买价	145 800.00
3.期末库存外购烟丝买价	14 634.00
4.当期准予扣除的外购烟丝已纳税款	42 420.00
三、本期准予扣除税款合计	55 010.00

□第五步，缴纳7月份消费税税款，编制会计分录（本分录8月份完成，登记在8月份“应交税费——应交消费税”明细账中）

企业消费税纳税期限为1个月，于8月15日前申报税款，并缴纳7月份的全部消费税。

借：应交税费——应交消费税 5 042 490

贷：银行存款 5 042 490

二、关于“职业核心能力”与“职业道德”选项的融入性操练

实训前，我们对列入本章“实训题”指导准备中“知识准备”的相关知识进行了必要预习，接受了指导老师的全部“操作指导”。通过参加“知识准备”第（2）、（3）项的培训，我们了解了本章涉及的“专业能力”各项技能、“职业核心能力”和“职业道德”选项的“参照规范与标准”，克服了实训过程中对相关操作规范的盲目性。

在实训中，我们在实施本组“实训资料”的计算分析操练和实训报告的准备、撰写、讨论与交流的同时，有意识地融入了“数字应用”、“解决问题”和“革新创新”等“职业核心能力”强化训练和“职业情感”和“职业守则”等“职业道德”的相关训练。

三、实训感言

本次实训是在学习和掌握了“消费税会计”的理论、实务知识及“职业核心能力”与“职业道德”选项的“参照规范与标准”基础上进行的，力求做到关于“消费税会计”的职业认知以其“理论知识”为指导、关于“消费税会计”的技能操作以其“实务知识”为规范、关于“职业核心能力”和“职业道德”的选项训练以其“参照规范与标准”为参照，从而有效克服了“消费税计算、账务处理与纳税申报”实训中的盲目性。如果说，针对前两者的专业训练培养和提高了我们“消费税计算、账务处理与纳税申报”的专业能力，那么针对后者的融入性训练培养和提高了我们的“可持续发展能力”和“职业道德素质”。对于我们“税务会计”的“职业胜任力”阶段性建构来说，所有这些训练都是必不

可少的。

指导老师点评：
（略）

实训组长（签字）：　　　　　　　　　　　　　指导教师（签字）：

201　年　　月　　日

3.6　参考答案与提示

"3.2　客观题"参考答案

3.2.1　理论题

1.单项选择题

1）A　2）A　3）A　4）B　5）B　6）B

2.多项选择题

1）ABD　2）CD　3）ACDE　4）ABC　5）ABCE　6）ACDE

3.判断题

1）√　2）√　3）√　4）√　5）×　6）×

3.2.2　实务题

1.单项选择题

1）B　2）A　3）D　4）A　5）A　6）B

2.多项选择题

1）ABCD　2）ABCD　3）ABDE　4）ABCDE　5）ABCDE　6）ABCDE

3.混合选择题

1）ABCD　2）C　3）AB　4）AC　5）AB　6）ABC

4.判断题

1）√　2）√　3）√　4）×　5）√　6）√

3.2.3　案例题

1）C　2）C　3）D　4）A　5）B

3.2.4　实训题

1.单项选择题

1）C　2）A　3）B　4）C　5）A　6）A

2.多项选择题

1）ABD　2）ABCD　3）ABCE　4）ABCDE　5）ABD　6）ABE

"3.3　主观题"参考答案与提示

3.3.1　理论题

1.简答题

1）参考答案：

消费税的征税范围具体表现为15个税目，即烟、酒、高档化妆品、贵重首饰及珠宝玉石、鞭炮焰火、成品油、摩托车、小汽车、高尔夫球及球具、高档手表、游艇、木制一次性筷子、实木地板、电池和涂料。消费税法规对上述税目中种类、规格、等级较为复杂，需要区别对待的应税项目还设置了相关的子目和细目。

2）参考答案：

消费税税率有比例税率、定额税率和复合税率三种类型，其中：适用定额税率的应税消费品有黄酒、啤酒和成品油；适用复合税率的应税消费品有白酒和卷烟；其他应税消费品全部适用比例税率。

3）参考答案：

委托加工应税消费品是指由委托方提供原料或主要材料，受托方只收取加工费和代垫部分辅助材料加工的应税消费品。对于由受托方提供原材料生产的应税消费品，或受托方先将原材料卖给委托方，然后再接受加工的应税消费品，以及由受托方以委托方名义购进原材料生产的应税消费品，不论纳税人在财务上是否作销售处理，都不得作为委托加工应税消费品，而应按受托方销售自制应税消费品缴纳消费税。

4）参考答案：

现行税收法规规定，可以扣除已纳消费税税额的具体项目有：用外购或委托加工收回的已税烟丝为原料生产的卷烟；用外购或委托加工收回的已税化妆品为原料生产的化妆品；用外购或委托加工收回的已税珠宝玉石为原料生产的贵重首饰及珠宝玉石；用外购或委托加工收回的已税鞭炮、焰火为原料生产的鞭炮、焰火；用外购或委托加工收回的已税摩托车为原料生产的摩托车；用外购或委托加工收回的已税杆头、杆身和握把为原料生产的高尔夫球球杆；用外购或委托加工收回的已税木制一次性筷子为原料生产的木制一次性筷子；用外购或委托加工收回的已税实木地板为原料生产的实木地板；用外购或委托加工收回的已税石脑油为原料生产的应税消费品；用外购或委托加工收回的已税润滑油为原料生产的润滑油；用外购或委托加工收回的已税汽油、柴油为原料连续生产汽油、柴油（此政策于2014年1月1日起执行）。

5）参考答案：

消费税纳税义务发生时间由货物结算方式或行为发生时间确定：(1) 按结算方式不同，纳税人销售应税消费品的纳税义务发生时间为：①采取赊销和分期收款结算方式的，为书面合同约定的收款日期的当天，书面合同没有约定收款日期或者无书面合同的，为发出应税消费品的当天；②采取预收款结算方式的，为发出应税消费品的当天；③采取托收承付和委托银行收款方式销售的，为发出应税消费品并办妥托收手续的当天；④采取其他结算方式的，为收讫销售款或者取得索取销售款凭据的当天。(2) 纳税人自产自用应税消费品的，为移送使用的当天。(3) 纳税人委托加工应税消费品的，为纳税人提货的当天。(4) 纳税人进口应税消费品的，为报关进口的当天。

2.理解题

1）参考答案：

与增值税相比，消费税具有如下特点：征税范围的选择性；征税环节的单一性；征收方法的灵活性；税收调节的特殊性；税收性质的价内性。

2）参考答案：

"贵重首饰及珠宝玉石"税目中的"金银首饰、钻石及钻石饰品"在零售环节征税消费税，其他首饰在生产、进口或委托加工环节征收消费税。"金银首饰"特指金、银和金基、银基合金首饰，以及金、银和金基、银基合金的镶嵌首饰。

3）参考答案：

根据应税消费品性质不同，消费税应纳税额计算方法有从价计税、从量计税和复合计税三种。从价计税方法下，应纳税额=销售额×比例税率，适用于除卷烟、白酒及黄酒、啤酒、成品油以外的其他应税消费品；从量计税方法下，应纳税额=销售量（进口数量、委托加工数量）×定额税率，适用于黄酒、啤酒、成品油；复合计税方法下，应纳税额=销售额×比例税率+销售量（进口数量、委托加工数量）×定额税率，适用于卷烟、白酒。

4）参考答案：

卷烟消费税的税率分甲、乙两类分别确定：每标准条调拨价70元以上的（含70元，不含增值税）为甲类卷烟，适用的比例税率为56%，定额税率150元/标准箱；每标准条调拨价70元以下（不含增值税）的为乙类卷烟，适用比例税率为36%，定额税率150元/标准箱。

5）参考答案：

啤酒消费税的税率分甲、乙两类分别确定：含包装物及押金的不含税出厂价在3 000元及以上的为甲类啤酒，适用的定额税率为250元/吨；含包装物及押金的不含税出厂价在3 000元以下的为乙类啤酒，适用定额税率为220元/吨。娱乐业、饮食业自制啤酒，一律按250元/吨征税。

3.3.2　实务题

1.规则复习

1）参考答案：

自产销售一般消费品从价计税时，消费税计税依据与增值税相同，均指纳税人销售应税消费品向购买方收取的全部价款和价外费用；从量计税时，计税依据为销售量。

自产销售应税消费品消费税的计算公式如下：

从价计税：应纳税额=销售额×比例税率

从量计税：应纳税额=销售量×定额税率

复合计税：应纳税额=销售额×比例税率+销售量×定额税率

2）参考答案：

自产自用应税消费品，从价计税时，消费税计税依据为纳税人同类货物的平均销售价格；无同类货物销售的为组成计税价格。但对用于换取生产资料和消费资料、投资入股和抵偿债务的应税消费品，为同类应税消费品的最高销售价格。从量计税时，其计税依据为移送使用数量。

自产自用应税消费品消费税的计算公式如下：

从价计税：应纳税额=销售额（或组成计税价格）×比例税率

其中：组成计税价格=成本×（1+成本利润率）÷（1−比例税率）

从量计税：应纳税额=移送使用数量×定额税率

复合计税：应纳税额=销售额（或组成计税价格）×比例税率+移送使用数量×定额税率

其中：组成计税价格=（成本+利润+移送使用数量×定额税率）÷（1−比例税率）

3）参考答案：

委托加工应税消费品，从价计税以受托方同类消费品的销售价格为计税依据；没有同类消费品销售价格的以组成计税价格为计税依据。从量计税以委托方收回的数量为计税依据。

委托加工应税消费品消费税计算的公式如下：

从价计税：应纳税额=销售额（或组成计税价格）×比例税率

其中：组成计税价格=（材料成本+加工费）÷（1−比例税率）

从量计税：应纳税额=委托加工数量×定额税率

复合计税：应纳税额=销售额（或组成计税价格）×比例税率+委托加工数量×定额税率

其中：组成计税价格=（材料成本+加工费+委托加工数量×定额税率）÷（1−比例税率）

4）参考答案：

进口应税消费品应以组成计税价格或进口数量为计税依据。

进口应税消费品消费税计算公式如下：

从价计税：应纳税额=组成计税价格×比例税率

其中：组成计税价格=（关税完税价格+关税）÷（1−比例税率）

从量计税：应纳税额=进口数量×定额税率

复合计税：应纳税额=组成计税价格×比例税率+进口数量×定额税率

其中：组成计税价格=（关税完税价格+关税+进口数量×定额税率）÷（1−比例税率）

5）参考答案：

从价计税的应税消费品出口应退消费税，为购进货物时已缴纳的消费税税额。从量计税的应税消费品出口应退消费税，应依货物报关出口的数量计算退税额。

出口应退消费税计算公式：

从价计税：应退消费税=出口货物工厂销售额×比例税率

从量计税：应退消费税=报送出口数量×定额税率

复合计税：应退消费税=出口货物工厂销售额×比例税率+报关出口数量×定额税率

2.业务解析

1）参考答案：

从价计税消费品自产自用、委托加工和进口环节计算消费税组成计税价格公式的差异：

自产自用：组成计税价格=成本×（1+成本利润率）÷（1−比例税率）

委托加工：组成计税价格=（材料成本+加工费）÷（1−比例税率）

进口：组成计税价格=（关税完税价格+关税）÷（1−比例税率）

2）参考答案：

复合计税消费品自产自用、委托加工和进口环节计算消费税组成计税价格公式的差异：

自产自用：组成计税价格=（成本+利润+移送使用数量×定额税率）÷（1−比例税率）

委托加工：组成计税价格=（材料成本+加工费+委托加工数量×定额税率）÷（1−比例税率）

进口：组成计税价格=（关税完税价格+关税+进口数量×定额税率）÷（1−比例税率）

3）参考答案：

进口卷烟的消费税应纳税额计算应按下列程序进行：

①计算确定进口卷烟消费税适用比例税率。计算公式为：

每标准条进口卷烟确定消费税适用比例税率的价格=（关税完税价格+关税+定额税率）÷（1-36%）

适用比例税率选择原则：上式计算结果≥70元时，适用比例税率为56%；上式计算结果<70元时，适用比例税率为36%。

②计算进口卷烟消费税组成计税价格。

进口卷烟消费税组成计税价格=（关税完税价格+关税+从量消费税）÷（1-比例税率）

③计算进口卷烟应纳消费税税额。

应纳税额=进口卷烟消费税组成计税价格×比例税率+从量消费税

4）参考答案：

委托加工业务中委托方与受托方的业务是相辅相成的，具体见表3-11。

表3-11 委托加工业务中委托方与受托方的对应关系

项目	委托方	受托方
委托加工成立的条件	提供原料和主要材料	只收取加工费和代垫辅料
加工及提货时涉及的流转税	①购进材料涉及增值税进项税 ②支付加工费涉及增值税进项税 ③视同自产消费品应缴消费税	①购买辅料涉及增值税进项税 ②收取加工费和代垫辅料涉及增值税销项税
消费税纳税环节	提货时受托方代收代缴（受托方为个体户的除外）	交货时代收代缴委托方消费税
代收代缴后消费税的相关处理	①直接出售的不再缴纳消费税 ②连续加工后销售的在出厂环节缴纳消费税，同时可按生产领用抵扣已纳消费税	及时解缴代收代缴税款

5）参考答案：

消费税与增值税出口退税政策差异见表3-12。

表3-12 消费税与增值税出口退税政策差异

项目	增值税出口退税	消费税出口退税
退税率	法定退税率	征税率即为退税率
生产企业自营出口或委托外贸企业代理出口	采用“免抵退”法，运用特定公式和规定退税率计算退税额	采用出口免税不退税政策，不计算退税
外贸企业收购货物出口	采用“先征后退”法，用收购价款和规定的退税率计算退税额	采用出口免税并退税政策，用收购价和规定的征税率计算退税额

3.3.3 案例题

分析提示：

（1）厂部非独立核算门市部应纳消费税计算错误。

应纳消费税=226 000÷（1+13%）×15%=30 000（元）

（2）销售礼盒消费税计算有错误。

应纳消费税=520 000×15%=78 000（元）

（3）视同销售化妆品计算有错误。

普通化妆品自2016年10月1日起不再征收消费税。

会计分录略。

3.3.4 实训题

教学建议：

（1）指导学生如何从繁杂的经济业务中选择与消费税相关的典型业务资料，并加以整理，使学生对消费税纳税人、征税范围、适用税率等法律规定有更深的理解。

（2）指导学生根据整理所得的典型业务进行消费税应纳税额计算、账务处理与纳税申报实际操练，进一步提高消费税核算与申报技能。

（3）培养学生认真细心的工作态度。

“3.4 实训资料”参考答案

实训资料3.4.1

参考答案：

（1）按题目序号确定红鹰卷烟厂征税范围、适用税率，计算应纳消费税税额，并编制与消费税相关的会计分录。

①受托方扣缴消费税=154 285.71元

②应纳消费税=313 500元

③购进烟丝已纳消费税=960 000元

④应纳消费税=301 250元

⑤应纳消费税=2 034 000元

⑥应纳消费税=213 750元

⑦应纳消费税=181 440元

本期应纳消费税=1 929 654.29元

以上各题与消费税相关的会计分录略。

（2）烟类应税消费品消费税纳税申报表主要指标：

“应纳税额”：3 043 940元

“本期准予扣除税额”：1 114 285.71元

“本期应补（退）税额”：1 929 654.29元

实训资料3.4.2

参考答案：

（1）兴华酒厂代扣代缴消费税3 225元，兴华酒厂扣缴消费税的会计分录略。

（2）稻花香有限公司本月应缴纳的消费税总额为1 531 759.02元，计提消费税的会计分录略。

（3）稻花香有限公司本月白酒及酒精消费税纳税申报表主要指标：

“应纳税额”：1 531 759.02元

“本期准予扣除税额”：0元

“本期应补（退）税额”：1 531 759.02元

实训资料3.4.3

参考答案：

（1）进口环节应纳关税=22×175 000×6.2×20%=4 774 000（元）

进口环节应纳增值税=22×175 000×6.2×（1+20%）÷（1−25%）×13%=4 964 960（元）

进口环节应纳消费税=22×175 000×6.2×（1+20%）÷（1−25%）×25%=9 548 000（元）

进口环节缴纳关税、增值税、消费税的会计分录略。

（2）国内销售汽车应纳消费税税额为705 500元（$40\times180\,000\times5\%+\frac{40\times4\,520}{1+15\%}\times5\%+10\times375\,000\times9\%$），与消费税相关的会计分录略。

（3）通用股份有限公司小汽车消费税纳税申报表主要指标：

“应纳税额”：705 500元

“本期准予扣除税额”：0

“本期应补（退）税额”：705 500元

理论题　实务题　案例题　实训题

第4章 企业所得税会计

4.1 预习要览

4.1.1 内容提要与结构

1.内容提要

在中华人民共和国境内的企业和其他取得收入的组织为企业所得税的纳税人，根据其纳税义务不同可分为居民企业和非居民企业两类。居民企业是指依法在中国境内成立，或依照外国（地区）法律成立但实际管理机构在中国境内的企业；非居民企业是指依照外国（地区）法律成立且实际管理机构不在中国境内，但在中国境内设立机构、场所，或在中国境内未设立机构、场所，但有来源于中国境内所得的企业。居民企业负有无限纳税义务，应就其来源于中国境内、境外的所得缴纳企业所得税。非居民企业负有限纳税义务，凡在中国境内设立机构、场所的非居民企业，应就其所设机构、场所取得的来源于中国境内的所得，以及发生在中国境外但与其所设机构、场所有实际联系的所得缴纳企业所得税；在中国境内未设立机构、场所的非居民企业，或虽设立机构、场所，但其所得与所设机构、场所没有实际联系的非居民企业，应就其来源于中国境内的所得缴纳企业所得税。

企业所得税的征税范围从内容上看包括生产经营所得、其他所得和清算所得；从空间范围上看包括中国境内所得和境外所得。

企业所得税实行比例税率。居民企业和在中国境内设立机构、场所且其所得与机构、场所有关联的非居民企业，适用税率为25%；在中国境内未设立机构、场所，或虽设立机构、场所但其所得与其所设机构、场所没有实际联系的非居民企业，适用税率为20%（但可享受减半征收优惠，实际税率为10%）；符合条件的小型微利企业，适用税率为20%；国家需要重点扶持的高新技术企业，适用税率为15%。

我国现行企业所得税法遵循“产业优惠为主，区域优惠为辅”的原则制定相关优惠政策。根据纳税申报表不同主要包括“免税、减计收入及加计扣除”“所得减免税收优惠”“抵扣应纳税所得税收优惠”“减免所得税税收优惠”“税额抵免税收优惠”。

企业所得税的计算应区分居民企业和非居民企业两类。居民企业的所得税实行按年计征、分月（季）预缴、年终清缴、多退少补的办法。查账征收的居民企业各月（或季）可以据实预缴或按上一纳税年度应纳税所得额的平均额预缴，年终汇算清缴。核定征收的居民企业可以按定额征收和核定应税所得率征收。定额征收是税务机关按照一定的标准、程序和方法，直接核定纳税人年度应纳所得税额，由纳税人按规定申报缴纳的办法。核定应税所得率征收是税务机关按照一定的标准、程序和方法，预先核定纳税人的应税所得率，由纳税人根据纳税年度内的收入总额或成本费用等项目的实际发生额，按预先核定的应税所得率计算缴纳企业所得税的办法。非居民企业在中国境内未设立机构、场所，或虽设立机构、场所但取得的所得与其所设机构、场所没有实际联系的，应就其来源于中国境内的所得缴纳企业所得税，其应纳税额由扣缴义务人在每次向非居民企业支付或到期应支付所得时扣缴。

纳税人应当在月份或季度终了后15日内预缴税款，自年度终了之日起5个月内汇算清缴。企业在年度中间终止经营活动的，应当自实际经营终止之日起60日内办理当期企业所得税汇算清缴。扣缴义务人每次代扣的税款，应当自代扣之日起7日内缴入国库。企业进行清算时，应当在办理注销工商登记之前办理所得税申报。企业若在年度中间合并、分立、终止的，应当在停止生产经营之日起60日内办理当期所得税汇算清缴。

我国企业会计准则规定，上市公司应采用资产负债表债务法核算企业所得税，实际业务中非上市公司通常采用应付税款法。

2.内容结构

本章内容结构如图4-1所示。

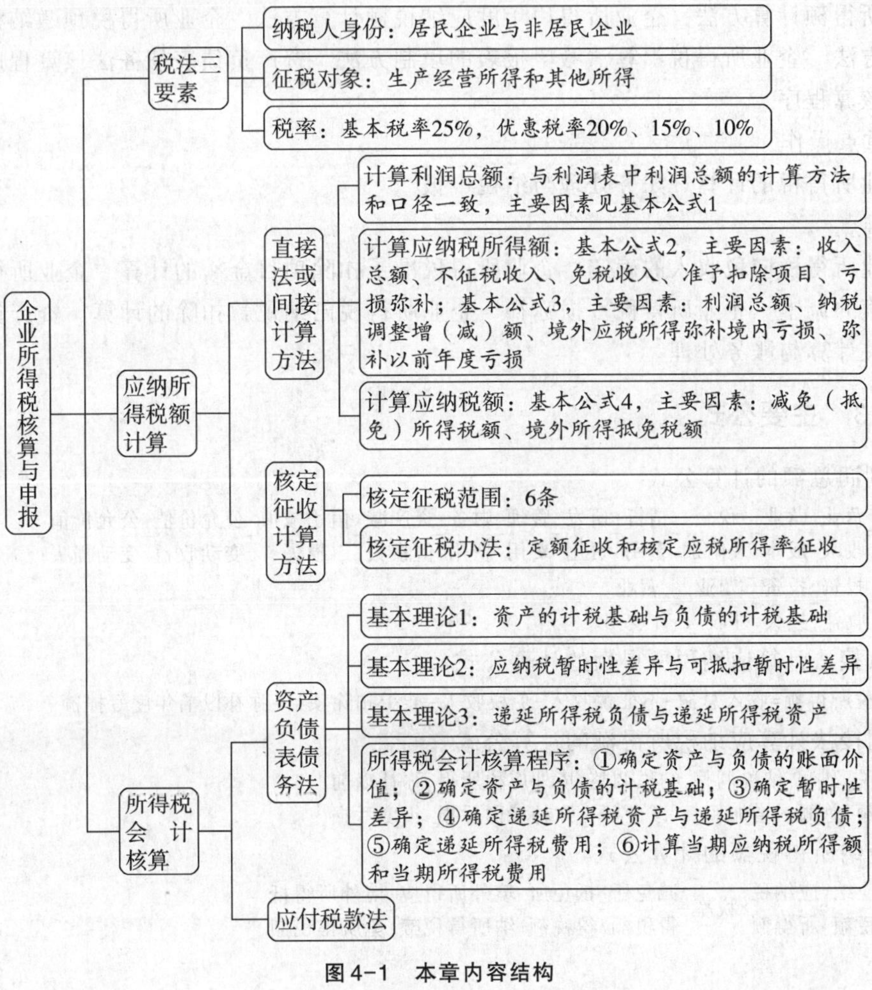

图4-1　本章内容结构

3. 主要概念和观念

1）主要概念

居民企业　非居民企业　应纳税所得额　资产的计税基础　负债的计税基础　暂时性差异　应纳税暂时性差异　可抵扣暂时性差异

2）主要观念

利润总额的计算　应纳税所得额的计算　应纳所得税额的计算　境外所得抵免限额的计算　所得税额的计算　资产负债表债务法核算流程　应付税款法核算流程

4.1.2　重点与难点

1. 重点理论

企业所得税的相关概念　企业所得税的纳税人　企业所得税征税范围　企业所得税税率　企业所得税的税收优惠政策　企业所得税征收方式　企业所得税纳税期限与地点

2. 重点实务

企业所得税纳税调整金额计算方法　企业所得税亏损弥补税务处理方法　企业所得税应纳税所得额计算方法　企业所得税年度应纳税额计算方法　企业所得税预缴纳税申报表的填制方法　企业所得税汇算清缴申报表的填制方法　资产负债表债务法核算程序　应付税款法核算程序

3. 重点操作

企业所得税的计算、账务处理与纳税申报

4. 难点

企业所得税应税收入的确定　企业所得税准予扣除项目金额的计算　企业所得税应纳税所得额的调整　企业所得税亏损弥补　企业所得税已纳税款扣除的计算　资产负债表债务法相关计算与账务处理

4.1.3　主要公式

1. 利润总额的计算公式

利润总额=营业收入-营业成本-税金及附加-销售费用-研发费用-管理费用-财务费用-资产减值损失-信用减值损失+公允价值变动收益-公允价值变动损失+投资收益-投资损失+营业外收入-营业外支出

2. 直接法计算应纳税所得额的计算公式

应纳税所得额=收入总额-不征税收入-免税收入-准予扣除项目-弥补以前年度亏损额

3. 间接法计算应纳税所得额的计算公式

应纳税所得额=利润总额+纳税调整增加额-纳税调整减少额+境外应税所得弥补境内亏损-弥补以前年度亏损

4. 应纳所得税额的计算公式

实际应纳所得税额=应纳税所得额×税率-减免所得税额-抵免所得税额+境外所得应纳所得税额-境外所得抵免所得税额

5.境外所得抵免限额的计算公式

$$\text{境外所得抵免限额}=\text{中国境内、境外所得按企业所得税法计算的应纳税额}\times\left(\text{来源于某国（地区）的应纳税所得额}\div\text{中国境内、外应纳税所得总额}\right)$$

6.核定征收所得税的计算公式

应税所得额=收入总额×应税所得率=成本费用支出额÷（1-应税所得率）×适用税率

应纳所得税额=应税所得额×适用税率

4.2 客观题

4.2.1 理论题

1.单项选择题

1）下列各项不属于我国企业所得税纳税义务人的是（　　）。

A.在中国境内成立的个人独资企业

B.在境外成立但实际管理机构在我国境内的企业

C.在中国境内成立的外商独资企业

D.在中国境内未设立机构、场所，但有来源于中国境内所得的企业

2）下列所得中不属于企业所得税征税范围的有（　　）。

A.居民企业来源于境外的所得

B.非居民企业来源于中国境外，且与所设机构没有实际联系的所得

C.非居民企业来源于中国境内的所得

D.在中国境内设立机构、场所的非居民企业取得的境内所得

3）根据企业所得税法的规定，以下适用15%的企业所得税税率的是（　　）。

A.在中国境内未设立机构、场所的非居民企业

B.在中国境内设立机构、场所但其所得与所设机构、场所没有实际联系的非居民企业

C.在中国境内设立机构、场所且其所得与所设机构、场所有实际联系的非居民企业

D.国家重点扶持的高新技术企业

4）根据企业所得税法的规定，下列项目所得免征企业所得税的有（　　）。

A.种植花卉所得　　B.种植茶料作物所得

C.种植香料作物所得　　D.种植蔬菜所得

5）企业的下列收入项目中，属于应税收入的是（　　）。

A.国债利息收入

B.符合条件的居民企业之间的股息、红利等权益性投资收益

C.符合条件的非营利组织的收入

D.企业债券利息收入

6）下列关于资产计税基础的说法中，错误的是（　　）。

A.资产的计税基础是指资产在未来期间计税时按税法规定可以税前扣除的金额

B.资产的计税基础是指企业在收回资产账面价值的过程中，计算应纳税所得额时按税法规定可以从应税经济利益中抵扣的金额

C.资产的计税基础=未来可税前扣除的金额

D.资产的计税基础=资产的账面价值-未来可税前扣除的金额

2.多项选择题

1）根据企业所得税法的规定，以下关于所得来源地确定的表述中，正确的有（　　）。

A.销售货物所得，按交易活动发生地确定

B.股息、红利等权益性投资所得，按分配所得的企业所在地确定

C.提供劳务所得，按劳务发生地确定

D.权益性投资资产转让所得，按被投资企业所在地确定

E.动产转让所得，按转让动产的企业或机构、场所所在地确定

2）根据企业所得税法的规定，以下企业适用25%税率征收企业所得税的有（　　）。

A.居民企业

B.在中国境内设立机构、场所但其所得与所设机构、场所没有实际联系的非居民企业

C.在中国境内设立机构、场所且其所得与所设机构、场所有实际联系的非居民企业

D.国家重点扶持的高新技术企业

E.符合条件的小型微利企业

3）下列各项中，属于自项目取得第1笔生产经营收入所属纳税年度起，第1年至第3年免征企业所得税，第4年至第6年减半征收企业所得税的有（　　）。

A.从事国家重点扶持的公共基础设施项目投资经营

B.从事符合条件的环境保护项目

C.从事符合条件的节能节水项目

D.从事符合条件的技术转让

E.从事创业投资项目

4）根据企业所得税法的规定，下列项目中可执行加计扣除的是（　　）。

A.企业安置残疾人员所支付的工资

B.企业购置节水专用设备的投资

C.企业从事国家需要重点扶持和鼓励的创业投资

D.购进的环境保护专用设备的投资

E.开发新技术、新产品、新工艺发生的研究开发费用

5）下列关于企业所得税纳税年度及申报期限的表述中，正确的有（　　）。

A.纳税年度自公历1月1日起至12月31日止

B.在一个纳税年度中间开业，实际经营期不足12个月的，应以其实际经营期为一个纳税年度

C.依法清算时，应以清算期间作为一个纳税年度

D.终止经营活动，实际经营期和依法清算在同一年度的，应当将两者合并为一个纳税年度

E.企业无论盈利还是亏损，均应在年度终了后的5个月内，向税务机关报送年度企业所得税纳税申报表、财务会计报告，并汇算清缴税款

6）根据企业所得税法的规定，下列关于资产计税基础的说法中正确的有（　　）。

A.自行建造的固定资产，以达到预定可使用状态前发生的支出为计税基础

B.盘盈的固定资产，以同类固定资产的重置完全价值为计税基础

C.外购的固定资产，以购买价款和支付的相关税费以及直接归属于使该资产达到预定用途发生的其他支出为计税基础

D.自行开发的无形资产，以开发过程中发生的所有支出为计税基础

E.通过捐赠、投资、非货币性资产交换、债务重组等方式取得的生产性生物资产，以该资产的公允价值和支付的相关税费为计税基础

3.判断题

1）企业将资产用于市场推广的应视同销售资产而缴纳企业所得税。（　）

2）居民企业一般以企业登记注册地为企业所得税的纳税地点。（　）

3）企业购置用于环境保护、节能节水、安全生产等专用设备的投资额，可以按设备投资额的10%抵免当年及以后年度的应纳税所得额。（　）

4）企业取得的所有技术服务收入均可暂免征收企业所得税。（　）

5）在中国境内设立的外商投资企业，应就来源于我国境内、境外的所得缴纳所得税。（　）

6）企业在纳税年度内无盈余或亏损的，无须向税务机关报送企业所得税申报表。（　）

4.2.2　实务题

1.单项选择题

1）在计算应纳税所得额时，对不征税收入和免税收入（　）。

A.应调增应纳税所得额　　B.应调减应纳税所得额

C.不需调整应纳税所得额　　D.视不同情况调增或调减应纳税所得额

2）在计算应纳税所得额时，对企业实际发生的超限额标准的职工福利费和工会经费支出（　）。

A.应调增应纳税所得额　　B.应调减应纳税所得额

C.不需调整应纳税所得额　　D.视不同情况调增或调减应纳税所得额

3）在计算应纳税所得额时，对企业的公益性捐赠支出（　）。

A.应全额调增应纳税所得额

B.应全额调减应纳税所得额

C.不需调整应纳税所得额

D.在年度会计利润总额12%的限额内准予扣除，不需纳税调整；超过部分准予在以后年度扣除，当期应调增应纳税所得额

4）在计算应纳税所得额时，对企业的广告费和业务宣传费支出（　）。

A.应全额调增应纳税所得额

B.应全额调减应纳税所得额

C.在当年销售收入15%以内的部分准予扣除，超过部分可以在以后纳税年度结转扣除

D.在当年销售收入15%以内的部分准予扣除，超过部分不得扣除

5）在计算应纳税所得额时，对企业发生的“三新”开发支出（　）。

A.费用化的部分可以据实扣除，无须作纳税调整

B.费用化的部分可以在据实扣除的基础上加计扣除75%，加计部分应调减应纳税所得额

C.资本化的部分不得扣除

D.资本化的部分可以据实摊销，但不得加计摊销

6）固定资产后续计量时计税基础的计算公式为（　　）。

A.计税基础=成本-累计折旧（会计）-固定资产减值准备

B.计税基础=成本-累计折旧（税法）-固定资产减值准备

C.计税基础=成本-累计折旧（税法）

D.计税基础=成本-固定资产减值准备

2.多项选择题

1）企业所得税的计税依据为应纳税所得额，以下计算公式表述正确的有（　　）。

A.应纳税所得额=收入总额-不征税收入-免税收入-扣除项目-弥补以前年度亏损

B.应纳税所得额=应税收入总额-扣除项目-弥补以前年度亏损

C.应纳税所得额=利润总额+纳税调整增加额-纳税调整减少额+境外应税所得弥补境内亏损-弥补以前年度亏损

D.应纳税所得额=利润总额±纳税调整额+境外应税所得弥补境内亏损-弥补以前年度亏损

E.应纳税所得额=应税收入总额±纳税调整额+境外应税所得弥补境内亏损-弥补以前年度亏损

2）企业所得税视同销售行为的计税收入确定方法有（　　）。

A.企业自制的资产按企业同类资产同期对外销售价格确定

B.企业自制的资产按其生产成本确定

C.企业自制的资产无同类资产对外销售价的按组成计税价格确定

D.外购的资产按购入时的不含税价格确定

E.外购的资产按购入时的含税价格确定

3）在执行《企业会计准则》的前提下，企业接受捐赠行为（　　）。

A.会计上应记入“资本公积”科目

B.会计上应记入“营业外收入”科目

C.增加利润总额

D.不影响利润总额

E.无须调整应纳税所得额

4）纳税人按照经济合同的规定支付的违约金（　　）。

A.不属于行政性罚款，在计算应纳税所得额时，允许税前扣除

B.属于行政性罚款，在计算应纳税所得额时，不得税前扣除

C.应调增应纳税所得额

D.应调减应纳税所得额

E.不需作任何纳税调整

5）下列用于计算递延所得税资产的计算公式中，正确的有（　　）。

A.递延所得税资产（余额）=可抵扣暂时性差异×转回期所得税税率

B.递延所得税资产（余额）=可抵扣暂时性差异×发生期所得税税率

C.递延所得税资产（发生额）=可抵扣暂时性差异×转回期所得税税率

D.递延所得税资产（发生额）=可抵扣暂时性差异×发生期适用所得税税率-递延所得税资产期初余额

E.递延所得税资产（发生额）=可抵扣暂时性差异×转回期所得税税率-递延所得税资产期初余额

6）下列关于递延所得税资产核算的处理，正确的有（　　）。

A.企业初始确认递延所得税资产时，借记“递延所得税资产”科目，贷记“所得税费用”科目

B.企业在进行递延所得税资产后续计量时，按递延所得税资产应有余额大于账面余额的差额，借记“递延所得税资产”科目，贷记“所得税费用”科目

C.企业在进行递延所得税资产后续计量时，按递延所得税资产应有余额小于账面余额的差额，借记“所得税费用”科目，贷记“递延所得税资产”科目

D.企业合并中取得资产或负债的入账价值与其计税基础不同形成可抵扣暂时性差异的，应于购买日借记“递延所得税资产”科目，贷记“商誉”科目

E.与直接计入所有者权益的交易或事项相关的递延所得税资产，应借记“递延所得税资产”科目，贷记“其他综合收益”科目

3.混合选择题

就“职业道德”相关领域的“参照规范与标准”、“职业核心能力”和“专业能力”各技能点的“参照规范与标准”（参见本章“主观题”之“实训题”的“能力与道德领域”），以及“职业核心能力强化训练‘知识准备’的参照范围”（参见本教材“附录一”的附表1-1）和“职业核心能力考核参照规范与标准”（参见本教材“附录二”的附表2-2），在下列各题中填入正确的选项：

1）下列关于“数字应用”、“解决问题”、“革新创新”、“与人合作”和“与人交流”等职业核心能力（中级）的有关表述正确的有（　　）。

A.“与人交流”（中级）的“基本要求”是指在更广泛的工作范围内，灵活运用这些能力以适应工作岗位各方面的需要

B.“与人交流”（中级）“交谈讨论”技能点的“参照规范与标准”是指能始终围绕主题参与，主动把握讲话时机、方式和内容，理解对方谈话内容，推动讨论进行，全面准确传达一个信息或观点

C.“与人交流”（中级）“交谈讨论”技能点的“‘知识准备’参照范围”包括与交谈主题相关的知识和信息；正确使用规范语言的基本知识；口语交谈的技巧；身体语言运用技巧；掌握交谈心理的方法；交谈的辅助手段或多媒体演示技术；会谈和会议准备基本要点

D.“解决问题”（中级）“实施计划　解决问题”技能点的“参照规范与标准”是指能准备、制订和实施获得支持的较具体计划，并充分利用相关资源

2）“在职业模拟、职业实践或职业生活的自觉行动中，具有体现职业道德内涵的一贯表现”是职业道德领域中（　　）的“参照规范与标准”。

A.职业情感　　B.职业守则　　C.职业作风　　D.职业理想

3）“企业所得税纳税人身份认定、征税范围和适用税率选择”技能点的“参照规范与标准”有（　　）。

A.能根据企业信息资料正确认定企业所得税纳税人身份

B.能根据企业经济业务资料正确判断企业所得税征税范围

C.能根据企业环境信息正确选择适用的企业所得税税率

D.能对企业所得税涉税业务作出准确的账务处理

4）“居民企业所得税应纳税额计算”技能点的“参照规范与标准”有（　　）。

A.能根据企业会计核算环境资料正确选择应纳税额的计算方法

B.能根据企业经济业务资料，准确运用税法知识正确计算应纳税所得额

C.能正确计算企业应纳所得税税额

D.能正确判断企业所得税征税范围

5）“居民企业所得税纳税申报表及附表编制”技能点的“参照规范与标准”有（　　）。

A.能手工填制居民企业所得税纳税申报表（A类）

B.能手工填制居民企业所得税纳税申报表附表

C.能完成企业所得税网上纳税申报

D.能顺利完成税款缴纳任务

6）“企业所得税会计核算”技能点的“参照规范与标准”有（　　）。

A.能根据企业执行的会计政策正确选择适用的企业所得税会计核算方法

B.能正确使用递延所得税资产、递延所得税负债、应交税费、所得税费用账户

C.能根据资产负债表债务法核算流程准确进行所得税账务处理

D.能准确计算企业所得税应纳税额

4.判断题

1）职工教育经费超过税法规定准予扣除部分的税前处理方法与职工福利费和工会经费完全相同。（　　）

2）纳税人为其投资者或雇员支付的商业养老分红型保险费可在企业所得税前扣除。（　　）

3）非金融企业向金融企业贷款的利息支出可在计算应纳税所得额时据实扣除。（　　）

4）出售固定资产净收益应作为业务招待费税前扣除限额的依据。（　　）

5）资产的账面价值大于其计税基础时，产生可抵扣暂时性差异。（　　）

6）递延所得税负债应以相关应纳税暂时性差异转回期间按税法规定的适用税率计量。（　　）

4.2.3 案例题

华强电器制造厂企业所得税汇算清缴

背景与情境：华强电器制造厂为居民企业，企业适用的所得税税率为25%。2019年度有关财务资料如下：

（1）产品销售收入800万元；房屋出租收入100万元；投资收益21万元，其中，权益

性投资收益16万元（来自深圳被投资方的分红，该被投资企业当年所得税税率为15%）、国债利息收入5万元；营业外收入34万元，其中，接受捐赠收入20万元；处置固定资产净收益6万元；取得政府性基金5万元。

（2）全年发生销售成本430万元；销售费用80万元；管理费用86万元，其中，新技术研究开发费30万元、业务招待费10万元；财务费用20万元；营业外支出18万元，其中含非广告性赞助支出5万元。

（3）2018年经税务机关核定的亏损为30万元，2019年已预缴企业所得税60万元。

要求：根据上述资料回答下列问题：

1）2019年度的利润总额为（　　）万元。

A.332　　B.312　　C.307　　D.291

2）本年纳税调整增加金额为（　　）万元。

A.5　　B.10.5　　C.5.5　　D.15.5

3）本年纳税调整减少金额为（　　）万元。

A.21　　B.41　　C.26　　D.48.5

4）本年应纳税所得额为（　　）万元。

A.271.5　　B.267.5　　C.243　　D.264

5）本年实际应纳所得税额为（　　）万元。

A.67.875　　B.66.875　　C.60.75　　D.66

6）本年应补（退）所得税额为（　　）万元。

A.7.875　　B.6.875　　C.0.75　　D.6

4.2.4　实训题

1. 单项选择题

1）某企业有残疾职工15人，2019年度实际发生工资支出400万元，其中，支付给残疾职工工资45万元，则该企业工资、薪金税前扣除额为（　　）万元。

A.400　　B.445　　C.355　　D.345

2）某企业2019年销售自产产品取得收入1 500万元，销售边角料收入500万元，接受捐赠收入50万元。当年实际发生业务招待费20万元。该企业在计算应纳税所得额时可税前列支的业务招待费金额为（　　）万元。

A.10　　B.12　　C.20　　D.15

3）某公司2019年账务资料显示：销售收入2 000万元，转让技术使用权收入500万元，销售费用中广告宣传费支出550万元。在计算年度应纳税所得额时准予税前扣除的广告宣传费限额为（　　）万元。

A.375　　B.300　　C.225　　D.550

4）某企业2019年度财务资料显示，全年利润总额为1 000万元；自行计算的应纳税所得额为1 500万元。经事务所审查发现营业外支出列支的公益性捐赠支出200万元未作纳税调整。若不考虑其他纳税调整事项，则该企业应纳所得税额为（　　）万元。

A.270　　B.320　　C.565　　D.395

5）某居民纳税人，2019年度财务资料显示如下：收入总额30万元，成本总额28万元。但经税务机关核实该企业未能正确核算收入，税务机关对其核定征收企业所得税，应税所得率为20%。则该企业2019年应纳企业所得税额为（　　）万元。

A.0.75　　B.1.75　　C.2　　D.3

6）已知流动负债中有应付罚款100万元，其中，90万元为应付行政性罚款，10万元为银行贷款逾期罚息，则该应付罚款的计税基础为（　　）万元。

A.100　　B.90　　C.0　　D.10

2.多项选择题

1）某居民企业2019年工资、薪金实际支出总额200万元；“三项经费”支出合计40万元，其中福利费支出33万元，拨缴的工会经费6万元（已取得工会拨缴收据），实际发生职工教育经费4万元。则该企业在计算2019年应纳税所得额时，“三项经费”的税前调整扣除额分别为：福利费调增（　　）万元，工会经费调增（　　）万元，职工教育费调增（　　）万元。

A.5　　B.2　　C.0　　D.-1　　E.3

2）某企业2019年度境内所得应纳税所得额为100万元，全年已预缴税款16万元；来源于境外某国税前所得40万元，境外实际缴纳税款18万元。该企业2019年所得税汇算清缴时，下列处理中正确的有（　　）。

A.境外已纳税款扣除限额为10万元

B.境外多缴税款8万元应予退还

C.境外实际缴纳税款超限额的8万元可结转以后年度扣除

D.当年汇总应纳所得税额为9万元

E.境外已纳税款18万元可全部扣除

3）某生产企业2012年至2018年的应纳税所得额分别为-100万元、10万元、-20万元、20万元、20万元、20万元、90万元，适用所得税税率为25%，则下列选项中正确的是（　）。

A.2012年的100万元亏损可以用以后年度税前利润弥补70万元

B.2014年的20万元亏损可用2017年的税前利润弥补

C.2013年至2016年均不缴纳企业所得税

D.2018年应缴纳企业所得税17.5万元

E.2018年应缴纳企业所得税10万元

4）2019年度在我国境内未设立机构、场所的某外国公司甲，将一项商标使用权提供给境内乙公司使用，乙公司支付特许权使用费80万元。下列说法中正确的有（　　）。

A.外国公司甲无须向中国缴纳企业所得税

B.外国公司甲有来源于中国境内的所得应向中国缴纳企业所得税

C.外国公司甲属于非居民企业

D.外国公司甲应缴纳的企业所得税为8万元

E.外国公司甲的企业所得税应由乙公司在支付特许权使用费时代扣代缴

5）甲公司2019年发生广告费7 800 000元，至年末尚未支付给广告公司。当年该公司实现的营业收入为40 000 000元。下列处理中正确的有（　）。

A.当年允许税前扣除的广告费为6 000 000元

B. 可结转以后年度税前扣除的广告费为1 800 000元

C. 上述业务形成的其他应付款的计税基础为6 000 000元

D. 产生可抵扣暂时性差异1 800 000元

E. 确认递延所得税资产450 000元

6）甲公司2016年12月1日购入一项环保设备，原价1 500万元，预计使用年限为10年，预计净残值为零，会计处理时按双倍余额递减法计提折旧，税法规定按直线法计提折旧，预计使用年限、净残值同会计。2018年年末该项固定资产的市场价为900万元，甲公司适用的所得税税率为25%。甲公司2018年度计算所得税时，对该设备的下列处理中正确的有（　　）。

A.2018年年末应计提固定资产减值准备60万元

B. 该固定资产2018年年末的账面价值为900万元

C. 该固定资产2018年年末的计税基础为1 200万元

D. 确认递延所得税资产37.5万元

E. 确认递延所得税负债7.5万元

4.3 主观题

4.3.1 理论题

1. 简答题

1）企业所得税纳税人应怎样分类？简述其纳税义务的具体规定。

2）简述企业所得税所得来源地确认的基本原则。

3）简述企业所得税适用税率的具体内容。

4）简述企业所得税法规定的加计扣除项目的内容。

5）什么是暂时性差异？其如何分类？

2. 理解题

1）根据现行企业所得税法，分析不征税收入与免税收入的异同点。

2）解析税法对从事国家重点扶持的公共基础设施项目投资经营所得的所得税优惠政策规定。

3）解析税法对符合条件的技术转让所得的所得税优惠政策的规定。

4）如何确认和计量递延所得税资产？

5）如何确认和计量递延所得税负债？

4.3.2 实务题

1. 规则复习

1）直接法与间接法计算应纳税所得额的公式有何区别？

2）如何计算境外所得抵免限额？写出计算公式。

3）分月预缴企业所得税的计算方法有哪些？写出计算公式。

4）核定征收企业所得税的计算方法有哪些？写出计算公式。

5）采用资产负债表债务法时应如何进行企业所得税会计核算？

2.业务解析

1）请你归纳总结以下项目所得税税前扣除规定：职工福利费、工会经费、职工教育经费、利息费用、业务招待费、广告费和业务宣传费、公益性捐赠支出、手续费及佣金支出。

2）请比较说明企业所得税视同销售行为与增值税视同销售行为。

3）说明企业所得税亏损弥补的基本方法。

4）分析确认应纳税暂时性差异与可抵扣暂时性差异的基本方法。

5）分析在资产负债表债务法下确认与计量所得税费用的基本规则。

4.3.3 案例题

1.案例分析

华都百货商场企业所得税应纳税额计算分析

背景与情境：华都百货商场2018年有关账务资料显示：营业收入2 000万元；营业外收入40万元；营业成本1 300万元；税金及附加20万元；增值税60万元；管理费用240万元，其中，业务招待费12.5万元；销售费用385万元，其中，广告费325万元；财务费用30万元；营业外支出25万元，其中，通过公益性社会团体向贫困山区捐赠4万元、支付税收滞纳金3万元；在成本、费用中列支的实发工资150万元，拨付工会经费2.5万元，发生职工福利费15.5万元，发生职工教育经费3.8万元。企业适用的所得税税率为25%。

2019年2月该商场办税员在办理企业所得税汇算清缴时作如下处理：

会计利润=2 000+40−1 300−20−240−385−30−25=40（万元）

应纳税所得额调整如下：

增值税支出调减应纳税所得额=60万元

实际业务招待费的60%=12.5×60%=7.5（万元）

收入的5‰=（2 000+40）×5‰=10.2（万元）

税前可扣除业务招待费10.2万元。

调增应纳税所得额=12.5−10.2=2.3（万元）

广告费调增应纳税所得额=325−（2 000+40）×15%=19（万元）

捐赠调减应纳税所得额=40×12%−4=0.8（万元）

税收滞纳金支出调增应纳税所得额=3万元

工会经费调减应纳税所得额=150×2%−2.5=0.5（万元）

职工福利费调减应纳税所得额=150×14%−15.5=5.5（万元）

职工教育经费扣除限额=150×8%=12（万元），当期实际发生额3.8万元，当期无须调整。

应纳税所得额=40−60+2.3+19−0.8+3−0.5−5.5=−2.5（万元）

应纳税所得额小于零，当年无须缴纳企业所得税。

问题：请分析商场办税员上述所得税汇算清缴的处理是否正确，如有错误请给予更正。

分析要求：

1）课业的结构、格式与体例要求：参照本《训练手册》“课业范例4.5.1”。

2）其他要求：与第1章“主观题”之“案例题”的“分析要求”相同。

2.善恶研判

背景与情境：A公司为一家外资金融机构。为提升员工个人专业素养，鼓励员工在工作之余参加学习培训，以培养更符合公司需求的人才，公司决定对符合培养条件的员工，其业余时间参加各类学习培训的费用可以报销。2017年度，该公司在职员工教育经费中列支了一名员工就读MBA的学费，共计9万元。在2018年税务稽查中，税务机关认为该笔费用不得在职工教育经费中列支，要求A公司就该部分费用，调增当年度企业所得税应纳税所得额。A公司认为，该笔学费是公司为了鼓励员工提升个人专业能力，以更好地为公司提供服务。且公司内高端的金融管理人才较为缺乏，从公司内部培养一名此类人才对公司而言是十分必要的。财务人员认为，职工教育经费就是为了提高职工的学习能力、实践能力和创新能力，切实维护职工的学习权、发展权的经费投入。培训是开发人力资源，提高企业自主创新能力和竞争力的基础工作，是提高职工职业技能和岗位能力，适应经济发展、技术进步不可或缺的重要环节，该公司员工报读MBA学习的费用符合职工教育经费列支的意义。

（资料来源：神州财税网整理）

问题：你认为上述案例中税务机关与A公司的处理哪个有道理。

研判要求：

（1）形成性要求

①学生分析案例提出的问题，拟出《善恶研判提纲》；小组讨论，形成小组《善恶研判报告》；班级交流、相互点评和修订各组的《善恶研判报告》；在校园网的本课程平台上展出经过修订并附有教师点评的各组《善恶研判报告》，供学生借鉴。

②了解本教材“附录二”附表2–1中“形成性训练与考核”的“参照指标”与“考核点”。

（2）成果性要求

①课业要求：以经过班级交流和教师点评的《善恶研判报告》为最终成果。

②课业结构、格式与体例要求：参照本《训练手册》“课业范例4.5.2”。

③了解本教材“附录二”附表2–1中“课业训练与考核”的“参照指标”与“考核点”。

4.3.4　实训题

“企业所得税计算、账务处理与纳税申报运作”业务胜任能力训练

【实训目的】

见主教材本章章名页“学习目标”中的“实训目标”。

【实训内容】

专业能力训练：“能力领域”、“技能点”、“名称”和“参照规范与标准”见表4–1。

职业核心能力和职业道德训练：其内容、种类、等级与选项见表4–2；各选项的“参照规范与标准”见本教材附录二的附表2–2和附表2–3。

表4-1　　能力领域、技能点、名称及其参照规范与标准

能力领域	技能点	名称	参照规范与标准
企业所得税的计算、账务处理与纳税申报	技能Ⅰ	企业所得税纳税人身份认定、征税范围和适用税率选择	1）能根据企业信息资料正确认定企业所得税纳税人身份 2）能根据企业经济业务资料正确判断企业所得税征税范围 3）能根据企业环境信息正确选择适用的企业所得税税率
	技能Ⅱ	居民企业所得税应纳税额的计算	1）能根据企业会计核算环境资料正确选择应纳税额的计算方法 2）能根据企业经济业务资料，准确运用税法知识正确计算应纳税所得额 3）能正确计算企业应纳所得税税额
	技能Ⅲ	居民企业所得税纳税申报表及附表编制	1）能手工填制居民企业所得税纳税申报表（A类）及附表 2）能完成企业所得税网上纳税申报 3）能顺利完成税款缴纳任务
	技能Ⅳ	企业所得税会计核算	1）能根据企业执行的会计政策正确选择适用的企业所得税会计核算方法 2）能正确使用递延所得税资产、递延所得税负债、应交税费、所得税费用账户 3）能根据资产负债表债务法核算流程准确进行所得税账务处理

表4-2　　职业核心能力与职业道德训练内容、种类、等级与选项表

内容	职业核心能力							职业道德						
种类	自我学习	信息处理	数字应用	与人交流	与人合作	解决问题	革新创新	职业观念	职业情感	职业理想	职业态度	职业良心	职业作风	职业守则
等级			中级	中级	中级	中级	中级			认同级	认同级	认同级	认同级	认同级
选项			√	√	√	√	√			√	√	√	√	√

【组织形式】

将班级学生分成若干实训小组，根据实训内容和项目需要进行角色划分。

【实训任务】

（1）对表4-1所列专业能力领域各技能点，依照其“参照规范与标准”实施阶段性基本训练。

（2）对表4-2所列职业核心能力选项，依照本教材附录二附表2-2的“参照规范与标准”实施“中级”强化训练。

（3）对表4-2所列职业道德选项，依照本教材附录二附表2-3的“参照规范与标准”

实施“认同级”相关训练。

【实训要求】

(1) 实训前学生要了解并熟记本实训的“实训目标”、“能力与道德领域”、“实训任务”与“实训要求”，了解并熟记本教材“附录二”附表2-1、附表2-2中的“考核指标”与“参照规范与标准”内涵，将其作为本实训的操练点和考核点来准备。

(2) 通过“实训步骤”，将“实训任务”中所列的三种训练整合并落实到本实训的“活动过程”和“成果形式”中。

(3) 实训后学生要对本次“企业所得税计算、账务处理与纳税申报”的实训活动进行总结，在此基础上撰写实训报告。

【情境设计】

将学生分成若干实训组，各组结合本实训“成果形式”的“实训课业”题目，在“4.4 实训资料”的四组资料中任选一组，进行关于“企业所得税计算、账务处理与纳税申报”的实训操练。每组成员通过参与和体验所选资料项目的运作过程，相应实训报告的准备、撰写、讨论与交流等实践活动，完成各自实训任务。

【指导准备】

知识准备：

(1) 该企业相关会计环境情况。

(2) 该经营业务和事项情况。

(3) 企业所得税纳税人、征税范围、税率相关法律规定理论。

(4)“企业所得税会计”的理论与实务知识。

(5) 见本教材“附录一”附表1-1的“知识准备”，与本章“职业核心能力‘强化训练项’”各技能点相关的“‘知识准备’参照范围”。

(6) 见本教材“附录二”附表2-2、附表2-3中，涉及本章“职业核心能力领域‘强化训练项’”各技能点和“职业道德领域‘相关训练项’”的“参照规范与标准”知识。

操作指导：

(1) 教师向学生阐明“实训目的”、“能力与道德领域”和“知识准备”。

(2) 教师就“知识准备”中的第(5)、(6)项，对学生进行培训。

(3) 教师指导学生就所选“实训资料”中的项目进行“企业所得税计算、账务处理与纳税申报”的系列运作操练。

(4) 教师指导学生撰写《××企业所得税计算、账务处理与纳税申报实训报告》。

【实训时间】

本章课堂教学内容结束后的双休日和课余时间，为期一周。

【实训步骤】

(1) 将学生组成若干个实训组，每8～10位同学分成一组，每组确定1～2人负责。

(2) 对学生进行关于“企业所得税计算、账务处理与纳税申报运作”实训的“指导准备”培训。

(3) 各实训组成员熟悉所选的“实训资料”，结合“实训资料”内容及“实训要求”进行企业所得税计算、账务处理与纳税申报表填制的全面操练。

(4) 各实训组成员在实施上述训练的过程中，融入对“与人交流”、“解决问题”和

"革新创新"等职业核心能力的各"技能点"的"中级"强化训练和对"职业作风"和"职业守则"等职业道德各"素质点"的"认同级"相关训练，并对训练过程作简要记录与说明。

（5）各实训组成员整合上述操练的过程与结果，分别撰写作为最终成果形式的关于"企业所得税计算、账务处理与纳税申报"的实训报告。

（6）各实训组成员的实训报告提交小组讨论并修订后，评出小组优秀实训报告。

（7）在班级交流并修订各组的优秀实训报告，评出班级优秀实训报告。

（8）教师对班级优秀实训报告进行点评。

（9）将附有"教师点评"的班级优秀实训报告纳入该课程教学资源库，通过校园网课程平台展示，并允许学生拷贝借鉴。

【成果形式】

实训课业：《××企业所得税计算、账务处理与纳税申报实训报告》

课业要求：

（1）本课业应包括"关于'专业能力'的基本操练"、"关于'职业核心能力'与'职业道德'选项的融入性操练"和"实训感言"三部分。其中，"关于'专业能力'的基本操练"应包括对所选企业纳税人身份认定、征税范围和税率确定分析、对所选企业所得税应纳税额的计算过程、账务处理和纳税申报表等内容。

（2）报告结构、格式与体例参照本《训练手册》"课业范例4.5.2"。

（3）实训课业定稿后，在其标题下注明"项目组长姓名"和"项目组成员姓名"。

4.4 实训资料

实训资料4.4.1

1）企业基本情况：

企业名称：宏达股份有限公司

纳税人识别号：310106789447630756

企业地址：滨海市马鞍池路234号

法人代表：李宏达

注册资本：人民币5 000万元

企业类型：有限责任公司

财务负责人：王日春

办税员：章洪燕

企业开户银行及账号：工商银行海滨支行　8522671260890859431

宏达股份有限公司主要从事橡胶材料生产与销售，企业执行企业会计准则，所得税核算采用资产负债表债务法，适用的所得税税率为25%。

2）2018年相关经济业务资料如下：

2018年度利润表中利润总额为1 200万元，递延所得税资产及递延所得税负债不存在期初余额，本年累计实际已预缴所得税82万元，无以前年度未弥补的亏损。经聘请的会计师事务所审计，该企业2018年发生的有关交易和事项中，会计处理与税务处理存在差异的事项有：

（1）期末对持有的存货计提了30万元的存货跌价准备。

（2）2017年12月31日取得一项固定资产，原值600万元，预计使用年限10年，预计净残值为0，会计规定按双倍余额递减法计提折旧，税法规定按直线法计提折旧。假定税法规定的使用年限及预计净残值与会计规定相同。

（3）当年发生研究开发支出500万元，其中300万元予以资本化；截至2018年12月31日，该研发资产仍在开发过程中。

（4）向关联企业捐赠现金200万元。

（5）应付违反环保法规罚款100万元。

3）操练要求：

采用资产负债表债务法完成下列任务：

（1）计算2018年度应纳所得税额；

（2）计算2018年递延所得税资产或递延所得税负债的发生额；

（3）计算2018年所得税费用的发生额；

（4）编制2018年计提所得税的会计分录；

（5）填制2018年度企业所得税纳税申报表及相关附表。

实训资料4.4.2

1）企业基本情况：

企业名称：滨海电器制造有限公司

纳税人识别号：310106744786309837

企业地址：滨海市皇城路454号

法人代表：虞富贵

注册资本：人民币5 000万元

企业类型：有限责任公司

财务负责人：杨卫青

办税员：李笑

企业开户银行及账号：工商银行海滨支行　8522671260894319085

该公司为增值税一般纳税人，主要从事家用电器生产销售，执行企业会计准则，企业所得税实行按年计算、分季据实预缴的办法，所得税核算采用资产负债表债务法，所得税税率为25%。

2）2018年的经济业务资料如下：

（1）企业全年收入汇总：主营业务收入7 725万元，其他业务收入160万元，投资收益65万元，营业外收入50万元。

（2）企业全年成本费用汇总：主营业务成本4 950万元；其他业务成本90万元；营业外支出70万元；销售费用1 200万元；管理费用1 600万元；财务费用20万元。

（3）企业全年流转税汇总：增值税272.72万元；城市维护建设税19.1万元；教育费附加8.18万元。

（4）企业1~4季度已经预缴企业所得税10万元。

（5）2019年3月份，会计师事务所审计后发现企业有关税收问题如下：

①扣除的成本费用中包括全年的工资费用1 440万元，职工福利费203万元，职工工会经费30万元，职工教育经费116.2万元。该企业已成立工会组织，拨缴工会经费有上交的专用收据。

②企业全年提取无形资产减值准备金1.38万元。

③收入总额8 000万元，其中包含国债利息收入7万元，金融债券利息收入20万元，从被投资的未上市的国有公司分回的税后股息38万元（被投资企业的企业所得税税率为15%）。

④当年1月向银行借款200万元购建固定资产，借款期限1年。购建的固定资产于当年9月30日完工并交付使用（本题不考虑该项固定资产的折旧），企业支付给银行的年利息费用共计12万元，全部计入了财务费用。

⑤企业全年发生业务招待费45万元，广告费和业务宣传费1 190万元，全都作了扣除。

⑥12月份转让一项无形资产的所有权，取得收入60万元，未作收入处理，该项无形资产的账面成本35万元也未转销。

⑦12月份通过当地政府机关向贫困山区捐赠家电产品一批，成本价20万元，市场销售价格23万元，企业核算时按成本价值直接冲减了库存商品，按市场销售价格计算的增值税销项税额2.99万元与成本价合计22.99万元记入“营业外支出”账户。

⑧“营业外支出”账户中还列支缴纳的税款滞纳金3万元，银行借款超期罚息6万元，给购货方12万元，意外事故净损失8万元，非广告性赞助10万元，全都如实作了扣除。

⑨“管理费用”中含有新技术的研究费用为30万元。

3）操练要求：

（1）计算该公司2018年度的会计利润总额；

（2）分析纳税调整项目性质，计算确定纳税调整金额；

（3）计算该公司2018年实际应纳所得税额及应补（退）税额；

（4）填制企业所得税年度纳税申报表及相关附表。

实训资料4.4.3

1）企业基本情况：

企业名称：永江木业有限责任公司

纳税人识别号：310106786378146564

企业地址：滨海市环城东路56号

法人代表：李永江

注册资本：人民币300万元

企业类型：有限责任公司

财务负责人：赵利

办税员：李永利

企业开户银行及账号：工商银行滨海市中山支行　8522671260890853576

该公司为增值税一般纳税人，从事木制品加工销售，增值税纳税期限为1个月，会计核算遵循企业会计准则。

2）2018年经济业务资料如下：

（1）该公司2018年度的利润见表4-3。

表4-3　　　　**利润表**

编制单位：永江木业有限责任公司　　　2018年度　　　单位：元

项目	金额
一、营业收入	48 870 000
减：营业成本	31 800 000
税金及附加	260 900
销售费用	4 500 000
管理费用	3 500 000
财务费用	1 200 000
资产减值损失	90 000
加：公允价值变动收益	0
投资收益	250 000
资产处置收益	0
其他收益	900
二、营业利润	7 770 000
加：营业外收入	154 500
减：营业外支出	1 325 520
三、利润总额	6 598 980

（2）经聘请的会计师事务所审计，该公司的账务处理符合会计制度的规定，利润总额计算正确，获取的其他信息如下：

①发生企业所得税法规定的视同销售行为，应确认的视同销售收入为1 130 000元，视同销售成本为1 000 000元。

②全年实际发放工资总额为5 000 000元，其中支付当年雇用的15名残疾职工工资320 000元，经审查属于合理的工资、薪金正常列支。实际支出的工会经费、职工教育经费、职工福利费均符合税法规定的扣除比例。

③销售费用中列支的广告费和业务宣传费为2 250 000元，以前年度尚未扣除的广告费为1 200 000元。

④管理费用中列支业务招待费600 000元、新产品研发费用300 000元。

⑤有一笔从其他企业借入的资金1 000 000元，本年度支付该项借款利息120 000元，已在财务费用中列支，同期同类银行贷款年利率为8%。

⑥营业外支出中列支通过希望工程基金会向贫困山区小学捐款250 000元、通过中国减灾委员会向灾区捐赠300 000元、税收滞纳金和罚款50 000元。

⑦投资收益250 000元，全部系从其投资的高科技企业分得的税后利润，该高科技企业适用的企业所得税税率为15%。

⑧该公司2017年亏损2 000 000元。

⑨该公司2017年已预缴所得税1 149 520元。

3）操练要求：

（1）计算确定纳税调整金额；

（2）计算该公司2018年应纳税所得额；

（3）计算该公司2018年实际应纳所得税额及应补（退）税额；

（4）填制企业所得税年度纳税申报表及相关附表。

4.5 课业范例

课业范例4.5.1

东方水城

企业所得税计算案例分析报告

（报告人：　　　　　　　　　　　　　　　　）

背景与情境："东方水城"成立于2006年6月6日，是某市一家专门经营桑拿、游泳、歌厅、游戏、游艺的私营娱乐企业。2019年2月，该企业向当地主管税务机关报送了2018年企业所得税年度纳税申报表等相关纳税资料。企业2018年全年财务收支及纳税资料如下：

（1）取得门票收入150万元，会员卡费收入100万元，点歌费收入50万元，提供小食品收入30万元，烟酒饮料收入70万元。

（2）成本支出220万元。

（3）期间费用108.5万元，其中，以经营租赁方式租入的固定资产折旧2万元，利息支出40万元（金融机构同期、同类贷款利息为25万元）；为答谢客户，免费发出门票价值5万元，未计收入，而与之对应的成本费用2万元已列支。

（4）税金及附加71.5万元，其中，增值税65万元（（150+50+100）×20%+（30+70）×5%），城市维护建设税4.55万元（65×7%），教育费附加1.95万元（65×3%）。

根据上述资料，企业计算的应纳税所得额为0（150+100+50+30+70−220−108.5−71.5），最后企业进行零纳税申报。

问题：你认为东方水城在税款计算上有问题吗？如有问题，请给予指出，并计算东方水城2017年实际应纳企业所得税税额。

分析：

（1）东方水城在税款计算上存在问题，具体如下：

①娱乐场所为顾客提供的饮食服务及其他各种服务应按娱乐业税目计征增值税，由于部分收入适用税率不正确，致使增值税计算有误。正确计算如下：

应纳增值税税额=（150+100+50+30+70）×6%

=400×6%

=24（万元）

②因增值税计算错误，导致城市维护建设税和教育费附加计算错误。正确计算如下：

城市维护建设税=24×7%=1.68（万元）

教育费附加=24×3%=0.72（万元）

③以经营租赁方式租入固定资产，不得提取折旧，因而不能在税前扣除，2万元折旧作纳税调增处理。

④为答谢客户而免费发出价值5万元的门票未计入收入，但增值税和城市维护建设税及教育费附加应征收。正确计算如下：

应纳增值税=5×6%=0.3（万元）

应纳城市维护建设税及教育费附加=0.3×（7%+3%）=0.03（万元）

⑤利息支出全额扣除不正确。超过金融机构同期、同类贷款利率部分的利息支出不得扣除，应作纳税调增15万元处理。

（2）东方水城实际应纳企业所得税税额计算如下：

增值税=24+0.3=24.3（万元）

城市维护建设税及教育费附加=24.3×（7%+3%）=2.43（万元）

应纳税所得额=150+100+50+30+70−220−108.5−2.43+5+15=89.07（万元）

东方水城2017年可以享受小微企业所得税优惠，其应纳税所得额=89.7×20%×50%=8.97（万元）。

指导老师点评：

（略）

实训组长（签字）： 指导教师（签字）：

年 月 日

课业范例4.5.2

捐款所得税前扣除问题的税务善恶研判报告

（报告人： ）

背景与情境： A村需修公路，村内的B公司直接向A村村委会捐了一笔修建费80 000元。村委会收款后开具了加盖村委会财务章的收据，B公司凭此收据入账，将这笔支出记入“管理费用——业务招待费”科目中，并在当年企业所得税汇算清缴时作为业务招待费按发生额的40%调增了应纳税所得。

问题：

（1）你认为B公司将80 000元的支出作为业务招待费处理是否合理？

（2）如果不能作为业务招待费处理，能否作为公益性捐赠支出处理？

（3）如果也不能作为公益性捐赠支出处理，税务机关应要求企业作怎样的纳税调整？

分析：

（1）《中华人民共和国企业所得税法》第八条规定，企业实际发生的与取得收入有关的、合理的支出，包括成本、费用、税金、损失和其他支出，准予在计算应纳税所得额时扣除。《中华人民共和国企业所得税法实施条例》第四十三条规定，企业发生的与生产经营活动有关的业务招待费支出，按照发生额的60%扣除，但最高不得超过当年销售（营业）收入的5‰。本案例中B公司80 000元的捐赠支出与其生产经营活动无关，不符合企业所得税法的上述规定，不能作为业务招待费处理。

（2）《中华人民共和国企业所得税法》第五十一条规定，公益性捐赠是指企业通过公益性社会团体或者县级以上人民政府及其部门，用于《中华人民共和国公益事业捐赠法》规定的公益事业的捐赠。也就是说并不是所有的捐赠支出都可在税前扣除，只有同时满足下列规定条件的公益性捐赠支出才可以在年底利润总额12%以内的部分税前列支：一是要通过县级以上人民政府及其部门进行捐赠，或者通过在有关部门公布名单内的公益性社会团体、公益性群众团体并在名单所属年度内进行捐赠；二是必须用于《中华人民共和国公益事业捐赠法》规定的公益事业的捐赠支出；三是要取得按规定印制并加盖接受捐赠单位印章的公益性捐赠票据或《非税收入一般缴款书》收据联。就B公司的这笔支出而言，虽然是用于修建村内公路，但B公司直接捐赠给A村村委会，又是以加盖了A村村委会财务章的收据入账，不能满足上述条件，因此不得作为公益性捐赠支出在税前扣除。

（3）税务机关根据相关规定，责成B公司就该笔支出尚未调增的60%部分，调增当年度企业所得税应纳税所得额，补缴企业所得税12 000元，并加收税款相应的滞纳金。

课业范例4.5.3

东海电器制造有限公司
企业所得税年度纳税申报实训报告

（报告人：　　　　　　　　　　　　　　　）

一、关于专业能力的基本操练

□第一步，收集整理基本信息资料

1）企业基本情况信息

企业名称：东海电器制造有限公司

企业类型：有限公司

企业地址：滨海市人民路214号

营业执照注册号：110108334567568439

组织机构代码：41239012-6

纳税人识别号：310106780347946

经营范围：电器制造

所属代码：6339

注册资本：人民币1 000万元

邮编：100102，联系电话：013-65787876，传真：013-65787875

企业开户银行及账号：建设银行滨海市灯塔支行　1568451963

法人代表：吴大成

财务负责人：李丽

办税员：王萍

2）基本会计政策信息

适用的会计准则：企业会计准则

会计档案的存放地：东海电器制造有限公司财务室

会计核算软件：用友

记账本位币：人民币

固定资产折旧方法：年限平均法

存货成本计价方法：月末一次加权平均法

坏账损失核算方法：备抵法

所得税计算方法：资产负债表债务法

资产总额：1 345.56万元

从业人数：70人

会计政策和估计是否发生变化：2018年度未发生变化

3）投资人信息

投资人（法定代表人）：吴大成

出资：人民币800万元，占注册资本金的80%

住所：滨海市南阳区北海胡同45号

身份证号：120101197010156521

签发机关：滨海市公安局南阳分局

有效期限：2008.08.05-2028.08.05

固定电话：013-65787876

投 资 人：王均汉

出资：人民币200万元，占注册资本金的20%

住所：滨海市南阳区秀水街8号

身份证号：120101197204222271

签发机关：滨海市公安局南阳分局

有效期限：2008.10.25-2030.10.25

4）2017年的原始账务资料

（1）收入资料（见表4-4）

表4-4　**收入类账户余额**　单位：元

总账科目	明细科目	本年累计 借方发生额	本年累计 贷方发生额	期末余额	备注
主营业务收入	商品销售收入	8 123 000.00	8 123 000.00	0.00	
其他业务收入	材料销售收入	78 500.00	78 500.00	0.00	
营业外收入	罚没收入	23 000.00	23 000.00	0.00	
合计		8 224 500.00	8 224 500.00	0.00	

（2）成本资料（见表4-5）

表4-5 **成本类账户余额** 单位：元

总账科目	明细科目	本年累计借方发生额	本年累计贷方发生额	期末余额	备注
主营业务成本	商品销售成本	4 078 000.00	4 078 000.00	0	
其他业务成本	材料销售成本	51 000.00	51 000.00	0	直接捐赠给红平小学现金10万元；向滨海市慈善总会捐赠现金20万元
营业外支出	捐赠支出	300 000.00	300 000.00	0	
合计		4 429 000.00	4 429 000.00	0	

（3）期间费用及部分账户资料（见表4-6）

表4-6 **期间费用及部分账户余额表** 单位：元

总账科目	明细科目	本年累计借方发生额	本年累计贷方发生额	期末余额
销售费用	职工薪酬	186 391.20	186 391.20	0
销售费用	业务招待费	130 000.00	130 000.00	0
销售费用	广告费和业务宣传费	230 000.00	230 000.00	0
销售费用	资产折旧摊销费	75 999.96	75 999.96	0
销售费用	办公费	7 200.00	7 200.00	0
销售费用	差旅费	54 000.00	54 000.00	0
销售费用	保险费	3 000.00	3 000.00	0
	小计	686 591.16	686 591.16	0
管理费用	职工薪酬	1 138 821.12	1 138 821.12	0
管理费用	业务招待费	20 000.00	20 000.00	0
管理费用	资产折旧摊销费	441 588.40	441 588.40	0
管理费用	财产损耗、盘亏及毁损	8 500.00	8 500.00	0
管理费用	办公费	36 000.00	36 000.00	0
管理费用	保险费	6 000.00	6 000.00	0
管理费用	修理费	4 500.00	4 500.00	0
管理费用	各项税费	48 100.00	48 100.00	0
	小计	1 703 509.52	1 703 509.52	0
财务费用	利息收支	2 688.00	2 688.00	0
财务费用	现金折扣	34 000.00	34 000.00	0
	小计	36 688.00	36 688.00	0
税金及附加	地方税费	57 461.40	57 461.40	0

（4）预缴企业所得税资料（见表4-7）

表4-7 **第1~4季度缴纳所得税情况** 单位：元

时间	1季度	2季度	3季度	4季度	合计
金额	87 500.00	78 559.50	72 000.00	89 752.98	327 812.48

（5）资产折旧与摊销明细资料（见表4-8）

表4-8 资产折旧、摊销明细 金额单位：元

名称	数量（个）	原值	预计使用年限（年）	残值	已折旧月份（月）	月折旧额	累计折旧/累计摊销
固定资产		5 917 000		295 850		34 799.03	1 561 926.84
办公楼	1	5 000 000	20	250 000	60	19 791.67	1 187 500.20
设备	2	300 000	10	15 000	60	2 375.00	142 500.00
空调	6	30 000	5	1 500	24	475.00	11 400.00
会议桌椅	2	72 000	5	3 600	24	1 140.00	27 360.00
商务车	1	300 000	4	15 000	12	5 937.50	71 250
皮卡车	1	90 000	4	4 500	24	1 781.25	42 750.00
电脑	50	125 000	3	6 250	24	3 298.61	79 166.64
无形资产							
专利权	1	1000 000	10		24	8 333.33	200 000.00

（6）应付职工薪酬资料（见表4-9）

表4-9 应付职工薪酬科目余额 单位：元

总账科目	明细科目	期初余额	本年累计借方发生额	本年累计贷方发生额	期末余额
应付职工薪酬	工资	95 000.00	1 140 000.00	1 140 000.00	95 000.00
	社会保险费		122 812.32	122 812.32	0.00
	公积金		62 400.00	62 400.00	0.00
合计		95 000.00	1 325 212.32	1 325 212.32	95 000.00

（7）以前年度纳税调整资料（见表4-10）

表4-10 以前年度纳税调整 单位：元

年度	2014	2015	2016	2017	2018
纳税调整后所得	-140 000.00	-80 000.00	250 000.00	500 000.00	1 000 000.00

（8）其他资料

8月15日，支付税收罚款500元。

□第二步，分析经济业务，计算全年应补（退）企业所得税额

1）计算会计利润总额。

会计利润=8 123 000+78 500+23 000-4 078 000-51 000-300 000-686 591.16-1 703 509.52-36 688-57 461.4
=1 311 249.92（元）

2）分析纳税调整项目性质，计算确定纳税调整金额。

①职工薪酬。

“应付职工薪酬”科目提供的“工资”“社会保险费”“公积金”均符合税法规定的扣除条件，无须纳税调整。

②业务招待费支出。

实际发生的业务招待费总额=130 000（销售费用列支）+20 000（管理费用列支）=150 000（元）

根据税法规定，实际发生额的60%=150 000×60%=90 000（元）

营业收入的5‰=（8 123 000+78 500）×5‰=41 007.50（元）

税法允许扣除的业务招待费=41 007.50元

调增应纳税所得额=150 000−41 007.5=108 992.50（元）

③捐赠支出。

实际发生捐赠支出=300 000元

税法允许扣除的公益性捐赠支出限额=1 311 249.92×12%=157 349.99（元）

公益性捐赠支出调增应纳税所得额=200 000−157 349.99=42 650.01（元）

给红平小学的捐赠不属于公益性捐赠，不得税前扣除，调增应纳税所得额100 000元。

捐赠支出调增应纳税所得额合计=100 000+42 650.01=142 650.01（元）

④罚金、罚款和被没收财物的损失。

支付的税收罚款不得扣除，调增应纳税所得额500元。

⑤资产折旧、摊销。

固定资产折旧与无形资产摊销的税务与会计处理无差异，无须进行纳税调整。

综合上述计算结果，纳税调整增加额=108 992.5+142 650.01+500=252 142.51（元）

3）计算应纳税所得额。

应纳税所得额=1 311 249.92+252 142.51=1 563 392.43（元）

4）计算应纳税额。

应纳税额=1 563 392.43×25%=390 848.11（元）

5）计算全年应补（退）税额。

全年实际应补税额=390 848.11−327 812.48=63 035.63（元）

□第三步，填制企业所得税年度汇算清缴申报表及附表

1）根据基础信息资料填制封面（见表4-11）、企业所得税年度纳税申报表填报表单（见表4-12）及企业基础信息表（见表4-13）。

表4-11 **中华人民共和国企业所得税年度纳税申报表**

（A类，2018年版）

税款所属期间：2018年01月01日至2019年12月31日

纳税人识别号：310106780347946439

纳税人名称：东海电器制造有限公司

金额单位：人民币元（列至角分）

谨声明：此纳税申报表是根据《中华人民共和国企业所得税法》、《中华人民共和国企业所得税法实施条例》、有关税收政策以及国家统一会计制度的规定填报的，是真实的、可靠的、完整的。

法定代表人（签章）：吴大成2018年3月10日

纳税人公章： 会计主管：李丽	代理申报中介机构公章： 经办人： 经办人执业证件号码：	主管税务机关受理专用章： 受理人：
填表日期：2019年 月 日	代理申报日期： 年 月 日	受理日期： 年 月 日

国家税务总局监制

表 4-12　　**企业所得税年度纳税申报表填报表单**

表单编号	表单名称	选择填报情况	
		填 报	不填报
A000000	企业基础信息表	☑	☐
A100000	中华人民共和国企业所得税年度纳税申报表（A类）	☑	☐
A101010	一般企业收入明细表	☑	☐
A101020	金融企业收入明细表	☐	☐
A102010	一般企业成本支出明细表	☑	☐
A102020	金融企业支出明细表	☐	☐
A103000	事业单位、民间非营利组织收入、支出明细表	☐	☐
A104000	期间费用明细表	☑	☐
A105000	纳税调整项目明细表	☑	☐
A105010	视同销售和房地产开发企业特定业务纳税调整明细表	☐	☐
A105020	未按权责发生制确认收入纳税调整明细表	☐	☐
A105030	投资收益纳税调整明细表	☐	☐
A105040	专项用途财政性资金纳税调整明细表	☐	☐
A105050	职工薪酬支出及纳税调整明细表	☑	☐
A105060	广告费和业务宣传费跨年度纳税调整明细表	☑	☐
A105070	捐赠支出纳税调整明细表	☑	☐
A105080	资产折旧、摊销及纳税调整明细表	☑	☐
A105090	资产损失税前扣除及纳税调整明细表	☐	☐
A105100	企业重组及递延纳税事项纳税调整明细表	☐	☐
A105110	政策性搬迁纳税调整明细表	☐	☐
A105120	特殊行业准备金纳税调整明细表	☐	☐
A106000	企业所得税弥补亏损明细表	☑	☐
A107010	免税、减计收入及加计扣除优惠明细表	☐	☐
A107011	符合条件的居民企业之间的股息、红利等权益性投资收益优惠明细表	☐	☐
A107012	研发费用加计扣除优惠明细表	☐	☐
A107020	所得减免优惠明细表	☐	☐
A107030	抵扣应纳税所得额明细表	☐	☐
A107040	减免所得税优惠明细表	☐	☐
A107041	高新技术企业优惠情况及明细表	☐	☐
A107042	软件、集成电路企业优惠情况及明细表	☐	☐
A107050	税额抵免优惠明细表	☐	☐
A108000	境外所得税收抵免明细表	☐	☐
A108010	境外所得纳税调整后所得明细表	☐	☐
A108020	境外分支机构弥补亏损明细表	☐	☐
A108030	跨年度结转抵免境外所得税明细表	☐	☐
A109000	跨地区经营汇总纳税企业年度分摊企业所得税明细表	☐	☐
A109010	企业所得税汇总纳税分支机构所得税分配表	☐	☐
说明：企业应当根据实际情况选择需要填报的表单			

表4-13

A000000

企业基础信息表

100基本信息						
101汇总纳税企业	☐总机构（跨省）——适用《跨地区经营汇总纳税企业所得税征收管理办法》 ☐总机构（跨省）——不适用《跨地区经营汇总纳税企业所得税征收管理办法》 √总机构（省内） ☐分支机构（须进行完整年度纳税申报且按比例纳税）——就地缴纳比例=　% ☐分支机构（须进行完整年度纳税申报但不就地缴纳） ☐否					
102所属行业明细代码	6339		103资产总额（万元）		1 345.56	
104从业人数	70		105国家限制或禁止行业		☐是 ☑否	
106非营利组织	☐是 ☑否		107存在境外关联交易		☐是 ☑否	
108上市公司	是（☐境内 ☐境外）☑否		109从事股权投资业务		☐是 ☑否	
110适用的会计准则或会计制度	企业会计准则（☑一般企业 ☐银行 ☐证券 ☐保险 ☐担保） ☐小企业会计准则 ☐企业会计制度 事业单位会计准则（☐事业单位会计制度 ☐科学事业单位会计制度 ☐医院会计制度 ☐高等学校会计制度 ☐中小学校会计制度 ☐彩票机构会计制度） ☐民间非营利组织会计制度 ☐村集体经济组织会计制度 ☐农民专业合作社财务会计制度（试行） ☐其他					
200企业重组及递延纳税事项						
201发生资产（股权）划转特殊性税务处理事项			☐是		☑否	
202发生非货币性资产投资递延纳税事项			☐是		☑否	
203发生技术入股递延纳税事项			☐是		☑否	
204发生企业重组事项			是（☐一般性税务处理 ☐特殊性税务处理）☑否			
204-1重组开始时间	年　月　日		204-2重组完成时间		年　月　日	
204-3重组交易类型	☐法律形式改变	☐债务重组	☐股权收购	☐资产收购	☐合并	☐分立
204-4企业在重组业务中所属当事方类型	*	☐债务人 ☐债权人	☐收购方 ☐转让方 ☐被收购企业	☐收购方 ☐转让方	☐合并企业 ☐被合并企业 ☐被合并企业股东	☐分立企业 ☐被分立企业 ☐被分立企业股东

300企业主要股东及分红情况

股东名称	证件种类	证件号码	投资比例	当年（决议日）分配的股息、红利等权益性投资收益金额	国籍（注册地址）
吴大成	身份证	120101197010156521	80%	略	中国
王均汉	身份证	120101197204222271	20%		中国
其余股东合计	—	—			—

2）根据收入账户资料填制附表A101010，见表4-14。

表4-14 A101010

一般企业收入明细表

单位：元

行次	项 目	金 额
1	一、营业收入（2+9）	8 201 500.00
2	（一）主营业务收入（3+5+6+7+8）	8 123 000.00
3	1.销售商品收入	8 123 000.00
4	其中：非货币性资产交换收入	
5	2.提供劳务收入	
6	3.建造合同收入	
7	4.让渡资产使用权收入	
8	5.其他	
9	（二）其他业务收入（10+12+13+14+15）	78 500.00
10	1.销售材料收入	78 500.00
11	其中：非货币性资产交换收入	
12	2.出租固定资产收入	
13	3.出租无形资产收入	
14	4.出租包装物和商品收入	
15	5.其他	
16	二、营业外收入（17+18+19+20+21+22+23+24+25+26）	23 000.00
17	（一）非流动资产处置利得	
18	（二）非货币性资产交换利得	
19	（三）债务重组利得	
20	（四）政府补助利得	
21	（五）盘盈利得	
22	（六）捐赠利得	
23	（七）罚没利得	23 000.00
24	（八）确实无法偿付的应付款项	
25	（九）汇兑收益	
26	（十）其他	

3）根据成本账户资料填制附表A102010，见表4-15。

表4-15

A102010

一般企业成本支出明细表

单位：元

行次	项　目	金　额
1	一、营业成本（2+9）	4 129 000.00
2	（一）主营业务成本（3+5+6+7+8）	4 078 000.00
3	1.商品销售成本	4 078 000.00
4	其中：非货币性资产交换成本	
5	2.提供劳务成本	
6	3.建造合同成本	
7	4.让渡资产使用权成本	
8	5.其他	
9	（二）其他业务成本（10+12+13+14+15）	51 000.00
10	1.材料销售成本	51 000.00
11	其中：非货币性资产交换成本	
12	2.出租固定资产成本	
13	3.出租无形资产成本	
14	4.包装物出租成本	
15	5.其他	
16	二、营业外支出（17+18+19+20+21+22+23+24+25+26）	300 000.00
17	（一）非流动资产处置损失	
18	（二）非货币性资产交换损失	
19	（三）债务重组损失	
20	（四）非常损失	
21	（五）捐赠支出	300 000.00
22	（六）赞助支出	
23	（七）罚没支出	
24	（八）坏账损失	
25	（九）无法收回的债券股权投资损失	
26	（十）其他	

4）根据期间费用各账户资料填制附表A104000，见表4-16。

表4-16

A104000

期间费用明细表

单位：元

行次	项目	销售费用	其中：境外支付	管理费用	其中：境外支付	财务费用	其中：境外支付
		1	2	3	4	5	6
1	一、职工薪酬	186 391.20	*	1 138 821.12	*	*	*
2	二、劳务费					*	*
3	三、咨询顾问费					*	*
4	四、业务招待费	130 000.00	*	20 000.00	*	*	*
5	五、广告费和业务宣传费	230 000.00	*		*	*	*
6	六、佣金和手续费						
7	七、资产折旧、摊销费	75 999.96	*	441 588.40	*	*	*
8	八、财产损耗、盘亏及毁损损失		*	8 500.00	*	*	*
9	九、办公费	7 200.00	*	36 000.00	*	*	*
10	十、董事会费		*		*	*	*
11	十一、租赁费					*	*
12	十二、诉讼费		*		*	*	*
13	十三、差旅费	54 000.00	*		*	*	*
14	十四、保险费	3 000.00	*	6 000.00	*	*	*
15	十五、运输、仓储费					*	*
16	十六、修理费			4 500.00		*	*
17	十七、包装费		*		*	*	*
18	十八、技术转让费					*	*
19	十九、研究费用					*	*
20	二十、各项税费		*	48 100.00	*	*	*
21	二十一、利息收支	*	*	*	*	2 688.00	
22	二十二、汇兑差额	*	*	*	*		
23	二十三、现金折扣	*	*	*	*	34 000.00	*
24	二十四、党组织工作经费	*	*		*	*	*
25	二十五、其他						
26	合计（1+2+3+…+25）	686 591.16		1 703 509.52		36 688.00	

5）根据应付职工薪酬账户资料填制附表A105050，见表4-17。

表4-17

A105050

职工薪酬纳税调整明细表

金额单位：元

行次	项目	账载金额	实际发生额	税收规定扣除率	以前年度累计结转扣除额	税收金额	纳税调整金额	累计结转以后年度扣除额
		1	2	3	4	5	6（1-5）	7（1+4-5）
1	一、工资薪金支出	1 140 000	1 140 000	*	*	1 140 000	0	*
2	其中：股权激励			*	*			*
3	二、职工福利费支出			14%	*			*
4	三、职工教育经费支出			*				
5	其中：按税收规定比例扣除的职工教育经费			8%				
6	按税收规定全额扣除的职工培训费用			100%	*			*
7	四、工会经费支出			2%	*			*
8	五、各类基本社会保障性缴款	122 812.32	122 812.32	*	*	122 812.32	0	*
9	六、住房公积金	62 400	62 400	*	*	62 400	0	*
10	七、补充养老保险			5%	*			*
11	八、补充医疗保险			5%	*			*
12	九、其他			*	*			*
13	合计（1+3+4+7+8+9+10+11+12）	1 325 212.32	1 325 212.32	*		1 325 212.32	0	

6）根据销售费用账户资料分析填制附表A105060，见表4-18。

表 4-18　　A105060

广告费和业务宣传费跨年度纳税调整明细表

金额单位：元

行次	项　目	金　额
1	一、本年广告费和业务宣传费支出	230 000.00
2	减：不允许扣除的广告费和业务宣传费支出	
3	二、本年符合条件的广告费和业务宣传费支出（1-2）	230 000.00
4	三、本年计算广告费和业务宣传费扣除限额的销售（营业）收入	8 201 500.00
5	税收规定扣除率	15.00%
6	四、本企业计算的广告费和业务宣传费扣除限额（4×5）	1 230 225.00
7	五、本年结转以后年度扣除额（3＞6，本行=3-6；3≤6，本行=0）	
8	加：以前年度累计结转扣除额	
9	减：本年扣除的以前年度结转额［3＞6，本行=0；3≤6，本行=8或（6-3）孰小值］	
10	六、按照分摊协议归集至其他关联方的广告费和业务宣传费（10≤3或6孰小值）	
11	按照分摊协议从其他关联方归集至本企业的广告费和业务宣传费	
12	七、本年广告费和业务宣传费支出纳税调整金额（3＞6，本行=2+3-6+10-11；3≤6，本行=2+10-11-9）	
13	八、累计结转以后年度扣除额（7+8-9）	

7）根据营业外支出账户资料分析填制附表A105070，见表4-19。

表 4-19　　A105070

捐赠支出纳税调整明细表

单位：元

行次	项　目	账载金额	以前年度结转可扣除的捐赠额	按税收规定计算的扣除限额	税收金额	纳税调增金额	纳税调减金额	可结转以后年度扣除的捐赠额
		1	2	3	4	5	6	7
1	一、非公益性捐赠	100 000	*	*	*	100 000	*	*
2	二、全额扣除的公益性捐赠		*	*		*	*	*
3	三、限额扣除的公益性捐赠（4+5+6+7）							
4	前三年度（　　年）	*		*	*	*		*
5	前二年度（　　年）	*		*	*	*		
6	前一年度（　　年）	*		*	*	*		
7	本年	200 000	*	157 349.99	157 349.99	42 650.01	*	42 650.01
8	合计（1+2+3）	300 000		157 349.99	157 349.99	142 650.01		42 650.01

8）根据资产折旧、摊销明细资料及销售费用和管理费用账户资料分析填制附表A105080，见表4-20。

表 4-20

A105080
资产折旧、摊销情况及纳税调整明细表

单位：元

行次	项目		账载金额			税收金额					纳税调整金额
			资产原值	本年折旧、摊销额	累计折旧、摊销额	资产计税基础	税收折旧额	享受加速折旧政策的资产按税收一般规定计算的折旧、摊销额	加速折旧统计额	累计折旧、摊销额	
			1	2	3	4	5	6	7=5-6	8	9（2-5）
1	一、固定资产（2+3+4+5+6+7）		5 917 000.00	417 588.36	1 561 926.84	5 917 000.00	417 588.36	*	*	1 561 926.84	
2	所有固定资产	（一）房屋、建筑物	5 000 000.00	237 500.04	1 187 500.20	5 000 000.00	237 500.04	*	*	1 187 500.20	
3		（二）飞机、火车、轮船、机器、机械和其他生产设备	300 000.00	28 500.00	142 500.00	300 000.00	28 500.00	*	*	142 500.00	
4		（三）与生产经营活动有关的器具、工具、家具等	102 000.00	19 380.00	38 760.00	102 000.00	19 380.00	*	*	38 760.00	
5		（四）飞机、火车、轮船以外的运输工具	390 000.00	92 625.00	114 000.00	390 000.00	92 625.00	*	*	114 000.00	
6		（五）电子设备	125 000.00	39 583.32	79 166.64	125 000.00	39 583.32	*	*	79 166.64	
7		（六）其他						*	*		
8	其中：享受固定资产加速折旧及一次性扣除政策的资产加速折旧额大于一般折旧额的部分	（一）重要行业固定资产加速折旧（不含一次性扣除）									*
9		（二）其他行业研发设备加速折旧									*
10		（三）允许一次性扣除的固定资产（11+12+13）									*
11		1.单价不超过100万元专用研发设备									*
12		2.重要行业小型微利企业单价不超过100万元研发生产共用设备									*
13		3.5000元以下固定资产									*
14		（四）技术进步、更新换代固定资产									*
15		（五）常年强震动、高腐蚀固定资产									*
16		（六）外购软件折旧									*
17		（七）集成电路企业生产设备									*

续表

行次	项目	账载金额			税收金额					纳税调整金额
		资产原值	本年折旧、摊销额	累计折旧、摊销额	资产计税基础	税收折旧额	享受加速折旧政策的资产按税收一般规定计算的折旧、摊销额	加速折旧统计额	累计折旧、摊销额	
		1	2	3	4	5	6	7=5-6	8	9(2-5)
18	二、生产性生物资产（19+20）						*	*		
19	（一）林木类						*	*		
20	（二）畜类						*	*		
21	三、无形资产（22-23+24+25+26+27+28+30）	1 000 000.00	1 000 000.00	200 000.00	1 000 000.00	1 000 000.00	*	*	200 000.00	
22	（一）专利权	1 000 000.00	1 000 000.00	200 000.00	1 000 000.00	1 000 000.00	*	*	200 000.00	
23	（二）商标权						*	*		
24	（三）著作权						*	*		
25	（四）土地使用权						*	*		
26	（五）非专利技术						*	*		
27	（六）特许权使用费						*	*		
28	（七）软件						*	*		
29	其中：享受企业外购软件加速摊销政策									*
30	（八）其他						*	*		
31	四、长期待摊费用（32+33+34+35+36）						*	*		
32	（一）已足额提取折旧的固定资产的改建支出						*	*		
33	（二）租入固定资产的改建支出						*	*		
34	（三）固定资产的大修理支出						*	*		
35	（四）开办费						*	*		
36	（五）其他						*	*		
37	五、油气勘探投资						*	*		
38	六、油气开发投资						*	*		
39	合计（1+18+21+31+37+38）	6 917 000.00	517 588.36	1 761 926.84	6 917 000.00	517 588.36			1 761 926.84	
附列资料	全民所有制改制资产评估增值政策资产						*	*		

9）根据管理费用账户资料分析填制附表A105091，见表4-21。

表4-21

A105091

资产损失（专项申报）税前扣除及纳税调整明细表

单位：元

行次	项目	资产损失的账载金额	资产处置收入	赔偿收入	资产计税基础	资产损失的税收金额	纳税调整金额
		1	2	3	4	5（4-2-3）	6（1-5）
1	一、清单申报资产损失（2+3+4+5+6+7+8）						
2	（一）正常经营管理活动中，按照公允价格销售、转让、变卖非货币资产的损失						
3	（二）存货发生的正常损耗						
4	（三）固定资产达到或超过使用年限而正常报废清理的损失						
5	（四）生产性生物资产达到或超过使用年限而正常死亡发生的资产损失						
6	（五）按照市场公平交易原则，通过各种交易场所、市场等买卖债券、股票、期货、基金以及金融衍生产品等发生的损失						
7	（六）分支机构上报的资产损失						
8	（七）其他						
9	二、专项申报资产损失（10+11+12+13）						
10	（一）货币资产损失						
11	（二）非货币资产损失	664 499.90			597 344.61	597 344.61	67 155.29
12	（三）投资损失						
13	（四）其他						
14	合计（1+9）	664 499.90			597 344.61	597 344.61	67 155.29

10）根据以前年度纳税所得资料分析填制附表A106000，见表4-22。

表4-22

A106000

企业所得税弥补亏损明细表

单位：元

行次	项目	年度	可弥补亏损所得	合并、分立转入（转出）可弥补的亏损额	当年可弥补的亏损额	以前年度亏损已弥补额					本年度实际弥补的以前年度亏损额	可结转以后年度弥补的亏损额
						前四年度	前三年度	前二年度	前一年度	合计		
		1	2	3	4	5	6	7	8	9	10	11
1	前五年度	2012	-140 000.00		-140 000		140 000			140 000		*
2	前四年度	2013	-80 000.00		-80 000	*	80 000			80 000		
3	前三年度	2014	250 000.00			*	*					
4	前二年度	2015	500 000.00			*	*	*				
5	前一年度	2016	1 000 000.00			*	*	*	*	*		
6	本年度	2017	1 563 392.43			*	*	*	*	*		
7	可结转以后年度弥补的亏损额合计											

11）根据各账户及附表资料填制主表A100000，见表4-23。

表4-23 A100000

中华人民共和国企业所得税年度纳税申报表（A类）

金额单位：元

行次	类别	项目	金额
1	利润总额计算	一、营业收入（填写A101010\101020\103000）	
2		减：营业成本（填写A102010\102020\103000）	
3		减：税金及附加	
4		减：销售费用（填写A104000）	
5		减：管理费用（填写A104000）	
6		减：财务费用（填写A104000）	
7		减：资产减值损失	
8		加：公允价值变动收益	
9		加：投资收益	
10		二、营业利润（1-2-3-4-5-6-7+8+9）	
11		加：营业外收入（填写A101010\101020\103000）	
12		减：营业外支出（填写A102010\102020\103000）	
13		三、利润总额（10+11-12）	
14	应纳税所得额计算	减：境外所得（填写A108010）	
15		加：纳税调整增加额（填写A105000）	
16		减：纳税调整减少额（填写A105000）	
17		减：免税、减计收入及加计扣除（填写A107010）	
18		加：境外应税所得抵减境内亏损（填写A108000）	
19		四、纳税调整后所得（13-14+15-16-17+18）	
20		减：所得减免（填写A107020）	
21		减：抵扣应纳税所得额（填写A107030）	
22		减：弥补以前年度亏损（填写A106000）	
23		五、应纳税所得额（19-20-21-22）	
24	应纳税额计算	税率（25%）	
25		六、应纳所得税额（23×24）	
26		减：减免所得税额（填写A107040）	
27		减：抵免所得税额（填写A107050）	
28		七、应纳税额（25-26-27）	
29		加：境外所得应纳所得税额（填写A108000）	
30		减：境外所得抵免所得税额（填写A108000）	
31		八、实际应纳所得税额（28+29-30）	
32		减：本年累计实际已缴纳的所得税额	
33		九、本年应补（退）所得税额（31-32）	
34		其中：总机构分摊本年应补（退）所得税额（填写A109000）	
35		财政集中分配本年应补（退）所得税额（填写A109000）	
36		总机构主体生产经营部门分摊本年应补（退）所得税额（填写A109000）	

二、关于“职业核心能力”与“职业道德”选项的融入性操练

实训前，我们对列入本章“实训题”指导准备中“知识准备”的相关知识进行了必要预习，接受了指导老师的全部“操作指导”。通过参加“知识准备”第（2）、（3）项的培训，我们了解了本章涉及的“专业能力”各项技能、“职业核心能力”和“职业道德”选项的“参照规范与标准”，克服了实训过程中对相关操作规范的盲目性。

在实训中，我们在实施本组“实训资料”的计算分析操练和实训报告的准备、撰写、讨论与交流的同时，有意识地融入了“与人交流”、“解决问题”和“革新创新”等“职业核心能力”强化训练和“职业作风”、“职业守则”等“职业道德”的相关训练。

三、实训感言

本次实训是在学习和掌握了“企业所得税会计”的理论、实务知识及“职业核心能力”与“职业道德”选项的“参照规范与标准”基础上进行的，力求做到关于“企业所得税会计”的职业认知以其“理论知识”为指导、关于“企业所得税会计”的技能操作以其“实务知识”为规范、关于“职业核心能力”和“职业道德”的选项训练以其“参照规范与标准”为参照，从而有效克服了“企业所得税计算、账务处理与纳税申报”实训中的盲目性。如果说，针对前两者的专业训练培养和提高了我们“企业所得税计算、账务处理与纳税申报”的专业能力，那么针对后者的融入性训练培养和提高了我们的“可持续发展能力”和“职业道德素质”。对于我们“税务会计”的“职业胜任力”阶段性建构来说，所有这些训练都是必不可少的。

指导老师点评：
（略）

实训组长（签字）：　　　　　　　　　　　　　　指导教师（签字）：

年　　月　　日

4.6 参考答案与提示

“4.2 客观题“参考答案

4.2.1 理论题

1.单项选择题

1）A　2）B　3）D　4）D　5）D　6）D

2.多项选择题

1）ABCDE　2）AC　3）ABC　4）AE　5）ABCE　6）ABCE

3.判断题

1）√　2）√　3）×　4）×　5）√　6）×

4.2.2 实务题

1.单项选择题

1）B　2）A　3）D　4）C　5）B　6）C

2.多项选择题

1）ABCD 2）ACD 3）BCE 4）AE 5）AE 6）ABCDE

3.混合选择题

1）ABCD 2）C 3）ABC 4）ABC 5）ABCD 6）ABC

4.判断题

1）× 2）× 3）√ 4）× 5）× 6）√

4.2.3 案例题

1）A 2）B 3）D 4）D 5）D 6）D

4.2.4 实训题

1.单项选择题

1）B 2）A 3）A 4）D 5）B 6）B

2.多项选择题

1）ABC 2）ACD 3）ABCD 4）BCDE 5）ABCDE 6）ABCD

"4.3 主观题"参考答案与提示

4.3.1 理论题

1.简答题

1）参考答案：

企业所得税纳税人根据其纳税义务不同分为居民企业和非居民企业两类。居民企业是指依法在中国境内成立，或依照外国（地区）法律成立但实际管理机构在中国境内的企业。非居民企业是指依照外国（地区）法律成立且实际管理机构不在中国境内，但在中国境内设立机构、场所，或在中国境内未设立机构、场所，但有来源于中国境内所得的企业。

居民企业负有无限纳税义务，应就其来源于中国境内、境外的所得缴纳企业所得税。非居民企业负有限纳税义务。非居民企业在中国境内设立机构、场所的，应就其所设机构、场所取得的来源于中国境内的所得，以及发生在中国境外但与其所设机构、场所有实际联系的所得缴纳企业所得税；非居民企业在中国境内未设立机构、场所的，或虽设立机构、场所，但其所得与所设机构、场所没有实际联系的，应就其来源于中国境内的所得缴纳企业所得税。

2）参考答案：

企业所得税法对所得来源地的确认有明确规定：销售货物所得为交易活动发生地；提供劳务所得为劳务发生地；不动产转让所得为不动产所在地，动产转让所得为转让动产的企业或机构、场所所在地，权益性投资资产转让所得为被投资企业所在地；股息、红利等权益性投资所得为分配所得的企业所在地；利息、租金、特许权使用费所得为负担支付所得的企业或机构、场所所在地，或负担支付所得的个人住所地；其他所得由国务院财政、税务主管部门确定。

3）参考答案：

企业所得税实行比例税率，具体有以下四种情况：①居民企业及在中国境内设立机构、场所且其所得与机构、场所有关联的非居民企业，适用税率为25%。②在中国境内未设立机构、场所，或虽设立机构、场所但其所得与其所设机构、场所没有实际联系的非居民企业，适用税率为20%；可享受减半征收优惠，实际税率为10%。③符合条件的小型微利企业，适用税率为20%。④国家需要重点扶持的高新技术企业，适用税率为15%。

4）参考答案：

加计扣除是指计算应纳税所得额时，在据实扣除的基础上，还可以加扣一定比例的税收优惠。加计扣除项目具体包括：①“三新”研究开发费用加计扣除。企业为开发新技术、新产品、新工艺（简称“三新”）发生的研究开发费用，未形成无形资产计入当期损益的，在按规定据实扣除的基础上，再按研究开发费用的50%加计扣除；形成无形资产的，按无形资产成本的150%摊销。②工资支出的加计扣除。企业安置残疾人员就业的，在支付给残疾职工工资据实扣除的基础上，按支付给残疾职工工资的100%加计扣除。企业安置国家鼓励安置的其他就业人员所支付的工资的加计扣除办法，由国务院另行规定。

5）参考答案：

暂时性差异是指资产与负债的账面价值与计税基础不同产生的差额。根据暂时性差异对未来期间应纳税所得额的影响不同，分为应纳税暂时性差异和可抵扣暂时性差异。①应纳税暂时性差异是指在确认未来收回资产或清偿负债期间的应纳税所得额时，将导致产生应税金额的暂时性差异。它通常产生于以下两种情况：资产的账面价值大于计税基础；负债的账面价值小于计税基础。②可抵扣暂时性差异是指在确认未来收回资产或清偿负债期间的应纳税所得额时，将导致产生可抵扣金额的暂时性差异。它通常产生于以下两种情况：资产的账面价值小于计税基础；负债的账面价值大于计税基础。③特殊项目产生的暂时性差异有两种情况：可抵扣亏损和税款抵减；某些交易或事项的发生，因不符合资产、负债的确认条件而未体现为资产负债表中的资产或负债，但按税法规定能够确定其计税基础的，其账面价值（视为零）与计税基础之间的差异应视为暂时性差异。

2.理解题

1）参考答案：

相同点：不征税收入与免税收入均使得应纳税所得额减少。

不同点：①两者的本质不同。不征税收入是专门从事特定目的业务的收入，理论上不应列为征收范围；免税收入是纳税人的应税收入总额的组成部分，是为体现国家某些经济和社会目标，在一定条件下给予的税收优惠。②两者的具体内容不同。不征税收入包括财政拨款，依法收取并纳入财政管理的行政事业性收费、政府性基金，其他不征税收入。免税收入包括国债利息收入，符合条件的居民企业之间的股息、红利等权益性收益，在中国境内设立机构、场所的非居民企业从居民企业取得的与该机构、场所有实际联系的股息、红利等权益性投资收益，符合条件的非营利组织的收入。

2）参考答案：

国家重点扶持的公共基础设施项目是指《公共基础设施项目企业所得税优惠目录》规定的港口码头、机场、铁路、公路、城市公共交通、电力、水利等项目。企业从事国家重点扶持的公共基础设施项目的投资经营所得，自项目取得第1笔生产经营收入所属纳税年度起，第1年至第3年免征企业所得税，第4年至第6年减半征收企业所得税（简称“三免三减半”）。上述享受减免税优惠的项目，在减免税期限内转让的，受让方自受让之日起，可以在剩余期限内享受规定的减免税优惠；减免税期限届满后转让的，受让方不得就该项目重复享受减免税优惠。企业承包经营、承包建设和内部自建自用公共基础设施项目，不得享受本税收优惠。

3）参考答案：

在一个纳税年度内，居民企业技术转让所得不超过500万元的部分，免征企业所得税；超过500万元的部分，减半征收企业所得税。

4）参考答案：

对于资产、负债的账面价值与计税基础不同产生的可抵扣暂时性差异，在估计未来期间能够取得足够的应纳税所得额用以利用该可抵扣暂时性差异时，应以很可能取得用来抵扣暂时性差异的应纳税所得额为限，确认相关的递延所得税资产。如果在可抵扣暂时性差异转回的未来期间内，企业无法产生足够的应纳税所得额用以抵扣可抵扣暂时性差异的影响，使得与递延所得税资产相关的经济利益无法实现，该部分递延所得税资产不应确认。递延所得税资产计量可用公式表示如下：

递延所得税资产=可抵扣暂时性差异×适用所得税税率

5）参考答案：

除企业会计准则明确规定可不确认递延所得税负债的情况外，企业对于所有的应纳税暂时性差异均应确认相关的递延所得税负债。递延所得税负债的计算公式如下：

递延所得税负债=应纳税暂时性差异×适用所得税税率

4.3.2 实务题

1.规则复习

1）参考答案：

直接法：应纳税所得额=收入总额-不征税收入-免税收入-各项扣除项目-弥补以前年度亏损额

间接法：$\text{应纳税所得额}=\text{利润总额}+\text{纳税调整增加额}-\text{纳税调整减少额}+\text{境外应税所得弥补境内所得}-\text{弥补以前年度亏损}$

2）参考答案：

企业所得税法规定，企业取得的下列所得已在境外缴纳的所得税，可以从其当期应纳税额中抵免，抵免限额为该项所得依照我国税法规定计算的应纳税额；超过抵免限额的部分，可以在以后5个年度内，用每年度抵免限额抵免当年应抵税额后的余额进行抵补。境外所得的抵免限额的计算公式为：

$$\text{抵免限额}=\text{中国境内、境外所得按企业所得税法计算的应纳税额}\times\frac{\text{来源于某国的应纳税所得额}}{\text{中国境内、境外应纳税所得总额}}$$

3）参考答案：

实行查账征收方式申报企业所得税的居民纳税人及在中国境内设立机构的非居民纳税人，分月（季）预缴企业所得税时，应当按照月度或季度的实际利润额预缴；按月度或季度的实际利润额预缴有困难的，可以按上一纳税年度应纳税所得额的月度或季度平均额预缴，或按照经税务机关认可的其他方法预缴。预缴方法一经确定，该纳税年度内不得随意变更。

①据实预缴：

本月（季）应缴纳所得税额=实际利润累计额×税率-减免所得税额-已累计预缴的所得税额

②按照上一纳税年度应纳税所得额的平均额预缴：

本月（季）应缴纳所得税额=上一纳税年度应纳税所得额÷12（或4）×税率

4）参考答案：

核定征收方式包括定额征收和核定应税所得率征收两种方法。定额征收是税务机关按照一定的标准、程序和方法，直接核定纳税人年度应纳所得税额，由纳税人按规定申报缴纳的办法。主管税务机关应对纳税人的有关情况进行调查研究、分类排队、认真测算，按年从高直接核定纳税人的应纳所得税额。核定应税所得率征收，是税务机关按照一定的标准、程序和方法，预先核定纳税人的应税所得率，由纳税人根据纳税年度内的收入总额或成本费用等项目的实际发生额，按预先核定的应税所得率计算缴纳企业所得税的办法。应税所得额的计算公式如下：

应纳所得税额=应纳税所得额×适用税率

应纳税所得额=（收入总额-不征税收入-免税收入）×应税所得率

=成本费用支出额÷（1-应税所得率）×应税所得率

5）参考答案：

采用资产负债表债务法核算企业所得税的业务主要如下：

①递延所得税资产的核算。

资产负债表日初始确认、后续计量或企业合并日，递延所得税资产应有余额大于期初账面余额时，按其差额编制如下会计分录：

借：递延所得税资产

贷：所得税费用——递延所得税费用

商誉

其他综合收益

资产负债表日，预计未来期间很可能无法获得足够的应纳税所得额用以抵扣可抵扣暂时性差异的，按原已确认的递延所得税资产中应减记的金额编制如下会计分录：

借：所得税费用——递延所得税费用

商誉

其他综合收益

贷：递延所得税资产

②递延所得税负债的核算。

资产负债表日初始确认、后续计量或企业合并日，递延所得税负债应有余额大于期初账面余额时，按其差额编制如下会计分录：

借：所得税费用——递延所得税费用

商誉

其他综合收益

贷：递延所得税负债

③所得税费用的核算。

资产负债表日，企业按税法规定计算确定的当期应交所得税编制如下会计分录：

借：所得税费用——当期所得税费用

贷：应交税费——应交所得税

资产负债表日，按递延所得税资产应有余额大于“递延所得税资产”账户余额的差额编制如下会计分录：

借：递延所得税资产

　贷：所得税费用——递延所得税费用

递延所得税资产应有余额小于“递延所得税资产”账户余额的，按其差额作相反会计分录。企业应予确认的递延所得税负债，比照上述原则调整“所得税费用——递延所得税费用”和“递延所得税负债”账户。

说明：由于企业合并形成的可抵扣暂时性差异，记入“商誉”科目；由于直接计入所有者权益的交易或事项形成的可抵扣暂时性差异，记入“其他综合收益”科目；除上述两个原因外的其他原因产生的可抵扣暂时性差异，记入“所得税费用——递延所得税费用”科目。

2.业务解析

1）参考答案：

各项目所得税前扣除规定见表4-24。

表4-24　**各项目所得税前扣除规定**

<table>
<tr><th>项目</th><th colspan="2">税法规定</th></tr>
<tr><td>职工福利费</td><td colspan="2">不超过工资、薪金总额14%的部分准予扣除，超过部分不得扣除</td></tr>
<tr><td>工会经费</td><td colspan="2">不超过工资、薪金总额2%的部分准予扣除，超过部分不得扣除</td></tr>
<tr><td>职工教育经费</td><td colspan="2">不超过工资、薪金总额8%的部分准予扣除，超过部分准予结转以后纳税年度扣除</td></tr>
<tr><td rowspan="4">利息费用</td><td colspan="2">向金融企业借款的利息支出、金融企业的各项存款利息支出和同业拆借利息支出、企业经批准发行债券的利息支出，可据实扣除</td></tr>
<tr><td colspan="2">向非金融企业借款的利息支出，不超过按照金融同期同类贷款利率计算的数额部分可据实扣除，超过部分不得扣除</td></tr>
<tr><td colspan="2">实际支付给关联方的利息支出，不超过以下规定比例和税法及其实施条例有关规定计算的部分，准予扣除，超过部分不得扣除（注：接受关联方债权性投资与其权益性投资比例为：金融企业为5：1，其他企业为2：1）</td></tr>
<tr><td colspan="2">企业向股东或其他与企业有关联关系的自然人借款的利息支出，符合条件的准予扣除；企业向内部职工或其他人员借款的利息支出，符合条件的，其利息支出在不超过按照金融企业同期同类贷款利率计算的部分准予扣除</td></tr>
<tr><td>业务招待费</td><td colspan="2">按照实际发生额的60%与当年销售收入的5‰两者较低者扣除</td></tr>
<tr><td rowspan="3">广告费和业务宣传费</td><td>一般企业，不超过当年销售收入15%以内的部分准予扣除</td><td rowspan="2">准予结转至以后纳税年度扣除</td></tr>
<tr><td>对化妆品制造、医药制造和饮料制造企业：限额比例为销售收入的30%</td></tr>
<tr><td colspan="2">烟草企业广告费和业务宣传费一律不得在计算应纳税所得额时扣除</td></tr>
<tr><td>公益性捐赠支出</td><td colspan="2">不超过年度利润总额12%的部分准予扣除，超过部分可结转以后纳税年度扣除</td></tr>
<tr><td rowspan="2">手续费及佣金支出</td><td colspan="2">保险企业：财产保险企业按当年全部保费收入扣除退保金等后余额的15%、人身保险企业按当年全部保费收入扣除退保金等后余额10%的部分准予扣除</td></tr>
<tr><td colspan="2">其他企业：按与具有合法经营资格中介服务机构或个人所签订服务协议或合同确认的收入金额5%的部分准予扣除</td></tr>
</table>

2）参考答案：

所得税视同销售行为与增值税视同销售行为的比较见表4-25。

表4-25 所得税视同销售行为与增值税视同销售行为的比较

	法律依据	视同销售行为内容	销售收入额计量
增值税	中华人民共和国增值税暂行条例实施细则	①将货物交付他人代销；②销售代销货物；③设有两个以上机构并实行统一核算的纳税人，将货物从一个机构移送至其他机构用于销售（相关机构设在同一县（市）的除外）；④将自产或委托加工的货物用于非应税项目；⑤将自产或委托加工的货物用于集体福利或个人消费；⑥将自产、委托加工或购买的货物对外投资；⑦将自产、委托加工或购买的货物分配给股东或投资者；⑧将自产、委托加工或购买的货物无偿赠送他人	按下列顺序确定其销售额：①按纳税人最近时期同类货物的平均销售价格确定；②按其他纳税人最近时期同类货物的平均销售价格确定；③按组成计税价格确定
企业所得税	国税函〔2008〕828号	企业将资产移送他人的下列情形，因资产所有权属已发生改变，应按规定视同销售确定收入：①用于市场推广或销售；②用于交际应酬；③用于职工奖励或福利；④用于股息分配；⑤用于对外捐赠；⑥其他改变所有权属的用途	属于自制的资产，按同类资产同期对外销售价确定；属于外购的资产，按购入时的价格确定
结论		企业所得税与增值税的视同销售行为不完全相同，将自产货物用于企业内部行为，增值税作为视同销售处理但所得税不作为视同销售处理	

3）参考答案：

企业所得税法规定，企业某一纳税年度发生的亏损可以用下一年度的所得弥补；下一年度的所得不足以弥补的，可以逐年延续弥补，但最长不超过5年。理解本政策应注意：亏损弥补期应连续计算，不论弥补亏损的5年中是赢利还是亏损，不得间断；连续发生亏损，其亏损弥补期应按每个年度分别计算，先亏先补，不得将每个亏损年度的连续弥补期相加；企业境外业务之间的盈亏可以相互弥补，但企业境外投资除合并、撤销、依法清算外形成的亏损不得用境内盈利弥补。

4）参考答案：

应纳税暂时性差异通常产生于以下两种情况：资产的账面价值大于计税基础；负债的账面价值小于计税基础。可抵扣暂时性差异通常产生于以下两种情况：资产的账面价值小于计税基础；负债的账面价值大于计税基础。对于按税法规定可结转以后年度弥补的亏损和税款抵减，能减少未来期间的应纳税所得额，应视同可抵扣暂时性差异处理。某些交易或事项的发生，因不符合资产、负债的确认条件而未体现为资产负债表中的资产或负债，但按税法规定能够确定其计税基础的，其账面价值（视为零）与计税基础之间的差异应视为暂时性差异。

5）参考答案：

在资产负债表债务法下，所得税费用由当期所得税费用和递延所得税费用两部分构成。用公式表示如下：

所得税费用=当期所得税+递延所得税

当期所得税是指企业按照税法规定计算的针对当期的交易或事项应缴纳的所得税金额。

当期所得税=当期应交所得税=应纳税所得额×适用所得税税率

递延所得税是指按照企业会计准则规定应予确认的递延所得税资产和递延所得税负债的当期发生额。用公式表示如下：

$$\text{递延所得税}=\left(\text{期末递延所得税负债}-\text{期初递延所得税负债}\right)-\left(\text{期末递延所得税资产}-\text{期初递延所得税资产}\right)$$

4.3.3　案例题

1.案例分析

分析提示：

（1）会计利润计算正确。

（2）应纳税所得额=73万元

（3）应纳所得税额=18.25万元

2.善恶研判：

分析提示：

税务机关的处理是合理的。理由：根据《关于印发〈关于企业职工教育经费提取与使用管理的意见〉的通知》（财建〔2006〕317号）第三条第（五）项的规定，企业职工教育培训经费列支范围包括：上岗和转岗培训；各类岗位适应性培训；岗位培训、职业技术等级培训、高技能人才培训；专业技术人员继续教育；特种作业人员培训；企业组织的职工外送培训的经费支出；职工参加的职业技能鉴定、职业资格认证等经费支出；购置教学设备与设施；职工岗位自学成才奖励费用；职工教育培训管理费用；有关职工教育的其他开支。从该政策的表述方式可知，我国职工教育经费列支相关政策实行正列举，即不在列举范围内的不予列支。同时规定，企业职工参加社会上的学历教育以及个人为取得学位而参加的在职教育，所需费用应由个人承担，不能挤占企业的职工教育培训经费。因此，就A公司列支的这笔学费支出而言，MBA即工商管理学硕士，属于学历教育，因此这部分学费应由员工负担，不得在职工教育经费中列支，也不得在税前列支。依据相关规定，应责成该公司补缴2018年企业所得税22 500元，并加收税款相应的滞纳金。

4.3.4　实训题

教学建议：

（1）指导学生根据企业内外部环境因素，确定企业所得税核算方法、适用所得税税率。

（2）指导学生如何对全年的经济业务进行检查，整理出所得税的各类调整项目。

（3）指导学生根据整理所得的调整项目，分析计算当期应纳所得税、递延所得税和所得税费用，进一步提高企业所得税核算技能。

（4）指导学生根据利润表、资产负债表及上述整理所得的调整项目编制企业所得税纳税申报表及附表，进一步提高纳税申报技能。

（5）培养学生认真细心的工作态度。

“4.4 实训资料”参考答案

实训资料4.4.1

参考答案：

（1）计算该企业2018年度应纳所得税额。

应纳税所得额调增小计=390万元

应纳税所得额调减小计=150万元

应纳税所得额=1 440万元

当期应纳所得税额=360万元

（2）计算确定递延所得税资产或递延所得税负债的发生额。

可抵扣暂时性差异=90万元

递延所得税资产=22.5万元

（3）计算所得税费用。

所得税费用=337.5万元

（4）计提所得税的会计分录略。

（5）企业所得税纳税申报表（主表）主要项目：

“利润总额”：1 200万元

“纳税调整增加额”：390万元

“纳税调整减少额”：150万元

“加计扣除”：150万元

“应纳税所得额”：1 440万元

“应纳所得税额”：360万元

“本年累计实际已预缴的所得税额”：82万元

“本年应补（退）的所得税额”：278万元

实训资料4.4.2

参考答案：

（1）计算该公司2018年度的会计利润总额。

利润总额=42.72万元

（2）分析纳税调整项目性质，计算确定纳税调整金额。

调增应纳税所得额=95.0936万元

调减应纳税所得额=67.5万元

（3）计算该公司2018年实际应纳所得税额及应补（退）税额。

应纳税所得额=70.3136万元

应纳所得税额=17.5784万元

本年已累计缴纳税额=10万元

本年应补缴所得税额=6.3284万元

（4）企业所得税纳税申报表（主表）主要项目：

“利润总额”：42.72万元

“纳税调整增加额”：95.0936万元

“纳税调整减少额”：67.5万元

"加计扣除"：22.5万元

"应纳税所得额"：70.3136万元

"应纳所得税额"：17.5784万元

"本年累计实际已预缴的所得税额"：10万元

"本年应补（退）的所得税额"：7.5784万元

实训资料4.4.3

参考答案：

（1）计算确定纳税调整金额。

纳税调整增加额=1 575 650元

纳税调整减少额=2 995 000元

（2）计算该公司2018年应纳税所得额。

应纳税所得额=3 179 630元

（3）计算该公司2018年实际应纳所得税额及应补（退）税额。

应纳税额=794 907.5元

应补（退）税额=-354 612.5元

（4）企业所得税纳税申报表（主表）主要项目：

"利润总额"：6 598 080元

"纳税调整增加额"：1 575 650元

"纳税调整减少额"：2 995 000元

"加计扣除"：545 000元

"应纳税所得额"：3 179 630元

"应纳所得税额"：794 907.5元

"本年累计实际已预缴的所得税额"：1 149 520元

"本年应补（退）的所得税额"：-354 612.5元

理论题　实务题　案例题　实训题

第5章 个人所得税会计

5.1 预习要览

5.1.1 内容提要与结构

1.内容提要

个人所得税是以自然人取得的各类应税所得为征税对象而征收的一种所得税，其征收模式理论上有分类征收制、综合征收制和混合征收制三种，我国现行个人所得税实行混合征收制。个人所得税的纳税人依据住所和居住时间两个标准分为居民纳税人和非居民纳税人。居民纳税人是指在中国境内有住所，或者无住所而一个纳税年度在中国境内居住累计满183天的个人；非居民纳税人是指在中国境内无住所又不居住，或者无住所而一个纳税年度在中国境内居住累计不满183天的个人。居民纳税人承担无限纳税义务，应就其来源于全球的应税所得，向中国缴纳个人所得税；非居民纳税人承担有限纳税义务，仅就来源于中国境内的所得，向中国缴纳个人所得税。

个人所得税的征税范围包括工资、薪金所得，劳务报酬所得，稿酬所得，特许权使用费所得，经营所得，财产租赁所得，财产转让所得，利息、股息、红利所得，偶然所得。在9个应税项目中，居民个人取得工资薪金所得、劳务报酬所得、稿酬所得和特许权使用费所得合称综合所得，按年合并计算个人所得税；非居民个人取得工资薪金所得、劳务报酬所得、稿酬所得和特许权使用费所得的，按月或者按次分项计算个人所得税。纳税人取得前述4项所得以外的所得项目（即经营所得、财产租赁所得、财产转让所得、利息股息红利所得、偶然所得），依照个人所得税法相关规定分项计算个人所得税。项目不同，征收方式不同，适用税率也不同。

个人所得税应纳税额计算分为居民个人综合所得应纳税额计算，非居民个人工资薪金、劳务报酬、稿酬及特许权使用费所得应纳税额计算，经营所得应纳税额计算，财产租赁所得应纳税额计算，财产转让所得应纳税额计算，利息、股息、红利所得和偶然所得应纳税额计算。纳税人发生公益、救济性捐赠及存在境外所得的应按特定方法进行计算扣除。

个人所得税的纳税办法有自行申报纳税和代扣代缴两种。存在下列情形的应进行自行申报：取得综合所得需要办理汇算清缴；取得应税所得没有扣缴义务人；取得应税所得扣缴义务人未扣缴税款；取得境外所得；因移居境外注销中国户籍，非居民个人在中国境内从两处以上取得工资、薪金所得；国务院规定的其他情形。

2. 内容结构

本章内容结构如图5-1所示。

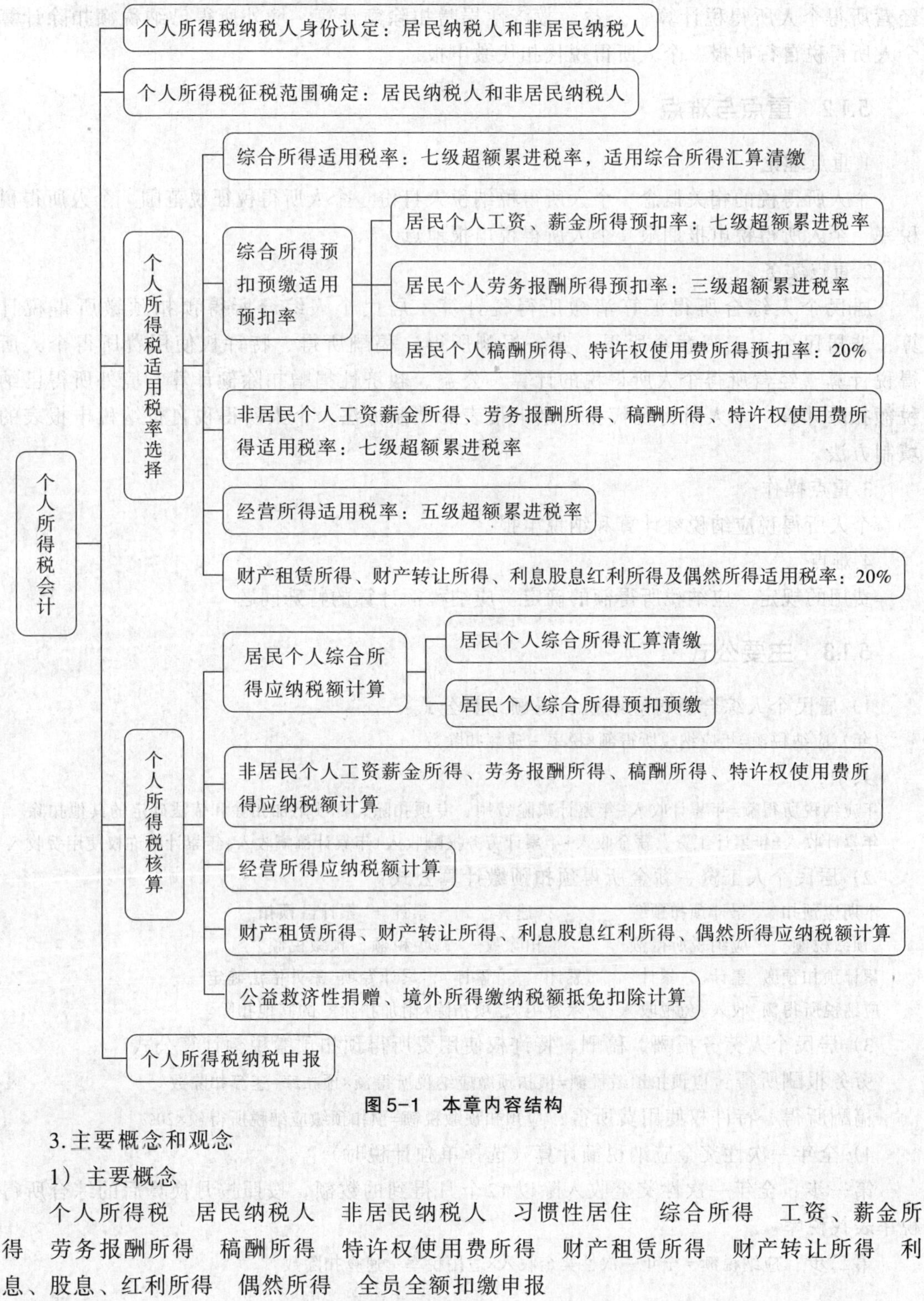

图5-1 本章内容结构

3. 主要概念和观念

1）主要概念

个人所得税　居民纳税人　非居民纳税人　习惯性居住　综合所得　工资、薪金所得　劳务报酬所得　稿酬所得　特许权使用费所得　财产租赁所得　财产转让所得　利息、股息、红利所得　偶然所得　全员全额扣缴申报

2）主要观念

居民个人综合所得汇算清缴所得税计算　居民个人综合所得预扣预缴所得税计算　非居民个人工资薪金所得、劳务报酬所得、稿酬所得、特许权使用费所得个人所得税计算　经营所得个人所得税计算　公益、救济性捐赠扣除额计算　境外所得已纳税额扣除计算　个人所得税自行申报　个人所得税代扣代缴申报

5.1.2　重点与难点

1.重点理论

个人所得税的相关概念　个人所得税纳税人身份　个人所得税征税范围　个人所得税税率　个人所得税申报期限　个人所得税申报地点

2.重点实务

居民个人综合所得汇算清缴所得税计算　居民个人综合所得预扣预缴所得税计算　非居民个人工资薪金所得、劳务报酬所得、稿酬所得、特许权使用费所得个人所得税计算　经营所得个人所得税的计算　公益、救济性捐赠扣除额计算　境外所得已纳税额扣除计算　个人所得税代扣代缴申报表的填制方法　个人所得税自行纳税申报表的填制方法

3.重点操作

个人所得税应纳税额计算和纳税申报

4.难点

费用的规定　应纳税所得额的确定　应纳税额计算的特殊问题

5.1.3　主要公式

1）居民个人综合所得应纳税所得额计算公式：

（年）应纳税额=年应纳税所得额×税率－速算扣除数

其中：

年应纳税所得额=年累计收入–年累计减除费用、专项扣除、专项附加扣除和依法确定的其他扣除

年累计收入=年累计工资、薪金收入+年累计劳务报酬收入+年累计稿酬收入+年累计特许权使用费收入

2）居民个人工资、薪金所得预扣预缴计算公式：

$$\text{本期应预扣预缴税额}=\left(\text{累计预扣预缴应纳税所得额}\times\text{预扣率}-\text{速算扣除数}\right)-\text{累计减免税额}-\text{累计已预扣预缴税额}$$

$$\text{累计预扣预缴应纳税所得额}=\text{累计收入}-\text{累计免税收入}-\text{累计减除费用}-\text{累计专项扣除}-\text{累计专项附加扣除}-\text{累计依法确定的其他扣除}$$

3）居民个人劳务报酬、稿酬、特许权使用费所得预扣预缴税额计算公式

劳务报酬所得：应预扣预缴税额=预扣预缴应纳税所得额×预扣率–速算扣除数

稿酬所得、特许权使用费所得：应预扣预缴税额=预扣预缴应纳税所得额×20%

4）全年一次性奖金应纳税额计算（选择单独计税时）

第一步：全年一次性奖金收入除以12个月得到的数额，按照按月换算后的综合所得税率表找税率

第二步：应纳税额＝全年一次性奖金收入×适用税率－速算扣除数

5）非居民个人的工资、薪金所得个人所得税计算

应纳税所得额=月工资性收入−5 000

应纳税额=应纳税所得额×适用税率−速算扣除数

6）非居民个人劳务报酬所得、稿酬所得、特许权使用费所得应纳税额计算

劳务报酬所得：应纳税额=每次收入×（1−20%）×税率−速算扣除数

特许权使用费所得：应纳税额=每次收入×（1−20%）×20%

稿酬所得：应纳税额=每次收入×（1−20%）×70%×20%

7）财产租赁所得应纳税额计算

①每次（月）收入不超过4 000元的：

应纳税所得额=每次（月）收入额−准予扣除项目−修缮费用（800元为限）−800

②每次（月）收入超过4 000元的：

应纳税所得额=（每次（月）收入额−准予扣除项目−修缮费用（800元为限））×（1−20%）

应纳税额=应纳税所得额×税率（20%）

8）财产转让所得应纳税额计算

应纳税所得额=每次收入额−财产原值−合理税费

应纳税额=应纳税所得额×适用税率（20%）

9）利息、股息、红利所得应纳税额计算

应纳税额=每次收入额×税率（20%）

10）经营所得应纳税额计算

①查账征收计算公式为

本月应预缴税额=本月累计应纳税所得额×适用税率−速算扣除数−上月累计已预缴税额

全年应纳税额=全年应纳税所得额×税率 − 速算扣除数

汇算清缴税额=全年应纳税额−全年累计已预缴税额

②核定征收

应纳税所得额=收入总额×应税所得率

或　　　　　　=成本费用支出总额÷（1−应税所得率）×应税所得率

应纳税额=应纳税所得额×税率−速算扣除数

11）公益性捐赠所得应纳税额计算

捐赠扣除限额=扣除捐赠额前纳税人申报的应纳税所得额×30%

当实际捐赠额<捐赠扣除限额时，允许扣除的捐赠额=实际捐赠额

当实际捐赠额>捐赠扣除限额时，允许扣除的捐赠额=捐赠扣除限额

应纳税所得额=扣除捐赠额前的应纳税所得额−允许扣除的捐赠额

应纳税额=应纳税所得额×适用税率−速算扣除数

12）境外所得应纳税额计算

①计算来自某国或地区的抵免额。

来自某国或地区的抵免额=Σ（来自某国或地区的某一应税项目的所得 − 费用扣除标准）×适用税率−速算扣除数

②判断允许抵免额。

当在境外实际缴纳税额<抵免限额时，允许抵免额=实际缴纳税额

当在境外实际缴纳税额>抵免限额时，允许抵免额=抵免限额

③计算应纳税额。

$$应纳税额=\sum\left(\begin{matrix}来自某国或地区的\\某一应税项目的所得\end{matrix}-费用扣除标准\right)\times适用税率-速算扣除数-允许抵免额$$

5.2 客观题

5.2.1 理论题

1.单项选择题

1）下列各项所得中不属于来源于中国境内所得的是（　　）。

A.外籍个人因持有中国的各种股票、股权而从中国境内的公司、企业或者其他经济组织及个人取得的股息、红利所得

B.中国公民因任职、受雇、履约等而在中国境外提供各种劳务取得的所得

C.外籍个人转让中国境内的建筑物、土地使用权等财产的所得

D.外籍个人将设备出租给中国公司在境内使用取得的租金

2）约翰（美籍）2019年2月12日来华工作，2020年2月15日回国，2020年3月2日返回中国，2020年11月15日至2020年11月30日因工作需要去了日本，2020年12月1日返回中国，2021年11月20日离华回国，则该纳税人（　　）。

A.2019年度为我国居民纳税人，2020年度为我国非居民纳税人

B.2019年度为我国非居民纳税人，2020年度为我国居民纳税人

C.2019年度和2020年度均为我国非居民纳税人

D.2019年度和2020年度均为我国居民纳税人

3）下列各项所得，按“工资、薪金所得”缴纳个人所得税的是（　　）。

A.年终加薪　　B.托儿补助费　　C.差旅费津贴　　D.误餐补助

4）居民个人取得综合所得年度终了汇算清缴个人所得税时适用税率为（　　）。

A.3%～45%七级超额累进综合所得税税率

B.20%比例税率

C.20%～40%三级超额累进税率

D.5%至35%的五级超额累进税率

5）个人发生的公益救济性捐赠支出允许从应纳税所得额中扣除。一般捐赠额的扣除以不超过纳税人申报应纳税所得额的（　　）为限。

A.30%　　B.15%　　C.12%　　D.10%

6）纳税人取得经营所得，按年计算个人所得税，由纳税人在月度或季度终了后（　　）日内，向经营管理所在地主管税务机关办理预缴纳税申报。

A.20　　B.15　　C.10　　D.7

2.多项选择题

1）下列各项中，属于个人所得税中居民纳税人的有（　　）。

A.在中国境内无住所，但一个纳税年度中在中国境内居住累计满365天的个人

B.在中国境内无住所且不居住的个人

C.在中国境内无住所，而在境内居住累计超过90天不满183天的个人

D.在中国境内无住所，但一个纳税年度在境内居住累计满183天的个人

2）某外籍非居民纳税人的下列收入中，应在中国按规定缴纳个人所得税的有（　　）。

A.在中国境内任职取得的工资、薪金收入

B.出租境外房屋而取得的收入

C.从我国境内的外商投资企业取得的红利收入

D.因履行合约而在中国境外提供各种劳务取得的报酬

3）根据现行政策规定，下列说法中正确的有（　）。

A.个人担任董事取得收入属于劳务报酬所得

B.教师自行举办培训班取得的培训收入属于劳务报酬所得

C.商品营销活动中，对于业绩突出的雇员以工作考察名义组织的旅游活动，企业承担的旅游费属于雇员的劳务报酬所得

D.个人兼职取得的收入应按劳务报酬所得缴纳个人所得税

4）居民个人取得工资薪金所得、劳务报酬所得、稿酬所得和特许权使用费所得时，下列关于扣缴义务人按预扣率预扣预缴个人所得税说法正确的有（　　）。

A.支付工资、薪金所得适用七级超额累进预扣率

B.支付劳务报酬所得适用三级超额累进预扣率

C.支付稿酬适用20%预扣率

D.支付特许权使用费适用20%预扣率

5）下列情形，纳税人必须自行向税务机关申报缴纳个人所得税的有（　　）。

A.年所得12万元以上的

B.从中国境外取得所得的

C.非居民个人在中国境内从两处以上取得工资、薪金所得

D.取得应税所得没有扣缴义务人的

6）取得综合所得且符合下列情形（　　）之一的纳税人，应当办理汇算清缴。

A.从两处以上取得综合所得，且综合所得年收入额减除专项扣除后的余额超过6万元

B.取得劳务报酬所得、稿酬所得、特许权使用费所得中一项或者多项所得，且综合所得年收入额减除专项扣除的余额超过6万元

C.纳税年度内预缴税额小于应纳税额

D.纳税人申请退税

3.判断题

1）个人兼职取得的收入应按照“劳务报酬所得”项目计征个人所得税。（　　）

2）在个人所得税法中所谓的“境内居住满一年”是指在中国境内居住满365日。（　　）

3）公开拍卖文学作品手稿原件所得应按特许权使用费所得缴纳个人所得税。（　　）

4）转让土地使用权所得一律按“财产转让所得”征收个人所得税。（　　）

5）个人在中国境内有两处或两处以上任职、受雇单位的，应向受雇单位所在地主管税务机关申报。（　　）

6）纳税人取得经营所得应按规定自行办理纳税申报。（　　）

5.2.2 实务题

1.单项选择题

1）下列关于非居民个人的工资、薪金所得个人所得税计算表述错误的是（　）。

A.扣缴义务人向非居民个人支付工资、薪金所得应按月代扣代缴税款

B.月应纳税所得额=月应税工资收入-5 000

C.月应纳税所得额=月应税工资收入-4 800

D.月代扣税款=月应纳税所得额×适用税率-速算扣除数

E.适用税率为按月换算后的综合所得税税率

2）下列关于一个纳税年度内在中国境内累计居住不超过90天的非居民个人，取得工资、薪金所得当月工资、薪金收入额确定的规定错误的是（　）。

A.仅就归属于境内工作期间并由境内雇主支付或负担的工资、薪金所得计算缴纳个人所得税

B.当月工资收入额计算公式为：

$$\text{当月工资薪金收入额}=\text{当月境内外工资薪金总额}\times\frac{\text{当月境内支付工资薪金数额}}{\text{当月境内外工资薪金总额}}\times\frac{\text{当月工资薪金所属工作期间境内工作天数}}{\text{当月工资薪金所属工作期间公历天数}}$$

C.境内雇主仅指雇佣员工的境内单位和个人，不包括境外单位或者个人在境内的机构、场所

D.工资薪金所属工作期间的公历天数指无住所个人取得工资薪金所属工作期间按公历计算的天数

E.境内雇主采取核定征收所得税或者无营业收入未征收所得税的，无住所个人为其工作取得工资薪金所得，不论是否在该境内雇主会计账簿中记载，均视为由该境内雇主支付或者负担

3）下列关于一个纳税年度内在中国境内累计居住超过90天但不满183天的非居民个人，取得工资、薪金所得当月工资、薪金收入额确定的规定错误的是（　）。

A.取得的归属于境内工作期间的工资薪金所得应计算缴纳个人所得税

B.取得的归属于境外工作期间的工资薪金所得不征收个人所得税

C.取得的归属于境内、境外工作期间的工资薪金所得均应计算缴纳个人所得税

D.当月工资薪金收入额的计算公式如下：

$$\text{当月工资薪金收入额}=\text{当月境内外工资薪金总额}\times\frac{\text{当月工资薪金所属工作期间境内工作天数}}{\text{当月工资薪金所属工作期间公历天数}}$$

E.当月工资收入额计算公式为：

$$\text{当月工资薪金收入额}=\text{当月境内外工资薪金总额}\times\frac{\text{当月境内支付工资薪金数额}}{\text{当月境内外工资薪金总额}}\times\frac{\text{当月工资薪金所属工作期间境内工作天数}}{\text{当月工资薪金所属工作期间公历天数}}$$

4）下列关于非居民个人劳务报酬所得、稿酬所得、特许权使用费所得个人所得税计算表述错误的是（　）。

A.劳务报酬所得、稿酬所得、特许权使用费所得，均以每次收入额为应纳税所得额

B.（月或次）应纳税额=（月或次）应纳税所得额×按月换算的综合所得适用税率

C.（次）劳务报酬、特许权使用费收入额=每次收入×（1-20%）

D.（次）劳务报酬、稿酬、特许权使用费收入额=每次收入×（1-20%）

E.（次）稿酬收入额=每次收入×（1-20%）×70%

5）计算个人出租房屋所得应纳个人所得税时，下列费用不可以扣除的是（　　）。

A.增值税　　B.城市维护建设税与教育费附加

C.房产税　　D.每月修缮费中800元以内的部分

6）下列关于个人所得公益救济性捐赠扣除额的判断方法中，正确的是（　　）。

A.当实际捐赠额<捐赠扣除限额时，允许扣除的捐赠额=实际捐赠额

B.当实际捐赠额<捐赠扣除限额时，允许扣除的捐赠额=捐赠扣除限额

C.当实际捐赠额>捐赠扣除限额时，允许扣除的捐赠额=实际捐赠额

D.当实际捐赠额>捐赠扣除限额时，允许扣除的捐赠额=实际捐赠额-捐赠扣除限额

2.多项选择题

1）与居民个人综合所得应纳税所得额计算有关的公式正确的有（　　）。

A.年应纳税额=年应纳税所得额×税率－速算扣除数

B.年应纳税所得额=年累计收入-年累计减除费用、专项扣除、专项附加扣除和依法确定的其他扣除

C.年累计收入=年累计工资、薪金收入+年累计劳务报酬收入+年累计稿酬收入+年累计特许权使用费收入

D.劳务报酬、特许权使用费收入额=每次收入×（1-20%）

E.稿酬收入额=每次收入×（1-20%）×70%

2）下列关于扣缴义务人向居民个人支付工资薪金、劳务报酬、稿酬及特许权使用费时计算预扣税款计算公式表述正确的有（　　）。

A.工资、薪金：本期应预扣预缴税额=（累计预扣预缴应纳税所得额×预扣率-速算扣除数）-累计减免税额-累计已预扣预缴税额

B.工资、薪金：累计预扣预缴应纳税所得额=累计收入-累计免税收入-累计减除费用-累计专项扣除-累计专项附加扣除-累计依法确定的其他扣除

C.劳务报酬：预扣预缴税额=预扣预缴应纳税所得额×预扣率-速算扣除数

D.稿酬：预扣预缴税额=预扣预缴应纳税所得额×20%

E.特许权使用费：预扣预缴税额=预扣预缴应纳税所得额×20%

3）下列与财产租赁所得个人所得税计算相关的公式中，表述正确的有（　　）。

A.应纳税所得额=每次（月）收入额-准予扣除项目-修缮费用（800元为限）-800

B.应纳税所得额=［每次（月）收入额-准予扣除项目-修缮费用（800元为限）］×（1-20%）

C.应纳税额=应纳税所得额×20%

D.应纳税额=应纳税所得额×10%

E.应纳税额=应纳税所得额×适用税率-速算扣除数

4）下列与财产转让所得个人所得税计算相关的公式中，表述正确的有（　　）。

A.应纳税所得额=每次收入-财产原值-合理税费

B.应纳税所得额=每次收入

C.应纳税所得额=每次收入-800

D.应纳税所得额=每次收入×（1-20%）

E.应纳税额=应纳税所得额×20%

5）下列与利息、股息、红利所得个人所得税计算相关的公式中，表述正确的有（　　）。

A.应纳税所得额=每次收入　　B.应纳税所得额=每次收入-800

C.应纳税所得额=每次收入×（1-20%）　　D.应纳税额=应纳税所得额×20%

E.应纳税额=应纳税所得额×10%

6）下列与个人所得税境外所得已纳税额抵免计算相关的公式中，表述正确的有（　　）。

A.来自某国或地区的抵免额=$\sum$（来自某国或地区的某一应税项目的所得-费用扣除标准）×适用税率-速算扣除数

B.当在境外实际缴纳税额<抵免限额时，允许抵免额=境外实际缴纳税额

C.当在境外实际缴纳税额>抵免限额时，允许抵免额=抵免限额

D.当在境外实际缴纳税额>抵免限额时，允许抵免额=境外实际缴纳税额-抵免限额

E.应纳税额=$\sum$（来自某国或地区的某一应税项目的所得-费用扣除标准）×适用税率-速算扣除数-允许抵免额

3.混合选择题

就"职业道德"相关领域的"参照规范与标准"、"职业核心能力"和"专业能力"各技能点的"参照规范与标准"（参见本章"主观题"之"实训题"的"能力与道德领域"），以及"职业核心能力强化训练'知识准备'的参照范围"（参见本教材"附录一"的附表1-1）和"职业核心能力考核参照规范与标准"（参见本教材"附录二"的附表2-2），在下列各题中填入正确的选项：

1）下列关于"信息处理"、"解决问题"、"革新创新"、"与人交流"和"与人合作"职业核心能力（中级）说法正确的有（　　）。

A."信息处理"（中级）、"获取信息"技能点的"参照规范与标准"是指能定义复杂信息任务，确定搜寻范围，列出资源优先顺序，通过询访法和观察法搜寻信息

B."信息处理"（中级）、"获取信息"技能点的"'知识准备'参照范围"包括信息的特征与种类；信息收集的范围、渠道与原则；信息收集方法（观察法、询访法）；计算机相关知识；网络相关知识

C."革新创新"（中级）、"评估创新方案"技能点的"参照规范与标准"是指能按常规方式和专业要求，对创新改进方法和结果的价值进行评估，根据实际条件进行调整，并指导他人的创新活动

D."革新创新"（中级）、"评估创新方案"技能点的"'知识准备'参照范围"包括有关项目可行性测评的知识；有关最佳方案评估的知识；撰写评估报告的知识

2）"职业理想"的"参照规范与标准"是指（　　）。

A.对职业、职业选择、职业工作和财务人员职业道德等问题具有正确的看法

B.对将要从事的职业种类、职业方向与事业成就有积极的向往和执着的追求

C.在履行职业义务时具有强烈的道德责任感和较高的自我评价能力

D.对职业选择或模拟选择有充分的认知和积极的倾向与行动

3）“个人所得税计算、账务处理与纳税申报”这一“专业能力领域”包括的技能点有（　）。

A.个人所得应税业务性质确定　　B.个人所得税应纳税额计算

C.个人所得税账务处理　　D.个人所得税申报

4）“个人所得税应纳税额计算”技能点的“参照规范与标准”有（　）。

A.能正确选择个人所得税适用税率

B.能正确选择费用扣除标准

C.能正确计算个人所得应纳税额

D.能正确判断应代扣代缴个人所得税业务性质

5）“个人所得税账务处理”技能点的“参照规范与标准”有（　）。

A.能正确判断个人所得税应税业务性质　　B.能正确计算个人所得应纳税额

C.能正确设置个人所得税核算账户　　D.能对个人所得税作出准确的账务处理

6）“个人所得税申报”技能点的“参照规范与标准”有（　）。

A.能手工填制扣缴个人所得税报告表或各类自行申报纳税申报表

B.能完成个人所得税网上纳税申报

C.能顺利完成税款缴纳任务

D.能准确计算个人所得税应纳税额

4.判断题

1）个人发生的公益救济性捐赠支出不超过纳税人申报应纳税所得额的30%的部分允许从应纳税所得额中扣除。（　）

2）居民个人从中国境外取得的所得，可以从其应纳税额中抵免已在境外缴纳的个人所得税税额，但抵免额不得超过该纳税人境外所得依个人所得税法规定计算的应纳税额。（　）

3）取得劳务报酬所得、稿酬所得、特许权使用费所得中一项或者多项所得，且综合所得年收入额减除专项扣除的余额超过6万元，年度终了办理汇算清缴纳税申报。（　）

4）需要办理汇算清缴的纳税人，应当在取得所得的次年1月1日至6月30日内，向任职、受雇单位所在地主管税务机关办理纳税申报。（　）

5）特许权使用费所得以某项使用权的一次转让所得为计税所得计征个人所得税。（　）

6）个人领取的原提存的住房公积金、医疗保险金、基本养老保险金免征个人所得税。（　）

5.2.3 案例题

李平的各项所得该如何申报缴纳个人所得税？

背景与情境：李平是上海市某公司职员，2019年全年收入情况如下：

(1) 月基本工资收入5 000元，月固定效益奖3 000元；个人负担“三险一金”每月2 500元；申报专项附加扣除时，向单位报送的专项附加扣除信息如下：上小学的儿子一人；尚在偿还贷款的于5年前购入的境内住房一套；年满60周岁的父母两人。李平为独生子女，所购住房为首套住房，夫妻约定子女教育和住房贷款利息涉及的专项附加扣除全部由李平扣除。

（2）12月份取得除当月工资外的年度绩效工资48 000元，李平选择并入全年综合所得计算纳税。

（3）7月份兼职取得建筑工程设计费9 000元（不含增值税）。

（4）7月份将一套三居室的住房出租，出租房仍用于居住，月租金5 600元（不含增值税），当月支付房屋修缮费700元（除个人所得税外，暂不考虑其他税费）。

（5）10月份因提供重要线索协助公安部门侦破某重大经济案件，获公安部颁发奖金20 000元，已取得公安部提供的获奖证明材料。

要求：根据上述资料回答下列问题：

1）李平任职单位1—11月份发放工资时已预扣预缴个人所得税（　　）元。

A.0　　B.45　　C.275　　D.150

2）取得当月工资、奖金及年度绩效工资时，其任职单位应预扣预缴个人所得税（　　）元。

A.180　　B.475　　C.11 025　　D.5 700

3）7月份兼职取得建筑工程设计费，接受劳务单位应预扣预缴个人所得税（　　）元。

A.1 425　　B.1 640　　C.1 440　　D.1 800

4）7月份出租房屋租金所得应缴个人所得税（　　）元。

A.856　　B.974　　C.428　　D.392

5）10月份获公安部颁发奖金应缴个人所得税（　　）元。

A.4 000　　B.2 000　　C.0　　D.3 200

5.2.4 实训题

1.单项选择题

1）某居民个人取得设计报酬所得2 000元，则该笔所得应预扣预缴的个人所得税额为（　　）元。

A.36　　B.240　　C.400　　D.360

2）某个体工商户，2019年取得主营业务收入及其他业务收入30万元，税金及附加1.5万元，产品销售成本为12万元，其他费用和税务机关认可的损失合计2万元。该业主没有综合所得，全年累计缴纳“三险一金”2.4万元，累计专项附加扣除共计3.6万元。业主当年生产经营所得应缴纳的个人所得税是（　　）万元。

A.3.6　　B.0.13　　C.0.7　　D.0.125

3）某居民个人取得稿酬所得10 000元，该笔所得应预扣预缴个人所得税（　　）元。

A.1 120　　B.1 400　　C.2 400　　D.2 360。

4）李教授2019年3月在清华大学出版社出版教材一本，获税前稿酬8 000元。因市场需要，2019年10月加印该教材又获税前稿酬3 000元。出版社支付稿酬时应预扣预缴个人所得税（　　）元。

A.1 232　　B.1 540　　C.1 204　　D.1 460

5）李某3月分别将其拥有的两项专利转让给甲企业，A专利转让所得3 000元，B专利转让所得4 700元（支付中介费200元，有合法凭证）。甲企业应预扣预缴的个人所得税为（　　）元。

A.1 160　　B.1 540　　C.940　　D.1 200

6）中国公民李小姐2019年1月1日将位于市区的自有居住用房出租用于居住，租期半年，共计取得不含增值税租金收入24 000元（暂不考虑其他税费）。李小姐取得的租金收入应缴纳个人所得税（　　）元。

A.1 460　　B.1 920　　C.1 890　　D.2 100

2.多项选择题

1）中国公民蔡先生为一自由职业者，2019年1月出版中篇小说一部，取得稿酬15 000元，2019年2月因小说加印取得稿酬3 500元，2019年4月蔡先生的文章被报刊连载，取得某杂志社稿酬4 500元。出版社与杂志社应预扣预缴个人所得税的下列处理正确的有（　　）。

A.2019年1月出版社应扣缴个人所得税1 680元

B.2019年2月出版社应扣缴个人所得税378元

C.2019年2月出版社应扣缴个人所得税392元

D.2019年4月杂志社应扣缴个人所得税504元

E.2019年4月杂志社应扣缴个人所得税720元

2）甲、乙两人合著一本书，共取得稿酬9 000元，其中，甲分得6 000元，乙分得3 000元。下列说法中正确的是（　　）。

A.两人共同取得同一项所得应先分配后计税

B.两人共同取得同一项所得应先计税后分配

C.计算应纳税所得额时，允许扣除的费用为1 800元

D.出版社应扣缴个人所得税总额为1 008元

E.出版社应扣缴个人所得税总额为980元

3）杨先生为杭州市居民，2019年6月1日将地处杭州市区的一私有住房出租，月不含增值税租金收入3 500元，当年6月份发生装修费2 000元。假设增值税适用征收率为3%，城市维护建设税税率为7%，教育费附加征收率为3%，则下列说法中正确的有（　　）。

A.月租金收入未超过5 000元，免征增值税

B.房租所得个人所得税适用税率为10%

C.6月份、7月份均应缴个人所得税190元

D.8月份应缴个人所得税为230元

E.9月份应缴个人所得税为270元

5.3　主观题

5.3.1　理论题

1.简答题

1）简述居民纳税人与非居民纳税人具体含义。

2）简述我国现行税法规定的个人所得税应税项目的具体内容。

3）简述我国现行税法规定的个人所得税税率。

4）简述个人所得税自行纳税申报的具体情形。

2.理解题

1）怎样确定个人所得的来源地？

2）在中国境内无住所的个人居住时间如何确定？

3）综合所得包括哪些内容？

4）专项附加扣除具体标准是怎样的？

5.3.2 实务题

1.规则复习

1）如何计算居民个人综合所得应纳税所得额？写出计算公式。

2）写出居民个人工资、薪金所得预扣预缴计算公式。

3）写出居民个人劳务报酬、稿酬、特许权使用费所得预扣预缴税额计算公式。

4）写出非居民个人的工资薪金所得、劳务报酬所得、稿酬所得、特许权使用费所得应纳税额计算公式。

2.业务解析

1）如何计算财产租赁所得应纳税额？

2）如何计算财产转让所得应纳税额？

3）如何计算境外所得应纳税额？

5.3.3 案例题

1.案例分析

关于张平稿酬所得的个人所得税计算正确吗？

背景与情境：2019年11月，张平在某杂志上发表文章取得稿酬所得3 500元。关于此项所得个人所得税的预扣预缴与汇算清缴计算如下：

（1）杂志社在向张平支付稿酬时，应扣缴个人所得税金额计算如下：

代扣个人所得税=（3 500−800）×70%×20%=378（元）

（2）2019年末，张平先生在进行综合所得汇算清缴时，此项稿酬所得应确认的收入额为1 890元。

问题：

（1）杂志社代扣税额是否正确？

（2）张平先生汇算清缴确认的稿酬收入金额是否正确？为什么？

分析要求：

1）课业的结构、格式与体例要求：参照本书“课业范例5.5.1”。

2）其他要求：与第1章“主观题”之“案例题”的“分析要求”相同。

2.善恶研判

正确履行个人所得税预扣预缴义务

背景与情境：恒大公司职员赵洪2019年1至3月每月工资、薪金收入均为10 000元。

当地规定的社会保险和住房公积金个人缴存比例为：基本养老保险8%，基本医疗保险2%，失业保险0.5%，住房公积金12%。社保部门核定的2019年社会保险的缴费工资基数为8 000元。赵洪1至2月累计已预扣预缴个人所得税税额为192元。

问题：请你完成3月份赵洪个人所得税预扣预缴业务。

研判要求：

（1）形成性要求

①学生分析案例提出的问题，拟出《善恶研判提纲》；小组讨论，形成小组《善恶研判报告》；班级交流、相互点评和修订各组的《善恶研判报告》；在校园网的本课程平台上发布经过修订并附有教师点评的各组《善恶研判报告》，供学生借鉴。

②了解本教材“附录二”附表2-1中“形成性训练与考核”的“参照指标”与“考核点”。

（2）成果性要求

①课业要求：以经过班级交流和教师点评的《善恶研判报告》为最终成果。

②课业结构、格式与体例要求：参照本《训练手册》“课业范例5.5.2”。

③了解本教材“附录二”附表2-1中“课业训练与考核”的“参照指标”与“考核点”。

5.3.4 实训题

“个人所得税计算、账务处理与纳税申报运作”业务胜任力训练

【实训目的】

见主教材本章章名页“学习目标”中的“实训目标”。

【实训内容】

专业能力训练：“能力领域”、“技能点”、“名称”和“参照规范与标准”见表5-1。

表5-1 **能力领域、技能点、名称及其参照规范与标准**

能力领域	技能点	名称	参照规范与标准
个人所得税计算、账务处理与纳税申报	技能Ⅰ	个人所得税应税业务的确定	能正确判断个人所得税应税业务的性质
	技能Ⅱ	个人所得税应纳税额的计算	1）能正确选择个人所得税适用税率 2）能正确选择费用扣除的标准 3）能正确计算个人所得税应纳税额
	技能Ⅲ	个人所得税的账务处理	1）能正确设置个人所得税核算账户 2）能对个人所得税作出准确的账务处理
	技能Ⅳ	个人所得税的申报	1）能用手工填制扣缴个人所得税报告表或各类自行申报纳税申报表 2）能完成个人所得税网上纳税申报 3）能顺利完成税款缴纳任务

职业核心能力和职业道德训练：其内容、种类、等级与选项见表5-2；各选项的“参照规范与标准”见本教材“附录二”附表2-2和附表2-3。

表5-2 职业核心能力与职业道德训练内容、种类、等级与选项表

内容	职业核心能力							职业道德						
种类	自我学习	信息处理	数字应用	与人交流	与人合作	解决问题	革新创新	职业观念	职业情感	职业理想	职业态度	职业良心	职业作风	职业守则
等级		中级		中级	中级	中级	中级			认同级	认同级	认同级	认同级	认同级
选项		√		√	√	√	√			√	√	√	√	√

【组织形式】

将班级学生分成若干实训小组，根据实训内容和项目需要进行角色划分。

【实训任务】

（1）对表5-1所列专业能力领域各技能点，依照其“参照规范与标准”实施阶段性基本训练。

（2）对表5-2所列职业核心能力选项，依照本教材附录二附表2-2的“参照规范与标准”实施“中级”强化训练。

（3）对表5-2所列职业道德选项，依照本教材附录二附表2-3的“参照规范与标准”实施“认同级”相关训练。

【实训要求】

（1）实训前学生要了解并熟记本实训的“实训目标”、“能力与道德领域”、“实训任务”与“实训要求”，了解并熟记本教材“附录二”附表2-1、附表2-2中的“考核指标”与“参照规范与标准”内涵，将其作为本实训的操练点和考核点来准备。

（2）通过“实训步骤”，将“实训任务”中所列的三种训练整合并落实到本实训的“活动过程”和“成果形式”中。

（3）实训后学生要对本次“个人所得税计算、账务处理与纳税申报”的实训活动进行总结，在此基础上撰写实训报告。

【情境设计】

将学生分成若干实训组，各组结合本实训“成果形式”的“实训课业”题目，在“5.4 实训资料”的四组资料中任选一组，进行关于“个人所得税计算、账务处理与纳税申报”的实训操练。每组成员通过参与和体验所选资料项目的运作过程，相应实训报告的准备、撰写、讨论与交流等实践活动，完成各自实训任务。

【指导准备】

知识准备：

（1）该企业相关会计环境情况。

（2）该企业个人所得税缴纳业务情况。

（3）个人所得税适用税率、费用扣除及计算方法等相关法律规定理论。

（4）“个人所得税会计”的理论与实务知识。

（5）见本教材“附录一”附表1-1的“知识准备”，与本章“职业核心能力‘强化训练项’”各技能点相关的“‘知识准备’参照范围”。

（6）见本教材“附录二”附表2-2、附表2-3中，涉及本章“职业核心能力领域‘强化训练项’”各技能点和“职业道德领域‘相关训练项’”的“参照规范与标准”知识。

操作指导：

（1）教师向学生阐明“实训目的”、“能力与道德领域”和“知识准备”。

（2）教师就“知识准备”中的第（5）、（6）项，对学生进行培训。

（3）教师指导学生就操练项目进行调研、资料收集、整理与分析。

（4）教师指导学生制定《××个人所得税计算、账务处理与纳税申报实训报告》。

【实训时间】

本章课堂教学内容结束后的双休日和课余时间，为期一周。

【实训步骤】

（1）将学生组成若干个实训组，每8～10位同学分成一组，每组由1～2人负责。

（2）对学生进行关于“个人所得税计算、账务处理与纳税申报运作”实训的“指导准备”培训。

（3）各实训组成员熟悉所选“实训资料”，结合“实训资料”内容及“实训要求”进行个人所得税计算、账务处理与纳税申报表填制的全面操练。

（4）各实训组成员在实施上述训练的过程中，融入对“信息处理”、“解决问题”和“革新创新”等职业核心能力中各“技能点”的“中级”强化训练和对“职业理想”和“职业守则”等职业道德各“素质点”的“认同级”相关训练，并对训练过程作简要记录与说明。

（5）各实训组成员整合上述操练的过程与结果，分别撰写作为最终成果的关于“个人所得税计算、账务处理与纳税申报”的实训报告。

（6）各实训组成员的实训报告提交小组讨论并修订后，评出小组优秀实训报告。

（7）在班级交流并修订各组的优秀实训报告，评出班级优秀实训报告。

（8）教师对班级优秀实训报告进行点评。

（9）将附有“教师点评”的班级优秀实训报告纳入该课程教学资源库，通过校园网课程平台展示，并允许学生拷贝借鉴。

【成果形式】

实训课业：《××个人所得税计算、账务处理与纳税申报实训报告》

课业要求：

（1）本课业应包括“关于‘专业能力’的基本操练”、“关于‘职业核心能力’与‘职业道德’选项的融入性操练”和“实训感言”三部分。其中，“关于‘专业能力’的基本操练”应包括对所选纳税人身份认定、征税项目和税率确定分析、对所选个人应纳税额的计算过程、账务处理和纳税申报表填制等内容。

（2）报告结构、格式与体例参照本《训练手册》“课业范例5.5.2”。

（3）实训课业定稿后，在其标题下注明“项目组长姓名”和“项目组成员姓名”。

5.4 实训资料

实训资料5.4.1

1）纳税人基本资料：

姓名：李平

国籍：中国

身份证号码：342521197411290021

经常居住地：滨海市朝阳区灯塔路100号

邮编：430320

2）李平为浙江省丽水市宏远公司职员，2019年收入资料如下：

全年取得工资、薪金收入180 000元。当地规定的社会保险和住房公积金个人缴存比例为：基本养老保险8%，基本医疗保险2%，失业保险0.5%，住房公积金12%。社保部门核定的李平2019年社会保险费的缴费工资基数为10 000元。李平正在偿还首套住房贷款利息。李平为独生女，育有男孩1个，就读大学3年级，李平的父母健在，均已年过60岁。李平夫妻约定由李平扣除贷款利息和子女教育费。

3）操练要求：

计算李平2019年应缴纳的个人所得税税额。

实训资料5.4.2

1）纳税人基本资料：

姓名：王宏

国籍：中国

身份证号码：342521197811290021

经常居住地：滨海市朝阳区灯塔路88号

邮编：430302

受雇单位：滨海市飞跃股份有限公司

2）王宏2019年收入资料：

（1）全年工资、薪金所得190 000元。有关部门核定的王宏2019年度社保费缴费工资基数为12 000元，单位代扣代缴的社保费包括养老保险8%、医疗保险2%、失业保险1%、住房公积金12%。已知王宏育有1个女儿正在上小学，夫妻双方约定子女教育专项附加扣除由王宏按扣除标准的100%扣除，除此之外无其他专项附加扣除项目。

（2）2019年3月1日，王宏将其拥有的一项发明专利让渡给甲公司，双方约定的转让款为60 000元。

（3）王宏在国内专业杂志上发表文章取得稿酬900元。

（4）2019年5月10日完成某单位委托的工程项目可行性方案取得设计费5 000元。

3）操练要求：

计算王宏2019年应缴个人所得税税额。

5.5 课业范例

课业范例 5.5.1

个人所得税计算案例分析报告

（报告人： ）

背景与情境：中国公民张先生2019年10月12日，在参加商场的有奖销售活动中，中奖30 000元，他将其中的10 000元通过市慈善总会用于公益性捐赠。对于张先生应缴纳的个人所得税商场作如下处理：

应扣缴个人所得税=（30 000−10 000）×20%=4 000（元）

问题：商场对张先生的个人所得税处理正确吗？

分析：商场对张先生个人所得税的扣缴处理不正确。

商场负有扣缴张先生个人所得税的义务，其应扣税额应计算如下：

捐赠前的应纳税所得额=30 000元

公益性捐赠限额=30 000×30%=9 000（元）

捐赠后的应纳税所得额=30 000−9 000=21 000（元）

应扣个人所得税=21 000×20%=4 200（元）

指导老师点评：

（略）

实训组长（签字）： 指导教师（签字）：

年 月 日

课业范例 5.5.2

多处拿薪水很开心，但不可忽略纳税申报

（报告人： ）

背景与情境：2020年税务机关在对王女士兼职的某公司进行税务检查时发现王女士同时为6家企业作会计，分别取得2 000元至3 000元不等的月工资，但王女士未向税务机关办理个人所得汇算清缴申报。王女士认为她取得的工资未超过月扣除额5 000元的扣除标准，不需要缴纳个人所得税，不用办理个税纳税申报。

问题：

（1）你若是税务人员，是否同意王女士的观点？

（2）如果不同意王女士的观点，请你依据法律规定作出处理。

分析：

（1）不同意王女士的观点。

（2）现行《中华人民共和国个人所得税法》第二十五条规定，纳税人取得综合所得有下列情形的需要办理汇算清缴：从两处以上取得综合所得，且综合所得年收入额减除专项扣除的余额超过6万元；取得劳务报酬所得、稿酬所得、特许权使用费所得中一项或者多项所得，且综合所得年收入额减除专项扣除的余额超过6万元；纳税年度内预缴税额低于应纳税额；纳税人申请退税。

《中华人民共和国税收征收管理法》规定，纳税人未按照规定的期限办理纳税申报和报送纳税资料的，或者扣缴义务人未按照规定期限向税务机关报送代扣代缴、代收代缴税款报告表和有关资料的，由税务机关责令限期改正，可以处2 000元以下的罚款，情节严重的，可以处2 000元以上1万元以下的罚款。

因此，税务机关责令王女士自收到税务机关税务处理决定书之日起30日内向税务机关办理个人所得税申报，税务机关可酌情处以罚款。

5.6 参考答案与提示

"5.2 客观题"参考答案

5.2.1 理论题

1.单项选择题

1）B 2）A 3）A 4）A 5）A 6）B

2.多项选择题

1）AD 2）AC 3）BD 4）ABCD 5）BCD 6）ABCD

3.判断题

1）√ 2）× 3）√ 4）√ 5）× 6）√

5.2.2 实务题

1.单项选择题

1）C 2）C 3）C 4）D 5）A 6）A

2.多项选择题

1）ABCDE 2）ABCDE 3）ABCD 4）AE 5）AD 6）ABCE

3.混合选择题

1）ABCD 2）B 3）ABCD 4）ABC 5）CD 6）ABC

4.判断题

1）√ 2）√ 3）√ 4）× 5）√ 6）√

5.2.3 案例题

1）A 2）A 3）C 4）D 5）C

5.2.4 实训题

1.单项选择题

1）B 2）D 3）A 4）A 5）A 6）B

2.多项选择题

1）ACD 2）AD 3）ABCDE

“5.3　主观题”参考答案与提示

1.简答题

1）参考答案：

居民纳税人是指在中国境内有住所，或者无住所而一个纳税年度在中国境内居住累计满183天的个人。具体指在中国境内有住所的个人，包括在中国境内定居的中国公民和外国侨民；在中国境内无住所而一个纳税年度在境内居住累计满183天的个人，包括一个纳税年度在中国境内居住累计满183天的外国人、海外侨胞和中国香港、澳门、台湾同胞。

非居民纳税人是指在中国境内无住所又不居住，或者无住所而一个纳税年度在中国境内居住累计不满183天的个人。具体指在一个纳税年度中没有在中国境内居住或在中国境内居住累计不满183天的外国人、海外侨胞或中国香港、中国澳门、中国台湾同胞。

2）参考答案：

现行个人所得税法列举的征税项目具体有9项。它们分别是：（1）工资、薪金所得，是指个人因任职或者受雇而取得的工资、薪金、奖金、年终加薪、劳动分红、津贴、补贴以及与任职或者受雇有关的其他所得。（2）劳务报酬所得，是指个人从事劳务取得的所得。包括从事设计、装潢、安装、制图、化验、测试、医疗、法律、会计、咨询、讲学、翻译、审稿、书画、雕刻、影视、录音、录像、演出、表演、广告、展览、技术服务、介绍服务、经纪服务、代办服务及其他劳务。（3）稿酬所得，是指个人因其作品以图书、报刊等形式出版、发表而取得的所得。（4）特许权使用费所得，是指个人提供专利权、商标权、著作权、非专利技术以及其他特许权的使用权而取得的所得。其中，提供著作权的使用权取得的所得，不包括稿酬所得。（5）经营所得是指：个体工商户从事生产、经营活动取得的所得，个人独资企业投资人、合伙企业的个人合伙人来源于境内注册的个人独资企业、合伙企业生产、经营的所得；个人依法从事办学、医疗、咨询以及其他有偿服务活动取得的所得；个人对企业、事业单位承包经营、承租经营以及转包、转租取得的所得；个人从事其他生产、经营活动取得的所得。（6）利息、股息、红利所得，是指个人拥有债权、股权而取得的利息、股息、红利所得。（7）财产租赁所得，是指个人出租不动产、机器设备、车船以及其他财产取得的所得。个人取得的财产转租收入，属于“财产租赁所得”的征税范围。（8）财产转让所得，是指个人转让有价证券、股权、合伙企业中的财产份额、不动产、机器设备、车船以及其他财产取得的所得。（9）偶然所得，是指个人得奖、中奖、中彩以及其他偶然性质的所得。

3）参考答案：

我国现行个人所得税实行综合与分类相结合税制。在9个应税项目中，居民个人取得工资薪金所得、劳务报酬所得、稿酬所得和特许权使用费所得，合称综合所得，按年合并计算个人所得税；非居民个人取得工资薪金所得、劳务报酬所得、稿酬所得和特许权使用费所得，按月或者按次分项计算个人所得税。纳税人取得前述4项所得以外的所得项目（即经营所得、财产租赁所得、财产转让所得、利息股息红利所得、偶然所得），依照个人所得税法相关规定分项计算个人所得税。项目不同，征收方式不同，适用税率也不同。

居民个人取得工资薪金所得、劳务报酬所得、稿酬所得和特许权使用费所得，年度终了应按综合所得汇算清缴个人所得税，其汇算清缴时适用综合所得税率。非居民个人工资薪金、劳务报酬、稿酬和特许权使用费适用税率表见表5-3。

表5-3 非居民个人工资薪金、劳务报酬、稿酬和特许权使用费适用税率表

级数	全年应纳税所得额	税率（%）	速算扣除数
1	不超过36 000元的部分	3	0
2	超过36 000元至144 000元的部分	10	2 520
3	超过144 000元至300 000元的部分	20	16 920
4	超过300 000元至420 000元的部分	25	31 920
5	超过420 000元至660 000元的部分	30	52 920
6	超过660 000元至960 000元的部分	35	85 920
7	超过960 000元的部分	45	181 920

经营所得适用5%至35%的五级超额累进税率。经营所得适用税率表见表5-4。

表5-4 经营所得适用税率表

级数	全年应纳税所得额	税率（%）	速算扣除数
1	不超过30 000元的部分	5	0
2	超过30 000元至90 000元的部分	10	1 500
3	超过90 000元至300 000元的部分	20	10 500
4	超过300 000元至500 000元的部分	30	40 500
5	超过500 000元的部分	35	65 500

利息、股息、红利所得，财产租赁所得，财产转让所得和偶然所得均适用20%比例税率。对个人按市场价格出租住房取得的所得，减按10%的税率征收个人所得税。

4）参考答案：

自行纳税申报是指由纳税人自行在规定的纳税期限内，向税务机关申报取得的应税所得项目和数额，如实填写个人所得税纳税申报表，并按相关规定计算应纳税额，并据此缴纳个人所得税的一种方法。个人所得税法第十条明确规定，纳税人有下列情形之一的，应按规定办理自行纳税申报：（1）取得综合所得需要办理汇算清缴；（2）取得应税所得，没有扣缴义务人；（3）取得应税所得，扣缴义务人未扣缴税款；（4）取得境外所得；（5）因移居境外，注销中国户籍；（6）非居民个人在中国境内从两处以上取得工资、薪金所得；（7）国务院规定的其他情形。个人所得税法第十二条明确规定，纳税人取得经营所得，按年计算个人所得税，由纳税人在月度或者季度终了后15日内向税务机关报送纳税申报表，并预缴税款；在取得所得的次年3月31日前办理汇算清缴。

2.理解题

1）参考答案：

所得来源地的判断应反映经济活动的实质，遵循方便税务机关有效征管的原则。我国个人所得税法规定，除相关部门另有规定外，下列所得不论支付地点是否在中国境内，均

为来源于中国境内的所得：（1）因任职、受雇、履约等在中国境内提供劳务取得的所得；（2）将财产出租给承租人在中国境内使用而取得的所得；（3）许可各种特许权在中国境内使用而取得的所得；（4）转让中国境内的不动产等财产或者在中国境内转让其他财产取得的所得；（5）从中国境内企业、事业单位、其他组织以及居民个人取得的利息、股息、红利所得。

2）参考答案：

财政部国家税务总局公告2019年第34号——《关于在中国境内无住所的个人居住时间判定标准的公告》对在中国境内无住所的个人（以下称无住所个人）居住时间的判定标准公告如下：（1）无住所个人一个纳税年度在中国境内累计居住满183天的，如果此前六年在中国境内每年累计居住天数都满183天而且没有任何一年单次离境超过30天，该纳税年度来源于中国境内、境外所得应当缴纳个人所得税；如果此前六年的任一年在中国境内累计居住天数不满183天或者单次离境超过30天，该纳税年度来源于中国境外且由境外单位或者个人支付的所得，免予缴纳个人所得税。上述“此前六年”是指该纳税年度的前一年至前六年的连续六个年度，此前六年的起始年度自2019年（含）以后年度开始计算。（2）无住所个人一个纳税年度内在中国境内累计居住天数，按照个人在中国境内累计停留的天数计算。在中国境内停留的当天满24小时的，计入中国境内居住天数，在中国境内停留的当天不足24小时的，不计入中国境内居住天数。

3）参考答案：

我国现行个人所得税有9个应税项目，其中居民个人取得工资薪金所得、劳务报酬所得、稿酬所得和特许权使用费所得，合称综合所得，按年合并计算个人所得税。

4）参考答案：

专项附加扣除，包括子女教育、继续教育、大病医疗、住房贷款利息、住房租金、赡养老人。其中：

（1）子女教育。包括学前教育阶段和全日制学历教育阶段。学前教育阶段，为子女年满3周岁当月至小学入学前一月；学历教育，包括义务教育（小学、初中教育）、高中阶段教育（普通高中、中等职业、技工教育）、高等教育（大学专科、大学本科、硕士研究生、博士研究生教育），学历教育为子女接受全日制学历教育入学的当月至全日制学历教育结束的当月，包含因病或其他非主观原因休学但学籍继续保留的期间以及按规定享受的寒暑假。纳税人的子女接受全日制学历教育的相关支出，按照每个子女每月1 000元的标准定额扣除。学前教育阶段的子女，按照全日制学历教育支出相同政策执行。父母可以选择由其中一方按扣除标准的100%扣除，也可以选择由双方分别按扣除标准的50%扣除，具体扣除方式在一个纳税年度内不能变更。

（2）继续教育。纳税人在中国境内接受学历（学位）继续教育的支出，在学历（学位）教育期间按照每月400元的定额扣除。同一学历（学位）继续教育的扣除期限不能超过48个月。纳税人接受技术人员职业资格继续教育、专业技术人员职业资格继续教育的支出，在取得相关证书的当年，按照3 600元定额扣除。学历（学位）继续教育，为在中国境内接受学历（学位）继续教育入学的当月至学历（学位）继续教育结束的当月，同一学历（学位）继续教育的扣除期限最长不得超过48个月。技能人员职业资格继续教育、专业技术人员职业资格继续教育，为取得相关证书的当年。个人接受本科及以下学历（学位）继续教育，符合个人所得税法规定扣除条件的，可以选择由其父母扣除，也可以选择由本人扣除。

（3）大病医疗。在一个纳税年度内，纳税人发生的与基本医保相关的医药费用支出，扣除医保报销后个人负担（指医保目录范围内的自付部分）累计超过15 000元的部分，由纳税人在办理年度汇算清缴时，在80 000元限额内据实扣除。扣除期限为医疗保障信息系统记录的医药费用实际支出的当年。纳税人发生的医药费用支出可以选择由本人或者其配偶扣除；未成年子女发生的医药费用支出可以选择由其父母一方扣除。

（4）大病医疗。在一个纳税年度内，纳税人发生的与基本医保相关的医药费用支出，扣除医保报销后个人负担（指医保目录范围内的自付部分）累计超过15 000元的部分，由纳税人在办理年度汇算清缴时，在80 000元限额内据实扣除。扣除期限为医疗保障信息系统记录的医药费用实际支出的当年。纳税人发生的医药费用支出可以选择由本人或者其配偶扣除；未成年子女发生的医药费用支出可以选择由其父母一方扣除。

（5）住房租金。纳税人在主要工作城市没有自有住房而发生的住房租金支出，可以按照以下标准定额扣除：直辖市、省会（首府）城市、计划单列市以及国务院确定的其他城市，扣除标准为每月1 500元；除前述相关城市以外，市辖区户籍人口超过100万的城市，扣除标准为每月1 100元；市辖区户籍人口不超过100万的城市，扣除标准为每月800元。市辖区户籍人口，以国家统计局公布的数据为准。夫妻双方主要工作城市相同的，只能由一方扣除住房租金支出。纳税人的配偶在纳税人的主要工作城市有自有住房的，视同纳税人在主要工作城市有自有住房。住房租金支出由签订租赁住房合同的承租人扣除。扣除期为租赁合同（协议）约定的房屋租赁期开始的当月至租赁期结束的当月。提前终止合同（协议）的，以实际租赁期限为准。

（6）赡养老人。纳税人赡养一位及以上被赡养人的赡养支出，统一按照以下标准定额扣除：纳税人为独生子女的，按照每月2 000元的标准定额扣除。纳税人为非独生子女的，由其与兄弟姐妹分摊每月2 000元的扣除额度，每人分摊的额度不能超过每月1 000元。既可以由赡养人均摊或者约定分摊，也可以由被赡养人指定分摊。约定或者指定分摊的须签订书面分摊协议，指定分摊优先于约定分摊。具体分摊方式和额度在一个纳税年度内不能变更。纳税人约定或指定分摊的书面分摊协议等资料需要留存备查。上述被赡养人是指年满60岁的父母，以及子女均已去世的年满60岁的祖父母、外祖父母。

5.3.2 实务题

1.规则复习

1）参考答案：

居民个人综合所得应纳税所得额计算公式：

（年）应纳税额=年应纳税所得额×税率－速算扣除数

其中：

年应纳税所得额=年累计收入－年累计减除费用、专项扣除、专项附加扣除和依法确定的其他扣除

年累计收入=年累计工资、薪金收入+年累计劳务报酬收入+年累计稿酬收入+年累计特许权使用费收入

2）参考答案：

居民个人工资、薪金所得预扣预缴计算公式：

$$本期应预扣预缴税额=\left(累计预扣预缴应纳税所得额\times预扣率-速算扣除数\right)-累计减免税额-累计已预扣预缴税额$$

$$累计预扣预缴应纳税所得额=累计收入-累计免税收入-累计减除费用-累计专项扣除-累计专项附加扣除-累计依法确定的其他扣除$$

3）参考答案：

（1）居民个人劳务报酬、稿酬、特许权使用费所得预扣预缴税额计算公式

劳务报酬所得：应预扣预缴税额=预扣预缴应纳税所得额×预扣率-速算扣除数

（2）稿酬所得、特许权使用费所得：应预扣预缴税额=预扣预缴应纳税所得额×20%

4）参考答案：

（1）非居民个人的工资、薪金所得个人所得税计算

应纳税所得额=月工资性收入-5 000

应纳税额=应纳税所得额×适用税率-速算扣除数

（2）非居民个人劳务报酬所得、稿酬所得、特许权使用费所得应纳税额计算

（3）劳务报酬所得：应纳税额=每次收入×（1-20%）×税率-速算扣除数

（4）特许权使用费所得：应纳税额=每次收入×（1-20%）×20%

（5）稿酬所得：应纳税额=每次收入×（1-20%）×70%×20%

2.业务解析

1）参考答案：

财产租赁所得应纳税额计算

（1）每次（月）收入不超过4 000元的：

应纳税所得额=每次（月）收入额-准予扣除项目-修缮费用（800元为限）-800

（2）每次（月）收入超过4 000元的：

应纳税所得额=（每次（月）收入额-准予扣除项目-修缮费用（800元为限））×（1-20%）

应纳税额=应纳税所得额×税率（20%）

2）参考答案：

财产转让所得应纳税额计算

应纳税所得额=每次收入额-财产原值-合理税费

应纳税额=应纳税所得额×适用税率（20%）

3）参考答案：

根据个人所得税法的规定，居民纳税人负无限纳税义务，应就其来源于中国境内、境外的所得征税。纳税人从中国境外取得的所得，已在境外缴纳的个人所得税，准予在应纳税额中扣除，但扣除额不得超过该纳税人境外所得依照我国个人所得税法计算的应纳税额。

境外所得应纳税额可按下列步骤计算：

（1）计算来自某国或地区的抵免额。

$$来自某国(或地区)的抵免限额=\left[来自某国(或地区)的某一应税项目的所得-费用扣除标准\right]\times适用税率-速算扣除数$$

（2）判断允许抵免额。

当在境外实际缴纳税额<抵免限额时，允许抵免额=境外实际缴纳税额。

当在境外实际缴纳税额>抵免限额时，允许抵免额=抵免限额

（3）计算应纳税额。

应纳税额=（来自某国(或地区)的某一应税项目的所得-费用扣除标准）×适用税率-速算扣除数-允许抵免额

5.3.3 案例题

1.案例分析

分析提示：

（1）出版社预扣缴个人所得税计算正确。

稿酬所得每次收入不超过4 000元的，减除费用按800元计算；每次收入4 000元以上的，减除费用按20%计算；预扣率为20%。

扣缴个人所得税=（3 500-800）×70%×20%=378（元）

（2）张平先生汇算清缴个人所得税时所确认的收入金额计算不正确。正确的收入金额=3 500×（1-20%）×70%=1 960元。

2.善恶研判

分析提示：

累计收入=10 000×3=30 000（元）

累计减除费用=5 000×3=15 000（元）

累计专项扣除=8 000×（8%+2%+0.5%+12%）×3=5 400（元）

累计预扣预缴应纳税所得额=30 000-15 000-5 400=9 600（元）

应预扣预缴税额=9 600×3%-192=96（元）

5.3.4 实训题

教学建议：

（1）指导学生如何对全部经济业务进行检查，整理出个人所得税涉税业务。

（2）指导学生根据整理所得涉税业务，确定具体涉税税目，选择合适的计算方法，进一步提高个人所得税计算和核算技能。

（3）指导学生根据个人所得税涉税项目，确定申报方式并进行申报表填制，进一步提高纳税申报技能。

（4）培养学生认真细心的工作态度。

“5.4 实训资料”参考答案

实训资料5.4.1

参考答案：

（1）全年减除费用60 000元

（2）专项扣除=10 000×（8%+2%+0.5%+12%）×12=27 000（元）

（3）专项附加扣除：

子女教育每年扣除12 000元

住房贷款利息每年扣除12 000元

赡养老人每年扣除24 000元

专项附加扣除合计=12 000+12 000+24 000=48 000（元）

（4）扣除项合计=60 000+27 000+48 000=135 000元

（5）应纳税所得额=180 000-135 000=45 000（元）

（6）应纳个人所得税=45 000×10%−2 520=1 980（元）

实训资料5.4.2

参考答案：

王宏全年所得包括工资薪金所得、稿酬所得、特许权使用费所得、劳务报酬所得，上述所得应按综合所得计算缴纳个人所得税。

（1）计税收入=工资薪金190 000+特许权使用费60 000×（1−20%）+稿酬900×（1−20%）+劳务报酬5 000×（1−20%）=242 720（元）

（2）减除项目：

全年减除费用60 000元

专项扣除=12 000×（8%+2%+0.5%+12%）×12=32 400（元）

专项附加扣除=子女教育12 000元

（3）应纳税所得额=242 720−60 000−32 400−12 000=138 320（元）

（4）应纳个人所得税=138 320×10%−2 520=11 312（元）

理论题　实务题　案例题　实训题

第6章
其他税会计

6.1 预习要览

6.1.1 内容提要与结构

1.内容提要

本章系统地阐述了关税、城市维护建设税、资源税、土地增值税、城镇土地使用税、房产税、车船税、车辆购置税、印花税和契税共10个其他税种的应纳税额核算与申报的相关知识与技能。

关税是海关依法对进出关境的货物、物品征收的一种税。进口货物的收货人、出口货物的发货人、进出境物品的所有人为关税的纳税人。进口关税税率根据优惠政策不同，设有最惠国税率、协定税率、特惠税率、普通税率、关税配额税率五档；出口关税税率只设一档。进口关税计征办法有从价计征、从量计征和复合计征三种；出口关税全部从价计征。进（出）口关税从价计征时，均以关税完税价格为计税依据，但进口货物与出口货物关税完税价格的确定方法有所不同。进口货物关税完税价格由货价、货物运抵我国境内输入地点起卸前的运输费、保险费构成；出口货物的关税完税价格由海关以该货物的成交价格以及该货物运至我国境内输出地点装载前的运输费、保险费为基础审查确定（但不含出口关税）。关税的核算应区分自营和代理两种不同情况分别处理。

城市维护建设税是对缴纳增值税、消费税（简称“二税”）的单位和个人征收的一种税。城市维护建设税属于一种附加税，其纳税人、征税环节、纳税地点及纳税期限均附属于“二税”。城市维护建设税以纳税人实际缴纳的“二税”税额为计税依据从价计征。

资源税是以自然资源为征税对象，向从事资源开发与利用的单位和个人征收的一种税。资源税的征税对象有原油、天然气、煤炭、其他非金属矿原矿或精矿、金属矿原矿或精矿和盐。资源税有从价计征和从量计征两种，除黏土、砂石外，全部实行从价计征。资源税的纳税期限与增值税规定相同。资源税应在应税产品的开采地或生产地主管税务机关申报缴纳。

土地增值税是对有偿转让国有土地使用权及地上建筑物和其他附着物产权取得增值收入的单位和个人征收的一种税。判断某一行为是否应征收土地增值税时，应同时考虑国家标准、产权转让标准和取得收入标准。国家标准是指转让的土地使用权必须为国家所有；产权转让标准是指土地使用权、地上建筑物及其附着物的产权必须发生转让；取得收入标准是指征收土地增值税的行为必须取得转让收入。土地增值税以增值额为计税依据，按四级超率累进税率计征。纳税人应在转让房地产合同签订后的7日内办理纳税申报，具体纳税地点应视纳税人性质的不同分别确定。

城镇土地使用税是以城镇土地为征税对象，对拥有土地使用权的单位和个人征收的一种税。在城市、县城、建制镇、工矿区范围以内使用土地的单位和个人为城镇土地使用税的纳税人，征税范围为城市、县城、建制镇和工矿区范围内的国家所有和集体所有的土地，纳税人实际占用土地面积为计税依据从量计征。城镇土地使用税实行按年计算、分期缴纳，其纳税地点为土地所在地。

房产税是以房屋为征税对象，依据房屋计税余值或租金收入向产权所有人征收的一种税。房产税纳税人包括产权所有人、房产承典人、房产代管人或使用人，征税范围为城市、县城、建制镇和工矿区范围内的房产，计征方式有从价计征和从租计征两种。从价计征是指以房产的原值减去一定比例后的余值为计税依据；从租计征是指以房产的租金收入为计税依据。房产税实行按年计算、分期缴纳，其纳税地点为房产所在地。

车船税是以车船为征税对象，向拥有车船的单位和个人征收的一种税。在我国境内属于车船税法规所规定的车辆、船舶的所有人或管理人为车船税的纳税人，征税范围为税法列举的车船，包括乘用车、商用车、挂车、其他车辆、摩托车和船舶六大类。车船税实行有幅度的定额税率，其计税依据有辆、整备质量吨位、净吨位、艇身长度四类。车船税是按年申报、一次性缴纳，纳税地点为车船登记地，但依法不需要办理登记的车船，为其所有人或管理人所在地，由保险机构代收代缴车船税的，纳税地点为保险机构所在地。

车辆购置税是以在中国境内购置规定车辆为课税对象，在特定的环节向车辆购置者征收的一种税。车辆购置税征税范围是税法列举的车辆，包括汽车、摩托车、电车、挂车、农用运输车。车辆购置税以应税车辆的价格为计税依据从价计征，且实行一车一申报制度。纳税人应自购买、进口、受赠、获奖或以其他方式取得车辆之日起60日内申报，并应在向公安机关车辆管理机构办理车辆登记注册前缴纳税款。需要办理车辆登记注册手续的纳税人，应向车辆登记注册地主管税务机关办理纳税申报；不需要办理车辆登记注册手续的纳税人，应向所在地征收车辆购置税的主管税务机关办理纳税申报。

印花税是对经济活动和经济交往中书立、使用、领受具有法律效力的应税凭证征收的一种税。凡在我国境内书立、使用、领受税法列举应税凭证的单位和个人均为印花税的纳税人。印花税征税范围包括税法列举的13个税目：购销合同、加工承揽合同、建设工程勘察设计合同、建筑安装工程承包合同、财产租赁合同、货物运输合同、仓储保管合同、借款合同、财产保险合同、技术合同、产权转移书据、营业账簿、权利许可证照。印花税应纳税额的计算方法有从价计征和从量计征两种。

契税是以所有权发生转移的不动产为征税对象，向产权承受人征收的一种税。契税的征税范围是境内转移的土地、房屋权属。契税实行从价计征。纳税人应在纳税义务发生之日起10日内，向土地、房屋所在地的契税征收机关办理纳税申报，并在契税征收机关核定的期限内缴纳税款。

2. 内容结构

本章内容结构如图6-1所示。

其他税会计

税种	内容
关税会计	①纳税人；②征税范围；③税率；④应纳税额计算：进口关税（从价、从量和复合计征）、出口关税（从价）；⑤核算与申报（自营和代理）；⑥关税缴纳、退还、补征和追征
城市维护建设税会计	①纳税人；②征税范围；③税率（比例税率）；④应纳税额核算（计算与会计处理）；⑤纳税申报
资源税会计	①纳税人；②征税范围；③税率；④应纳税额核算（计算与会计处理）；⑤纳税申报
土地增值税会计	①纳税人；②征税范围（3标准）；③税率（超率累进税率）；④应纳税额核算（房地产企业和非房地产企业）；⑤纳税申报（房地产企业和非房地产企业）
城镇土地使用税会计	①纳税人；②征税范围；③税率（定额税率）；④应纳税额核算（从量计征）；⑤纳税申报
房产税会计	①纳税人；②征税范围；③税率（比例税率）；④应纳税额核算（从租计征和从价计征）；⑤纳税申报
车船税会计	①纳税人；②征税范围（5种）；③税率（比例税率）；④应纳税额核算；⑤纳税申报
车辆购置税会计	①纳税人；②征税范围（5种）；③税率（比例税率）；④应纳税额核算；⑤纳税申报
印花税会计	①纳税人（5种）；②征税范围（5大类13个税目）；③税率（比例税率和定额税率）；④应纳税额核算；⑤纳税申报（3种方式）
契税会计	①纳税人；②征税范围；③税率（比例税率）；④应纳税额的计算（从价）；⑤应纳税额会计核算；⑥纳税申报

图6-1　本章内容结构

3.主要概念和观念

1）主要概念

关税　城市维护建设税　资源税　土地增值税　城镇土地使用税　房产税　车船税　车辆购置税　印花税　契税

2）主要观念

关税会计　城市维护建设税会计　资源税会计　土地增值税会计　城镇土地使用税会计　房产税会计　车船税会计　车辆购置税会计　印花税会计　契税会计

6.1.2　重点与难点

1.重点理论

关税、城市维护建设税、资源税、土地增值税、城镇土地使用税、房产税、车船税、车辆购置税、印花税及契税（以下简称其他具体税种）的纳税人、征税范围、税率、纳税期限与纳税地点

2.重点实务

其他具体税种应纳税额的计算与核算方法　其他具体税种纳税申报管理与申报表填制要求

3.重点操作

其他具体税种应纳税额计算、账务处理与纳税申报

4.难点

其他具体税种征税范围确定、税收优惠政策应用、应纳税额的计算及账务处理

6.1.3 主要公式

1）关税

（1）进口关税：

①从价计征：应纳税额=进口货物关税完税价格×比例税率

其中，不同成交条件下的进口货物关税完税价格计算公式如下：

以CIF（到岸价格）成交的：关税完税价格=CIF

以CFR（离岸价格+运费）成交的：关税完税价格=（CFR+保险费）=CFR×（1+保险费率）

以FOB（离岸价格）成交的：

关税完税价格=（FOB+运费+保险费）=（FOB+运费）×（1+保险费率）

②从量计征：应纳税额=进口货物数量×定额税率

③复合计征：应纳税额=进口货物关税完税价格×比例税率+进口货物数量×定额税率

（2）出口关税：应纳税额=出口货物关税完税价格×比例税率

其中，不同成交条件下的出口货物关税完税价格计算公式如下：

以CIF（到岸价格）成交的：关税完税价格=（CIF-运费-保险费）÷（1+关税税率）

以CFR（离岸价格+运费）成交的：关税完税价格=（CFR-运费）÷（1+关税税率）

以FOB（离岸价格）成交的：关税完税价格=FOB÷（1+关税税率）

2）城市维护建设税

应纳税额=实际缴纳的“二税”合计额×税率

3）资源税

从量计征：应纳税额=计税数量×定额税率

从价计征：应纳税额=计税销售额×比例税率

4）土地增值税

土地增值税应纳税额的计算步骤及公式：

第一步，计算增值额。

增值额=转让收入-扣除项目金额

第二步，计算增值率，确定适用税率。

增值率=增值额÷扣除项目金额×100%

第三步，计算应纳税额。

应纳税额=$\sum$(每级距的增值额×适用税率)

或 =增值额×适用税率-扣除项目金额×速算扣除系数

5）城镇土地使用税

（年）应纳税额=实际占用土地面积×定额税率

6）房产税

从价计征：应纳税额=应税房产原值×（1-扣除比例）×1.2%

从租计征：应纳税额=租金收入×12%（或4%）

7）车船税

应纳税额=计税依据×适用税率

（购置新车船）应纳税额=（年应纳税额÷12）×应纳税月份数

8）车辆购置税

购买自用应税车辆：应纳税额=计税依据×比例税率

进口自用应税车辆：应纳税额=（关税完税价格+关税+消费税）×比例税率

9）印花税

从价计征：应纳税额=计税金额×比例税率

从量计征：应纳税额=计税数量×定额税率

10）契税

应纳税额=计税依据×比例税率

6.2 客观题

6.2.1 理论题

1.单项选择题

1）下列各项中应征收资源税的是（　　）。

A.天然原油　　B.开采原油过程中用于加热、修井的原油

C.煤矿生产的天然气　　D.人造石油

2）现行土地增值税的适用税率形式为（　　）。

A.比例税率　　B.超额累进税率

C.超率累进税率　　D.定额税率

3）以下不属于城镇土地使用税征税范围的是（　　）。

A.农村的土地　　B.建制镇的土地

C.工矿区的土地　　D.城市郊区的土地

4）下列车船可以免征车船税的是（　　）。

A.已纳船舶吨税的我国远洋运输船　　B.外商投资企业汽车

C.政府机关办公用车辆　　D.武警消防车

5）甲企业将货物卖给乙企业，双方订立了购销合同，其中，丙企业为该合同的担保人，丁单位为鉴定人，戊先生为证人，则该合同印花税的纳税人是（　　）。

A.甲企业、乙企业、丙企业、丁单位、戊先生

B.甲企业、乙企业、丙企业

C.甲企业、乙企业、丁单位、戊先生

D.甲企业、乙企业

6）下列行为中房屋权属发生变更但不需要缴纳契税的是（　　）。

A.房屋抵债　　B.房屋赠与

C.房屋出售　　D.法定继承人继承直系亲属的房产

2.多项选择题

1）下列应税资源矿产品中，适用比例税率的有（　　）。

A.原油　　B.天然气　　C.煤炭

D.盐　　E.砂石、黏土

2）下列行为中，不征收土地增值税的有（　　）。

A.通过中国境内非营利的社会团体赠与社会公益事业的房产

B.抵押期满权属转让给债权人的房产

C个人之间互换自有居住用房屋

D.出租房产而取得的租金

E.房地产重新评估增值

3）下列关于城镇土地使用税纳税人的说法中，正确的有（　　）。

A.在城市、县城、建制镇、工矿区范围以内使用土地的单位和个人为城镇土地使用税的纳税人，包括拥有人、使用人和代管人

B.拥有土地使用权的单位和个人，以拥有人为纳税人

C.拥有土地使用权的单位和个人不在土地所在地的，以土地的实际使用人和代管人为纳税人

D.土地使用权未确定或权属纠纷未解决的，以实际使用人为纳税人

E.土地使用权共有的，共有各方均为纳税人

4）下列关于房产税纳税人的说法中，正确的有（　　）。

A.房屋产权未确定的，以房产代管人或使用人为纳税人

B.房屋产权出典的，以承典人为纳税人

C.房屋产权出典的，以产权所有者为纳税人

D.无租使用免税单位房产的，以使用人为纳税人

E.产权所有人不在房产所在地的，以房产代管人或使用人为纳税人

5）我国现行车船税法规定的（　　）应征收车船税。

A.乘用车和商用车　　B.挂车

C.摩托车　　D.拖拉机

E.临时入境的外国车船

6）下列各项中免征印花税的有（　　）。

A.工商营业执照副本　　B.专利证

C.技术合同　　D.无息贷款合同

E.农牧业保险合同

3.判断题

1）只有同时缴纳了增值税、消费税的纳税人才需缴纳城市维护建设税。（　　）

2）我国现行资源税法规定，单位和个人进口应税资源不征资源税。（　　）

3）城镇十地使用税应向纳税人机构所在地税务机关进行纳税申报。（　　）

4）车船税的纳税义务发生时间为车船管理部门核发的车船登记证书或行驶证书记载日期之次月。（　　）

5）订立的合同无论是否兑现或是否按期兑现均应贴花。（　　）

6）契税纳税地点为纳税人机构所在地的契税征收机关。（　　）

6.2.2 实务题

1.单项选择题

1）从价计征方式下，下列关于进口货物关税完税价格的计算公式中，错误的是（　）。

A.以CIF（到岸价格）成交的，关税完税价格=CIF

B.以CFR（离岸价格+运输费）成交的，关税完税价格=CFR+保险费=CFR×（1+保险费率）

C.以FOB（离岸价格）成交的，关税完税价格=FOB+运输费+保险费=（FOB+运输费）×（1+保险费率）

D.以FOB（离岸价格）成交的，关税完税价格=FOB

2）下列表述中与城市维护建设税相关的法律规定不符的是（　）。

A.纳税人滞纳增值税而加收的滞纳金不得作为城市维护建设税的计税依据

B.进口货物由海关代征的增值税和消费税应作为城市维护建设税的计税依据

C.出口产品退还增值税和消费税，但不退还城市维护建设税

D.因减免税而退还"二税"的，应同时退还城市维护建设税

3）下列与土地增值税应纳税额计算有关的公式中，错误的是（　）。

A.增值额计算公式为"增值额=转让收入-扣除项目金额"

B.增值率计算公式为"增值率=增值额÷扣除项目金额×100%"

C.增值率计算公式为"增值率=增值额÷转让收入×100%"

D.应纳税额的计算公式为"应纳税额=增值额×适用税率-扣除项目金额×速算扣除系数"

4）下列关于城镇土地使用税应纳税额的计算公式中，错误的是（　）。

A.应纳税额=实际占用土地面积×定额税率

B.应纳税额=政府部门测定面积×定额税率

C.应纳税额=核发的土地使用证书上确认的面积×定额税率

D.应纳税额=实际建筑面积×定额税率

5）企业核算印花税时，不会涉及的会计科目是（　）。

A."税金及附加"　　B."固定资产清理"

C."固定资产"　　D."应交税费"

6）核算企业缴纳的契税时不会涉及的会计科目是（　）。

A."税金及附加"　　B."固定资产"

C."在建工程"　　D."应交税费"

2.多项选择题

1）下列未包含在进口货物价格中的项目，应计入关税完税价格的有（　）。

A.由买方负担的购货佣金以外的佣金和经纪费

B.由买方负担的与该货物视为一体的容器费用

C.由买方负担的包装材料和包装劳务费

D.进口货物运抵境内输入地点起卸后的运输费和保险费

E.由买方负担的购货佣金

2）下列有关资源税计税依据的说法中，正确的有（　　）。

A.销售额是指纳税人销售应税产品向购买方收取的全部价款和价外费用，不包括增值税销项税额和运杂费用

B.运杂费用是指应税产品从坑口或洗选地（加工地）到车站、码头或购买方指定地点的运输费用、建设基金以及随运销产生的装卸、仓储、港杂费用

C.为使原矿与精矿之间的税负更公平，对同一种应税产品，征税对象为精矿的，纳税人销售原矿时，应将原矿销售额换算为精矿销售额缴纳资源税；征税对象为原矿的，纳税人销售自采原矿加工的精矿，应将精矿销售额折算为原矿销售额缴纳资源税

D.精矿销售额=原矿销售额+原矿加工为精矿的成本×（1+成本利润率）

E.精矿销售额=原矿销售额×换算比

3）下列各项中，属于土地增值税扣除项目中房地产开发成本构成内容的有（　　）。

A.土地出让金

B.借款利息费用

C.土地征用及拆迁补偿费

D.公共配套设施费

E.基础设施费

4）关于城镇土地使用税纳税义务发生时间的下列说法中，正确的有（　　）。

A.购置新建商品房，为房屋交付使用之次月

B.购置存量房，为房屋权属登记机关签发房屋权属证书之次月

C.出租、出借房产，为交付出租、出借房产之次月

D.房地产开发企业自用本企业建造的商品房，为房屋使用或交付之次月

E.新征用的土地，如属耕地，自批准之日起满1年

5）下列关于印花税应纳税额计算的说法中，正确的有（　　）。

A.同一凭证载有两个或两个以上经济事项且适用不同税目、税率，若能分别记载金额，应先分别计算应纳税额，相加后按合计税额贴花；若不能分别记载金额的，应按税率高的计税贴花

B.采用以货易货方式进行商品交易签订的合同，应按合同所载的购、销合计金额计税贴花

C.施工单位将自己承包的建设项目，分包或转包给其他施工单位所签订的分包或转包合同，应按新的分包或转包合同所载金额计税贴花

D.应税合同只要签订生效，不论合同是否兑现或是否按期兑现，均应贴花

E.对已履行并贴花的合同，所载金额与合同履行后实际结算金额不一致的，只要双方未修改合同金额，一般不再办理完税手续

6）下列有关契税计税依据的确认方法中，正确的有（　　）。

A.国有土地使用权出让、土地使用权转让、房屋买卖，以成交价格为计税依据

B.土地使用权和房屋赠与，由征收机关参照市场价格核定计税依据

C.土地使用权和房屋交换，以所交换的土地使用权、房屋的价格差额为计税依据

D.土地使用权和房屋交换，交换价格相等的，免征契税；交换价格不相等的，由支付差价款的一方缴纳契税

E.以划拨方式取得土地使用权的，经批准转让房地产时，应由房地产转让者补缴契

税，其计税依据为补缴的土地使用权出让费或土地收益

3.混合选择题

关于“职业道德”相关领域的“参照规范与标准”、“职业核心能力”和“专业能力”各技能点的“参照规范与标准”（参见本章“主观题”之“实训题”的“能力与道德领域”），以及“职业核心能力强化训练‘知识准备’的参照范围”（参见本教材“附录一”的附表1-1）和“职业核心能力考核参照规范与标准”（参见本教材“附录二”的附表2-2），在下列各题中填入正确的选项：

1）“信息处理”、“解决问题”、“革新创新”、“与人交流”和“与人合作”职业核心能力（中级）表述正确的有（　　）。

A.“信息处理”（中级）“展示信息”技能点的“参照规范与标准”是指能通过演说传递信息，用文字图表、计算机排版展示组合信息，用多媒体辅助信息传达

B.“信息处理”（中级）“展示信息”技能点的“‘知识准备’参照范围”包括口语和文字符号信息展示的技巧；多媒体制作与使用技术；计算机相关应用技术

C.“解决问题”（中级）“验证方案　改进计划”技能点的“参照规范与标准”是指能确定方法，实施检查，说明结果，利用经验解决新问题

D.“解决问题”（中级）“验证方案 改进计划”技能点的“‘知识准备’参照范围”包括分析和检查问题的方法；跟踪调查的方法；工作总结的规则和写作方法

2）“爱岗敬业，诚实守信，廉洁自律，客观公正，坚持原则，提高技能，参与管理，强化服务”是职业道德领域中（　　）的“参照规范与标准”。

A.职业情感　　B.职业作风　　C.职业守则　　D.职业理想

3）“其他税计算、账务处理与纳税申报”这一“专业能力领域”包括的技能点有（　　）。

A.其他税纳税人身份认定、征税范围确定及税率选择

B.其他税应纳税额计算技能

C.其他税账务处理技能

D.其他税纳税申报技能

4）“其他税应纳税额计算”技能点的“参照规范与标准”有（　　）。

A.能正确选择其他税应纳税额计算方法

B.能正确设置其他税核算账户

C.能准确计算其他税应纳税额

D.能正确判断其他税征税范围

5）“其他税账务处理”技能点的“参照规范与标准”有（　　）。

A.能正确设置其他税核算账户

B.能对其他税涉税业务作出准确的账务处理

C.能手工填制其他税纳税申报表

D.能准确计算其他税应纳税额

6）“其他税纳税申报”技能点的“参照规范与标准”有（　　）。

A.能手工填制其他税纳税申报表　　B.能完成其他税纳税申报

C.能顺利完成税款缴纳任务　　D.能准确计算其他税应纳税额

4.判断题

1）由受托方代扣代缴“二税”的纳税人，应按委托方所在地适用税率计算城市维护建设税。（ ）

2）应税资源矿产品在销售或自用时，通常既要缴增值税，也要缴资源税，两者的征税环节完全相同。（ ）

3）土地增值税的纳税人应在转让房地产合同签订后的15日内，到房地产所在地主管税务机关办理纳税申报。（ ）

4）纳税人将原有房产用于生产经营的，应从生产经营之次月起申报缴纳房产税。（ ）

5）军队、武装警察部队专用的车船，警用车船，捕捞、养殖渔船，免征车船税。（ ）

6）现行税法规定，财产所有人将财产赠给政府、社会团体、学校、社会福利单位所立书据免征印花税。（ ）

6.2.3 案例题

万象房地产开发公司其他税费的核算

背景与情境：万象房地产开发公司2019年发生如下业务：

（1）1月份通过竞拍以6 000万元取得市区一处土地，缴纳相关税费240万元。当年以该土地开发建造普通标准住宅楼、会所和写字楼各一栋，占地面积各为1/3。

（2）住宅楼开发成本为3 000万元，分摊到住宅楼的利息支出为300万元，包括超过贷款期限的利息为40万元。

（3）写字楼开发成本4 000万元，无法提供金融机构证明的利息支出具体数额。

（4）与住宅楼配套的会所开发成本为480万元，无法准确分摊利息支出，根据相关规定，会所产权归住宅楼全体业主所有。

（5）9月份全部竣工验收后，公司将住宅楼出售，取得含税收入15 000万元；将写字楼作价9 000万元与他人联营开设一商场，收取固定收入，不承担经营风险，当年收到250万元（含税）。

其他相关资料：万象房地产开发公司选择按简易办法缴纳增值税；该房地产公司所在地适用的城市维护建设税税率为5%；教育费附加征收率为3%；契税税率为3%；购销合同适用的印花税税率为0.3‰；产权转移书中写明适用的印花税税率为0.5‰；其他开发费用的扣除比例按土地增值税暂行条例规定的最高限额计算。

提示：将写字楼作价与他人联营开设一商场，收取固定收入，不承担经营风险的行为，实质上是出租行为，不征收土地增值税，不确认收入，也不扣除相应的成本和费用；与住宅配套的会所产权属于全体业主所有的，其成本、费用可以扣除，但不确认收入。

要求：根据上述资料回答下列问题：

1）关于万象房地产开发公司的下列说法中，正确的有（ ）。

A.普通住宅楼和会所应缴纳土地增值税

B.写字楼未发生产权转移不缴纳土地增值税

C. 普通住宅、会所和写字楼均应缴纳土地增值税

D. 写字楼与会所不缴纳土地增值税

2）下列关于土地增值税扣除项目金额计算正确的有（　　）。

A. 应扣除的土地使用权的金额=（6 000+240）×2÷3=4 160（万元）

B. 应扣除的开发成本的金额=3 000+480=3 480（万元）

C. 应扣除的开发费用和其他扣除项目=（300-40）+（3 000+6 240÷3）×5%+（480+6 240÷3）×10%+（3 480+4 160）×20%=2 298（万元）

D. 应扣除的税金=15 000÷（1+5%）×5%×（1+5%+3%）=771.43（万元）（增值税、城建税及教育费附加）

E. 可加计扣除金额=（4 160+3 480）×20%=1 528（万元）

3）下列关于土地增值税的计算正确的有（　　）。

A. 扣除项目金额总计=4 160+3 480+2 298+771.43+1 528=12 237.43（万元）

B. 增值额=15 000-12 237.43=2 762.57（万元）

C. 增值率=2 762.57÷12 237.43×100%=22.6%

D. 应纳土地增值税=2 762.57×30%=828.77（万元）

4）万象房地产开发公司有关房产税的下列处理正确的是（　　）。

A. 万象房地产开发公司只需就写字楼从租计税缴纳房产税30万元

B. 万象房地产开发公司只需就写字楼从价计税缴纳房产税75.6万元

C. 万象房地产开发公司不需缴纳房产税

D. 万象房地产开发公司应就普通住宅、会所及写字楼全部缴纳房产税

5）万象房地产开发公司应缴纳的契税为（　　）万元。

A.90　　B.160　　C.180　　D.150

6.2.4 实训题

1. 单项选择题

1）某企业2019年6月将一台账面净值为32万元的进口设备运往境外修理，当月在海关规定的期限内复运进境。经海关审定的境外修理费为6万元、料件费为4万元。假定该设备的进口关税税率为20%，则该企业应缴纳的关税为（　　）万元。

A.16.8　　B.2　　C.1.2　　D.4.5

2）某盐场2019年7月以自产液体盐40 000吨和外购的液体盐10 000吨（已缴纳资源税5万元）加工固体盐13 000吨，当月全部对外销售，取得销售收入550万元。已知固体盐的税率为3%，则该盐场7月份应缴纳的资源税为（　　）万元。

A.11.5　　B.28　　C.30　　D.40

3）某市区有一建筑面积为15 000平方米的办公楼，该办公楼分别由甲、乙两企业共同使用，其中，甲企业占4/5、乙企业占1/5。该建筑物的实际占地面积为8 000平方米。该地段的城镇土地使用税税率为4元/平方米（年）。甲企业应缴纳的城镇土地使用税为（　　）元。

A.25 600　　B.48 000　　C.32 000　　D.60 000

4）甲企业自有房屋6栋，2018年12月31日“固定资产”账户资料显示房产原值

1 000万元，不包括价值70万元的冷暖通风设备。2019年上述房产全部用于本企业生产经营。企业所在地计征房产税的扣除比例为20%，则甲企业2019年应缴纳的房产税为（　　）元。

A.128 400　　B.120 000　　C.102 720　　D.96 000

5）某单位2018年11月3日购入一辆载货汽车，自重吨位为10.3吨。该地区载货汽车每吨税额为80元，则该单位2019年该汽车应缴纳的车船税为（　　）元。

A.840　　B.824　　C.800　　D.880

6）某建筑公司与甲单位签订一份金额为3 000万元的建筑承包合同。施工期间，该建筑公司又将其中价值为400万元的安装工程转包给乙公司，并签订了转包合同。该建筑公司上述业务应缴纳的印花税为（　　）元。

A.9 000　　B.1 200　　C.10 200　　D.7 800

2.多项选择题

1）某市进出口公司为增值税一般纳税人，2019年8月进口一批高档化妆品，支付国外货价120万元、购货佣金3万元、国外经纪费2万元；支付运抵我国海关前的运输费15万元、装卸费和保险费7万元；海关运往商贸公司支付运输费4万元、装卸费和保险费1万元。化妆品进口关税税率为20%、消费税税率为15%、增值税税率为13%。则下列关于该公司进口化妆品相关流转税的计算中，正确的有（　　）。

A.关税完税价格为144万元　　B.应交关税为28.8万元

C.应交消费税为30.49万元　　D.应交增值税为26.43万元

E.进口环节缴纳的关税、消费税应计入进口化妆品成本，而增值税应计入进项税额

2）某日化厂2019年转让一栋已使用15年的旧办公楼，取得转让收入600万元，缴纳相关税费34万元（不包括增值税）。该办公楼原造价350万元，如果按现行市场价格的材料、人工费计算建造同样的办公楼需900万元，该办公楼经评估还有五成新。该厂转让办公楼应缴纳的土地增值税的下列计算中，正确的有（　　）。

A.办公楼评估价450万元　　B.准予扣除项目金额为484万元

C.增值额为116万元　　D.增值率为24%

E.应纳税额为34.8万元

3）某市肉制品加工厂2019年占地40 000平方米，其中，办公楼占地3 000平方米，生猪养殖基地占地20 000平方米，肉制品加工车间占地16 000平方米，企业内部道路及绿化占地1 000平方米。企业所在地城镇土地使用税税率为5元/平方米（年）。下列关于该企业2018年应缴纳的城镇土地使用税的处理中，正确的有（　　）。

A.城镇土地使用税以纳税人实际占用土地面积为计税依据，实行从量计征

B.企业厂区以外的公共绿化用地和向社会开放的公园用地免征城镇土地使用税

C.直接用于农、林、牧和渔业生产的用地免征城镇土地使用税

D.该肉制品加工厂2019年应缴纳城镇土地使用税100 000元

E.计提城镇土地使用税编制的会计分录为：

借：税金及附加　　100 000

　贷：应交税费——应交城镇土地使用税　　100 000

4）某企业有原值为2 000万元的房产，2019年1月1日将其中的30%用于对外投资联

营，投资期10年，年固定利润分红45万元，不承担投资风险。若当地政府规定的扣除比例为20%。该企业2018年应缴纳的房产税的下列处理中，正确的有（　　）。

A.用房地产投资联营取得固定收入的从租计征房产税

B.企业拥有的自用房产从价计征房产税

C.企业投资联营房产应缴纳房产税5.4万元

D.企业自用房产应缴纳房产税13.44万元

E.计提房产税编制的会计分录为：

借：税金及附加　　188 400

　贷：应交税费——应交房产税　　188 400

5）某航运公司2019年拥有机动船6艘，每艘净吨位为3 200吨；拖船2艘，发动机功率为2 000马力。公司所在省车船税计税标准为净吨位超过200吨但不超过2 000吨的，每吨4元；超过2 000吨但不超过10 000吨的，每吨5元。该航运公司2019年应缴纳车船税的下列处理中，正确的有（　　）。

A.拖船和非机动驳船按船舶税额的50%计算

B.拖船按照发动机功率每1千瓦折合净吨位0.67吨计税

C.车船税应纳税额的计算公式为“（年）应纳税额=计税依据×适用税率”

D.该航运公司2019年应缴纳车船税106 720元

E.计提车船税编制的会计分录为：

借：税金及附加　　106 720

　贷：应交税费——应交车船税　　106 720

6）某公司2019年的有关资料如下：实收资本比2017年增加80万元；与银行签订期限1年、年利率为4%的借款合同一份，借款金额为400万元；与甲企业签订受托加工合同，甲企业提供价值60万元的原材料，本企业提供价值20万元的辅助材料并收取加工费20万元；与货运公司签订运输合同，载明运输费用10万元（其中含装卸费1万元）；与铁路部门签订运输合同，载明运输费及保管费合计15万元。该公司2019年应缴纳印花税的下列计算中，正确的有（　　）。

A.实收资本增加部分贴花200元　　B.借款合同贴花200元

C.受托加工合同贴花200元　　D.与货运公司签订运输合同贴花45元

E.与铁路部门签订运输合同贴花150元

6.3 主观题

6.3.1 理论题

1.简答题

1）什么是资源税？我国现行法律规定的应征资源税的自然资源有哪些？

2）税法对城镇土地使用税纳税义务发生时间是怎样规定的？

3）我国现行车船税法规定的税收优惠政策有哪些？

4）什么是印花税？我国现行税法规定应征印花税的凭证有哪些？

5）什么是契税？其征税范围的具体内容是什么？

2. 理解题

1）怎样确定土地增值税的应税行为？

2）简述我国现行税法规定的城镇土地使用税的优惠政策。

3）怎样确定房产税的纳税义务发生时间？

4）简述车船税纳税期限与纳税地点的具体规定。

5）简述印花税税率的种类与适用性。

6.3.2 实务题

1. 规则复习

1）从价计征进口关税和出口关税的计算公式分别是怎样的？

2）资源税应纳税额的计算方法有哪些？怎样确定其计税依据？

3）土地增值税应纳税额的计算步骤怎样？写出其计算公式。

4）房产税应纳税额的计算方法有哪些？写出其计算公式。

5）印花税应纳税额的计算方法有哪些？怎样确定其计税依据？

2. 业务解析

1）解析进出口货物从价计征关税完税价格确认的差别。

2）怎样确定计算土地增值税的扣除项目金额？

3）资源税的会计核算有哪几种类型？

4）解析印花税纳税申报方式的特点。

5）怎样计算缴纳城镇土地使用税？

6.3.3 案例题

1. 案例分析

甲公司印花税的计算处理正确吗？

背景与情境：2019年甲公司与乙公司签订了3份以货易货合同，以共计560 000元的钢材换取450 000元的水泥，甲公司取得差价110 000元。购销合同的印花税税率为合同金额的0.03%，所以甲公司应缴纳印花税168元。

问题：您认为甲公司的处理正确吗？

分析要求：

1）课业的结构、格式与体例要求：参照本书“课业范例6.5.1”。

2）其他要求：与第1章“主观题”之“案例题”的“分析要求”相同。

2. 善恶研判

不可移动的消防设施要缴纳房产税

背景与情境：2019年1月1日，某公司自行新建的两幢生产用房已验收完工，并投入使用，两幢房产中有配置的消防设施500万元，其中可以移动的消防设施150万元。在进行房产税申报时，该公司以扣除房产中配置的消防设施500万元后的房产原值作为计税依据，向主管税务机关申报缴纳了房产税。近日，主管税务机关对该公司2019年度新增房产中配置的不可随意移动的消防设施350万元没有按规定进行申报纳税的行为，作出了补税罚款的税务行政处理。

（资料来源：改编自神州财税网相关资料）

问题：你认为税务机关的处理是否合理？

研判要求：

（1）形成性要求

①学生分析案例提出的问题，拟出《善恶研判提纲》；小组讨论，形成小组《善恶研判报告》；班级交流、相互点评和修订各组的《善恶研判报告》；在校园网的本课程平台上展出经过修订并附有教师点评的各组《善恶研判报告》，供学生借鉴。

②了解本教材“附录二”的附表2-1中“形成性训练与考核”的“参照指标”与“考核点”。

（2）成果性要求

①课业要求：以经过班级交流和教师点评的《善恶研判报告》为最终成果。

②课业结构、格式与体例要求：参照本《训练手册》“课业范例6.5.2”。

③了解本教材“附录二”的附表2-1中“课业训练与考核”的“参照指标”与“考核点”。

6.3.4 实训题

“其他税计算、账务处理与纳税申报运作”业务胜任力训练

【实训目的】

见主教材本章章名页“学习目标”中的“实训目标”。

【实训内容】

专业能力训练：其“能力领域”、“技能点”、“名称”和“参照规范与标准”见表6-1。

表6-1　**能力领域、技能点、名称及参照规范与标准**

能力领域	技能点	名称	参照规范与标准
其他税计算、账务处理与纳税申报	技能Ⅰ	其他税纳税人身份认定、征税范围确定及税率选择	1）能正确认定其他税纳税人身份 2）能正确判断其他税征税范围 3）能正确判断其他税适用税率
	技能Ⅱ	其他税应纳税额计算	1）能正确选择其他税应纳税额计算方法 2）能正确计算其他税应纳税额
	技能Ⅲ	其他税账务处理	1）能正确设置其他税核算账户 2）能对其他税涉税业务作出准确的账务处理
	技能Ⅳ	其他税纳税申报	1）能手工填制其他税纳税申报表 2）能顺利完成税款缴纳任务

职业核心能力和职业道德训练：其内容、种类、等级与选项见表6-2；各选项的“参照规范与标准”见本教材附录二附表2-2和附表2-3。

表6-2　　职业核心能力与职业道德训练内容、种类、等级与选项表

内容	职业核心能力							职业道德						
种类	自我学习	信息处理	数字应用	与人交流	与人合作	解决问题	革新创新	职业观念	职业情感	职业理想	职业态度	职业良心	职业作风	职业守则
等级		中级		中级	中级	中级	中级				认同级	认同级	认同级	认同级
选项		√		√	√	√	√	√			√	√	√	√

【组织形式】

将班级学生分成若干实训小组，根据实训内容和项目需要进行角色划分。

【实训任务】

（1）对表6-1所列专业能力领域各技能点，依照其“参照规范与标准”实施阶段性基本训练。

（2）对表6-2所列职业核心能力选项，依照本教材附录二附表2-2的“参照规范与标准”实施“中级”强化训练。

（3）对表6-2所列职业道德选项，依照本教材附录二附表2-3的“参照规范与标准”实施“认同级”相关训练。

【实训要求】

（1）实训前学生要了解并熟记本实训的“实训目标”、“能力与道德领域”、“实训任务”与“实训要求”，了解并熟记本书“附录二”附表2-1、附表2-2中的“考核指标”与“参照规范与标准”的内涵，将其作为本实训的操练点和考核点来准备。

（2）通过“实训步骤”，将“实训任务”中所列的三种训练整合并落实到本实训的“活动过程”和“成果形式”中。

（3）实训后学生要对本次“其他税计算、账务处理与纳税申报”实训活动进行总结，在此基础上撰写实训报告。

【情境设计】

将学生分成若干实训组，各组结合本实训“成果形式”的“实训课业”题目，在“6.4　实训资料”的四组资料中任选一组，进行关于“其他税计算、账务处理与纳税申报”的实训操练。每组成员通过参与和体验所选资料项目的运作过程，相应实训报告的准备、撰写、讨论与交流等实践活动，完成各自的实训任务。

【指导准备】

知识准备：

（1）该企业相关会计环境情况。

（2）该企业其他税业务情况。

（3）其他税纳税人、征税范围、税率相关法律规定理论。

（4）“其他税会计”的理论与实务知识。

（5）见本教材“附录一”附表1-1的“知识准备”，与本章“职业核心能力‘强化训练项’”各技能点相关的“‘知识准备’参照范围”。

（6）见本教材“附录二”附表2-2、附表2-3中，涉及本章“职业核心能力领域‘强化训练项’”各技能点和“职业道德领域‘相关训练项’”的“参照规范与标准”知识。

操作指导：

（1）教师向学生阐明“实训目的”、“能力与道德领域”和“知识准备”。

（2）教师就“知识准备”中的第（5）、（6）项，对学生进行培训。

（3）教师指导学生就所选“实训资料”中的项目进行“其他税计算、账务处理与申报”的系列运作操练。

（4）教师指导学生撰写《××企业其他税计算、账务处理与纳税申报实训报告》。

【实训时间】

本章课堂教学内容结束后的双休日和课余时间，为期一周。

【实训步骤】

（1）将学生组成若干个实训组，每8～10位同学分成一组，每组确定1～2人负责。

（2）对学生进行关于“其他税计算、账务处理与纳税申报运作”实训的“指导准备”培训。

（3）各实训组成员熟悉所选“实训资料”，结合“实训资料”内容及“实训要求”进行其他税计算、账务处理与纳税申报表填制的全面操练。

（4）各实训组成员在实施上述训练的过程中，融入对“信息处理”、“解决问题”和“革新创新”等职业核心能力的各“技能点”的“中级”强化训练和对“职业态度”和“职业守则”等职业道德各“素质点”的“认同级”相关训练，并对训练过程作简要记录与说明。

（5）各实训组成员整合上述操练的过程与结果，分别撰写作为最终成果的关于“其他税计算、账务处理与纳税申报”的实训报告。

（6）各实训组成员的实训报告提交小组讨论并修订后，评出小组优秀实训报告。

（7）在班级交流并修订各组的优秀实训报告，评出班级优秀实训报告。

（8）教师对班级优秀实训报告进行点评。

（9）将附有“教师点评”的班级优秀实训报告纳入该课程教学资源库，通过校园网课程平台展示，并允许学生拷贝借鉴。

【成果形式】

实训课业：《××企业其他税计算、账务处理与纳税申报实训报告》

课业要求：

（1）本课业应包括“关于‘专业能力’的基本操练”、“关于‘职业核心能力’与‘职业道德’选项的融入性操练”和“实训感言”三部分。其中，“关于‘专业能力’的基本操练”应包括对所选企业其他税纳税人身份认定、征税范围和税率确定分析、对所选企业其他税应纳税额的计算过程、账务处理和纳税申报表填制等内容。

（2）报告结构、格式与体例参照本《训练手册》“课业范例6.5.2”。

（3）实训课业定稿后，在其标题下注明“项目组长姓名”和“项目组成员姓名”。

6.4 实训资料

实训资料6.4.1

1）企业基本情况：

企业名称：滨海三强工程机械制造有限公司

纳税人识别号：340214526545759783

企业地址及电话：海滨市紫金路68号

法人代表：李云飞

企业类型：有限责任公司

财务负责人：王三强

办税员：朱丽香

开户银行及账号：中国工商银行紫金分理处 1907845952189755626

公司主要从事建筑工程机械的生产制造；会计核算遵循企业会计准则，印花税于业务发生时计算并缴纳。

2）2019年12月相关的经济业务如下：

（1）12月1日，公司新增实收资本2 000万元、资本公积500万元，启用其他账簿10本。

（2）12月3日，签订钢材采购合同一份，采购金额8 000万元；签订以货换货合同一份，用库存的3 000万元A型钢材换取相同金额的B型钢材；签订销售合同一份，销售金额15 000万元。

（3）12月5日，公司作为受托方签订甲、乙两份加工承揽合同，甲合同约定：由委托方提供主要材料（金额300万元），受托方只提供辅助材料（金额20万元），受托方另收取加工费50万元；乙合同约定：由受托方提供主要材料（金额200万元）并收取加工费40万元。

（4）12月9日，公司作为受托方签订技术开发合同一份，合同约定：技术开发金额共计1 000万元，其中研究开发费用与报酬金额之比为3∶1。

（5）12月13日，公司作为承包方签订建筑安装工程承包合同一份，承包金额300万元，公司随后又将其中的100万元业务分包给另一单位，并签订相关合同。

（6）12月19日，与货运公司签订运输合同，载明运输费8万元（其中含装卸费0.5万元）。

3）操练要求：

计算12月份应缴纳的印花税，并编制会计分录。

实训资料6.4.2

1）企业基本情况：

企业名称：滨海三强工程机械制造有限公司

纳税人识别号：340214526545759783

企业地址及电话：海滨市紫金路68号

法人代表：李云飞

企业类型：有限责任公司

财务负责人：王三强

办税员：朱丽香

开户银行及账号：中国工商银行紫金分理处　1907845952189755626

公司主要从事建筑工程机械的生产制造；会计核算遵循企业会计准则；房产税、城镇土地使用税按年计算一次缴纳。

2）经济业务资料如下：

（1）2019年12月31日，分析公司全年土地使用情况如下：全年实际占用土地面积5万平方米，其中，职工医务室占地1 000平方米，幼儿园占地2 000平方米。当地政府规定该地段城镇土地使用税为10元/平方米。

（2）2019年12月31日，税务机关核定公司全年自用房产账面价值为18 000万元（其中本年12月份购入新建的商品房为2 000万元，其余均为以前年度购建）。当地政府规定的损耗扣除率标准为30%。

3）操练要求：

（1）计算全年应缴纳的城镇土地使用税，并编制会计分录，填制城镇土地使用税纳税申报表；

（2）计算全年应缴纳的房产税，并编制会计分录，填制房产税纳税申报表。

6.5　课业范例

课业范例6.5.1

荣华实业公司

土地增值税案例分析报告

（报告人：　　　　　　　　　　　）

背景与情境：海滨市荣华实业公司为解决职工住房困难，利用一块闲置土地的土地使用权换取某房地产公司的新建商品房，该公司办税员认为，本行为没有取得收入，所以公司不需要缴纳土地增值税。

问题：该公司办税员的观点正确吗？

分析：不正确。根据土地增值税相关法规，该企业以地换房，虽然没有取得货币收入，但是取得了实物收入并且发生了土地使用权转移，因此，该企业应缴纳土地增值税。

指导老师点评：

（略）

实训组长（签字）：　　　　　　　　　　　　　　指导教师（签字）：

年　　月　　日

课业范例6.5.2

房屋租赁合同印花税善恶研判报告

（报告人： ）

背景与情境：A公司多年来一直在写字楼办公，与出租方有良好的合作关系，双方的租赁合同往往不设定租赁期限。2019年税务检查人员在对A公司的专项检查中发现，A公司在2018年订立的房屋租赁合同中没有贴花缴纳印花税。A公司财务人员认为该合同没有租赁期限，且合同中只有日租金1 500元/天，没有具体金额，所以不需要贴花。检查人员认为，根据相关规定，该公司应按实际支付的租金金额缴纳印花税，对此责成该公司补缴印花税并罚款。

问题：对于上述案例：

（1）A公司财务人员与税务人员的观点哪一个是正确的？

（2）法律依据是什么？

（3）提出对本案例的处理意见，对你有什么启示？

分析：

（1）对于本案例，税务人员的观点是正确的。

（2）法律依据：根据《国家税务局关于印花税若干具体问题的规定》（国税地字〔1988〕第25号）第四条规定，有些合同在签订时无法确定计税金额，如财产租赁合同，只规定了月或日租金标准而无租赁期限的，可在签订时先按定额5元贴花，以后结算时再按实际金额计税补贴花。

（3）对本案例中的A公司应按实际年租金依1‰税率补计印花税，并处以相应的罚款。企业对于处理税务问题不要有想当然的心理，遇到实际问题不能很好把握时，要认真查阅相关税收政策规定后再作处理。

课业范例6.5.3

万地房地产开发公司
土地增值税核算与申报实训报告

（报告人： ）

一、关于专业能力的基本操练

□第一步，收集整理背景资料

1）企业基本情况：

企业名称：万地房地产开发公司

纳税人识别号：310106780347946756

企业地址：滨海市江滨路214号

法人代表：叶建良

注册资本：人民币2 500万元

企业类型：有限责任公司

经营范围：房地产开发销售

企业开户银行及账号：滨海市建设银行灯塔支行 1568451963

财务负责人：李俊丽

办税员：王弈平

2）房地产经营业务资料：

万地房地产开发公司，在滨海市东城区新开发地段建造一商务区，该开发项目于2019年1月开始，共占地10 000平方米，建筑面积100 000平方米，单位预算成本3 800元，总预算3.8亿元。其中一栋10 000平方米的商住写字楼于2019年6月完工，当年10月开盘全部售出，每平方米7 000元，取得含税销售收入共计7 350万元。

该公司销售房产选用简易计税方法，适用的增值税征收率为5%，城市维护建设税税率为7%，教育费附加征收率为3%。该写字楼开发成本为3 497元/平方米，开发成本共计3 497万元，其中土地出让金200万元。成本项目明细资料见表6–3。

表6–3 **房屋开发成本明细资料**

二级账户：房屋开发　三级账户：写字楼工程　　单位：元

土地征用及拆迁补偿	前期工程费	基础设施费	建筑工程费	配套设施费	开发设施费	合计
5 300 000	800 000	3 000 000	13 670 000	8 200 000	2 000 000	32 970 000

公司因为同时建造别的商品房，不能按写字楼计算分摊银行贷款利息支出，该地政府确定的房地产开发费用扣除比率为10%。

□第二步，计算土地增值税（见表6–4）

表6–4 **土地增值税计算表**

日期：2019年11月10日　　金额单位：万元

序号	项　目		金额及计算过程
1	收入		7 000.00
2	准予扣除项目	地价款	200.00
		房地产开发成本	3 297.00
		房地产开发费用	3 497×10%=349.70
		转让房地产有关税金	7 350÷（1+5%）×5%×（7%+3%）=35.00
		从事房地产开发的加计扣除金额	（200+3 297）×20%=699.40
	小计		4 581.10
3	增值额		7 000–4 581.10=2 418.90
4	增值额与扣除项目金额的比率		2 418.90÷4 581.10×100%=52.80%
5	应纳土地增值税		2 418.90×40%–4 581.10×5%=738.505

审核：李俊丽　　制表：王弈平

注：增值税=7 350÷（1+5%）×5%=350（万元）

城市维护建设税=350×7%=24.5（万元）

教育费附加=350×3%=10.5（万元）

□第三步，填制土地增值税纳税申报表（见表6-5）

表6-5　　　　　　　　　　　　**土地增值税纳税申报表**

填表日期：2019年11月10日

（从事房地产开发的纳税人使用）

纳税人识别号：310106780347946756　　　　　　　　　　　金额单位：元（列至角分）

纳税人名称	万地房地产开发公司	税款所属时期	2019年10月
项　目		行　次	金　额
一、转让房地产收入总额1=2+3		1	70 000 000.00
其中	货币收入	2	70 000 000.00
	实物收入及其他收入	3	
二、扣除项目金额合计4=5+6+13+16+20		4	45 811 000.00
1.取得土地使用权所支付的金额		5	2 000 000.00
2.房地产开发成本6=7+8+9+10+11+12		6	32 970 000.00
其中	土地征用及拆迁补偿费	7	5 300 000.00
	前期工程费	8	800 000.00
	建筑安装工程费	9	13 670 000.00
	基础设施费	10	3 000 000.00
	公共配套设施费	11	8 200 000.00
	开发间接费用	12	2 000 000.00
3.房地产开发费用13=14+15		13	3 497 000.00
其中	利息支出	14	
	其他房地产开发费用	15	
4.与转让房地产有关的税金等16=18+19		16	350 000.00
	营业税	17	注：营改增后此项不存在
	城市维护建设税	18	245 000.00
	教育费附加	19	105 000.00
5.财政部门规定的其他扣除项目		20	6 994 000.00
三、增值额21=1-4		21	24 189 000.00
四、增值额与扣除项目金额之比（%）22=21÷4		22	52.80
五、适用税率（%）		23	40.00
六、速算扣除系数（%）		24	5.00
七、应缴土地增值税税额25=21×23-4×24		25	7 385 050.00
八、已缴土地增值税税额		26	0.00
九、应补（退）土地增值税税额27=25-26		27	7 385 050.00

如纳税人填报，由纳税人填写以下各栏		如委托代理人填报，由代理人填写以下各栏		备注
会计主管（签章）	纳税人（公章）	代理人名称		代理人（公章）
		代理人地址		
		经办人姓名		

以下由税务机关填写

收到申报表日期		接收人	

□第四步，根据税费计算表，编制计提10月份土地增值税的记账凭证

借：税金及附加　　7 385 050

　贷：应交税费——应交土地增值税　　7 385 050

□第五步，缴纳税款，填制税收缴款书

□第六步，根据税收缴款书，编制缴纳土地增值税记账凭证

借：应交税费——应交土地增值税　　7 385 050

　贷：银行存款　　7 385 050

二、关于“职业核心能力”与“职业道德”选项的融入性操练

实训前，我们对列入本章“实训题”指导准备中“知识准备”的相关知识进行了必要预习，接受了指导老师的全部“操作指导”。通过参加“知识准备”第（2）、（3）项的培训，我们了解了本章涉及的“专业能力”各项技能、“职业核心能力”和“职业道德”选项的“参照规范与标准”，克服了实训过程中对相关操作规范的盲目性。

在实训中，我们在实施本组“实训资料”的计算分析操练和实训报告的准备、撰写、讨论与交流的同时，有意识地融入了“信息处理”、“解决问题”和“革新创新”等“职业核心能力”强化训练和“职业态度”和“职业守则”等“职业道德”的相关训练。

三、实训感言

本次实训是在学习和掌握了“其他税会计”的理论、实务知识及“职业核心能力”与“职业道德”选项的“参照规范与标准”基础上进行的，力求做到关于“其他税会计”的职业认知以其“理论知识”为指导、关于“其他税会计”的技能操作以其“实务知识”为规范、关于“职业核心能力”和“职业道德”的选项训练以其“参照规范与标准”为参照，从而有效克服了“其他税计算、账务处理与纳税申报”实训中的盲目性。如果说，针对前两者的专业训练培养和提高了我们“其他税计算、账务处理与纳税申报”的专业能力，那么针对后者的融入性训练培养和提高了我们的“可持续发展能力”和“职业道德素质”。对于我们“税务会计”的“职业胜任力”阶段性建构来说，所有这些训练都是必不可少的。

指导老师点评：

（略）

实训组长（签字）：　　指导教师（签字）：

年　月　日

6.6 参考答案与提示

“6.2 客观题”参考答案

6.2.1 理论题

1.单项选择题

1）A　2）C　3）A　4）D　5）D　6）D

2.多项选择题

1）ABCD　2）ABCD　3）ABCDE　4）ABDE　5）ABC　6）ADE

3.判断题

1）× 2）√ 3）× 4）× 5）√ 6）×

6.2.2　实务题

1.单项选择题

1）D　2）B　3）C　4）D　5）D　6）A

2.多项选择题

1）ABC　2）ACDE　3）CDE　4）ABCDE　5）ABCDE　6）ABCDE

3.混合选择题

1）ABCD　2）C　3）ABCD　4）AC　5）AB　6）ABC

4.判断题

1）×　2）×　3）×　4）×　5）√　6）×

6.2.3　案例题

1）AB　2）ABCDE　3）ABCD　4）A　5）C

6.2.4　实训题

1.单项选择题

1）B　2）A　3）A　4）C　5）B　6）C

2.多项选择题

1）ABCDE　2）ABCDE　3）ABCDE　4）ABCDE　5）ABCDE　6）AD

“6.3　主观题”参考答案与提示

6.3.1　理论题

1.简答题

1）参考答案：

资源税是对在我国境内从事应税矿产品开采或生产盐的单位和个人征收的一种税。现行税法规定资源税的征税范围包括：(1) 原油，指天然原油（人造石油不征税）。(2) 天然气，指专门开采或与原油同时开采的天然气（煤矿生产的天然气和煤层瓦斯暂不征税）。(3) 煤炭，指原煤和以未税原煤加工的洗选煤。(4) 其他非金属矿原矿、精矿，指原油、天然气、煤炭和井矿盐、湖盐以外的非金属矿原矿、精矿，包括石墨、硅藻土、高岭土、萤石、石灰石、硫铁矿、磷矿、氯化钾、硫酸钾、煤层气、黏土、砂石等原矿、精矿。(5) 金属矿原矿、精矿，指纳税人开采后自用、销售金属矿原矿、精矿，包括铁矿、金矿、铜矿、铅锌矿、铝土矿、钨矿、锡矿、镍矿、稀土矿、钼矿等原矿、精矿。(6) 盐，包括湖盐、井矿盐、提取地下卤水晒制的盐和海水晒制的盐。

未列举名称且未确定具体适用税率的其他非金属矿原矿、精矿和金属矿原矿、精矿，由省、自治区、直辖市人民政府根据实际情况确定，报财政部和国家税务总局备案。水资源税改革试点工作，自2016年7月1日起先在河北省试点，逐步将森林、草场、滩涂等其他自然资源纳入征收范围。

2）参考答案：

税法对城镇土地使用税纳税义务发生时间的规定如下：购置新建商品房，为房屋交付使用之次月；购置存量房，为办理房屋权属转移、变更登记手续，房地产权属登记机关签发房屋权属证书之次月；出租、出借房产，为交付出租、出借房产之次月；房地产开发企业自用、出租和出借本企业建造的商品房，为房屋使用或交付之次月；新征用的土地，如属耕地的，自批准之日起满1年时开始缴纳城镇土地使用税；如属非耕地的，自批准征用次月起缴纳土地使用税。

3）参考答案：

现行车船税法规定的车船税优惠政策主要包括：（1）以下车船免征车船税：①捕捞、养殖渔船（指在渔业船舶登记管理部门登记为捕捞船或养殖船的船舶）；②军队、武装警察部队专用的车船（指按规定在军队、武装警察部队车船登记管理部门登记，并领取军队、武警牌照的车船）；③警用车船（指公安机关、国家安全机关、监狱、劳动教养管理机关和人民法院、人民检察院领取警用牌照的车辆和执行警务的专用船舶）；④依照法律规定应当予以免税的外国驻华使领馆、国际组织驻华代表机构及其有关人员的车船。（2）对节约能源、使用新能源的车船可以免征或减半征收车船税，免征或减半征收车船税的车船的范围，由国务院财政、税务主管部门商国务院有关部门制定，报国务院批准；对受地震、洪涝等严重自然灾害影响纳税困难以及其他特殊原因确需减免税的车船，可以在一定期限内减征或者免征车船税，具体减免期限和数额由省、自治区、直辖市人民政府确定，报国务院备案。（3）省、自治区、直辖市人民政府根据当地实际情况，可以对公共交通车船，农村居民拥有并主要在农村地区使用的摩托车、三轮汽车和低速载货汽车定期减征或免征车船税。

4）参考答案：

印花税是对经济活动和经济交往中书立、使用、领受具有法律效力的应税凭证征收的一种税。印花税的征税范围包括13个税目：（1）购销合同，包括供应、预购、采购、购销结合及协作、调剂、补偿、易货等合同。（2）加工承揽合同，包括加工、定做、修缮、修理、印刷、广告、测绘、测试等合同。（3）建设工程勘察设计合同，包括勘察、设计合同。（4）建筑安装工程承包合同，包括建筑、安装工程承包合同。（5）财产租赁合同，包括租赁房屋、船舶、飞机、机动车辆、机械、器具、设备等合同。（6）货物运输合同，包括民航、铁路、海上、内河、公路运输和联合运输等合同。（7）仓储保管合同，包括仓储、保管合同。（8）借款合同，包括银行及其他金融机构与借款人（不包括银行同业拆借）所签订的借款合同。（9）财产保险合同和技术合同。财产保险合同包括财产、责任、保证、信用等保险合同。技术合同包括技术开发、转让、咨询、服务等合同。（10）产权转移书据。包括财产所有权和版权、商标专用权、专利权、专有技术使用权等转移书据。（11）营业账簿，指记载资金的账簿。（12）权利许可证照，包括政府部门发给的房屋产权证、工商注册证、专利证、土地使用证等。（13）财政部确定的其他应税凭证。

5）参考答案：

契税是以所有权发生转移的不动产为征税对象，向产权承受人征收的一种税。契税的征税范围是境内转移的土地、房屋权属，具体包括国有土地使用权出让、转让和房屋买卖、赠与和交换。以下方式实现土地、房屋权属转移的，视同土地使用权转让、房屋买卖或赠与征收契税：以土地、房屋权属作价投资入股；以土地、房屋权属抵债；以获奖方式承受土地、房屋权属；以预购方式或预付集资建房方式承受土地、房屋权属。

2.理解题

1）参考答案：

同时满足下列标准的行为所得应计征土地增值税：（1）“国有”标准。“国有”标准是指转让的土地使用权必须为国家所有。（2）“产权转让”标准。“产权转让”标准是指土地使用权、地上建筑物及其附着物的产权必须发生转让。（3）“取得收入”标准。“取得收入”标准是指征收土地增值税的行为必须取得转让收入。

2）参考答案：

现行税法规定的城镇土地使用税的优惠政策主要有：（1）国家机关、人民团体、军队、国家财政部门拨付事业经费的单位、宗教寺庙、公园、名胜古迹自用的土地免税；（2）市政街道、广场和绿化地带等公共用地免税；（3）直接用于农、林、牧和渔业生产的用地免税（但不包括农副产品加工场地和生活办公用地）；（4）经批准开山填海整治的土地和改造的废弃土地，从使用之月起免交城镇土地使用税5～10年；（5）对非营利性医疗机构、疾病控制机构和妇幼保健机构自用的土地免税；（6）企业办的学校、医院、托儿所和幼儿园，其用地能与企业其他用地明确区分的免税；（7）中国人民银行总行（含国家外汇管理局）所属分支机构自用的土地、水利设施管护用地免税；（8）港口的码头用地、盐场的盐滩和盐矿的矿井用地免税；（9）企业厂区以外的公共绿化用地和向社会开放的公园用地免税；（10）由省、自治区、直辖市地方税务局确定的下列项目免税：个人所有的居住房屋及院落用地，免税单位职工家属的宿舍用地，集体或个人办的学校、医院、托儿所及幼儿园用地，向居民供热并向居民收取采暖费的供热企业暂免征收城镇土地使用税，基建项目在建期间使用的土地等。

3）参考答案：

房产税纳税义务发生时间为：纳税人将原有房产用于生产经营的，从生产经营之月起缴纳；纳税人自行新建房屋用于生产经营的，从建成之次月起缴纳；纳税人委托施工企业建造的房屋，从办理验收手续之次月起缴纳，但在办理手续前已使用或出租（出借）的新建房屋，应从使用或出租（出借）的当月起缴纳；纳税人购置新建商品房，自房屋交付使用之次月起缴纳；纳税人购置存量房，自办理房屋权属转移、变更登记手续，房地产权属登记机关签发房屋权属证书之次月起缴纳；出租、出借房产，自交付出租、出借房产之次月起缴纳；房地产开发企业自用、出租和出借本企业建造的商品房，自房屋使用或交付之次月起缴纳。

4）参考答案：

车船税是按年申报，分月计算，一次性缴纳。具体申报纳税期限由各省、自治区、直辖市人民政府规定。车船税由税务机关负责征收，纳税人自行向主管税务机关申报缴纳车船税的，纳税地点为车船登记地；依法不需要办理登记的车船，纳税地点为车船的所有人或者管理人的所在地。由保险机构代收代缴车船税的，纳税地点为保险机构所在地。

5）参考答案：

印花税税率形式有比例税率和定额税率两种。除权利许可证照及营业账簿中的其他账簿使用定额税率外，其他应税项目全部适用比例税率。（1）借款合同，税率0.05‰；（2）购销合同、建筑安装工程承包合同、技术合同，税率0.3‰；（3）加工承揽合同、建设工程勘察设计合同、货物运输合同、产权转移书据、记载资金的营业账簿，税率0.5‰；（4）财产租赁合同、仓储保管合同、财产保险合同，税率1‰；（5）权利许可证照，税率5元/件。

6.3.2 实务题

1.规则复习

1）参考答案：

（1）从价计征进口关税的计算公式为：应纳税额=进口货物关税完税价格×比例税率

其中，不同成交条件下的进口货物关税完税价格的计算公式如下：

以CIF（到岸价格）成交的：关税完税价格=CIF

以CFR（离岸价格+运费）成交的：关税完税价格=（CFR+保险费）=CFR×（1+保险费率）

以FOB（离岸价格）成交的：$\frac{关税}{完税价格}$=（FOB+运费+保险费）=（FOB+运费）×（1+$\frac{保险}{费率}$）

（2）从价计征出口关税计算公式：应纳税额=出口货物关税完税价格×比例税率

其中，不同成交条件下的出口货物关税完税价格计算公式如下：

以CIF（到岸价格）成交的：关税完税价格=（CIF-保险费-运费）÷（1+关税税率）

以CFR（离岸价格+运费）成交的：关税完税价格=（CFR-运费）÷（1+关税税率）

以FOB（离岸价格）成交的：关税完税价格=FOB÷（1+关税税率）

2）参考答案：

资源税应纳税额计算方法有从价计征和从量计征两种。从量计征：应纳税额=计税数量×定额税率；从价计征：应纳税额=计税销售额×比例税率。从价计税的应税产品应以销售额为计税依据。销售额为纳税人销售应税产品向购买方收取的全部价款和价外费用。其构成内容和确定方法与增值税计税依据完全相同，即不含增值税但含有资源税。从量计征的计税依据为计税数量。纳税人开采或生产应税产品销售的，以销售数量为计税数量；开采或生产的应税产品自用的，以使用数量为计税数量；不能准确提供应税产品使用数量的，以应税产品的产量或者主管税务机关确定的折算比换算成的数量为计税数量。

3）参考答案：

土地增值税应纳税额的计算步骤及公式为：

第一步，计算增值额。

增值额=转让收入-扣除项目金额

第二步，计算增值率，确定适用税率。

增值率=增值额÷扣除项目金额×100%

第三步，计算应纳税额。

应纳税额=$\sum$(每级距增值额×适用税率)=增值额×适用税率-扣除项目金额×速算扣除系数

4）参考答案：

房产税应纳税额的计算方法有从价计征和从租计征两种。

从价计征：（年）应纳税额=应税房产原值×（1-扣除比例）×1.2%

从租计征：应纳税额=租金收入×12%（或4%）

5）参考答案：

印花税应纳税额的计算方法有从价计征和从量计征两种。实行从价计征的凭证，以凭证所载金额为计税依据；实行从量计征的凭证，以计税数量为计税依据。应纳税额=计税依据×适用税率。计税依据确定的基本原则如下：购销合同为合同记载的购销金额；加工承揽合同为加工或承揽收入的金额；建设工程勘察设计合同为收取的费用；建筑安装工程承包合同为承包金额；财产租赁合同为租赁金额；货物运输合同为运输费金额（不包括所运货物的金额、装卸费和保险费等）；仓储保管合同为收取的仓储保管费；借款合同为借款金额；财产保险合同为支付（收取）的保险费额；技术合同为所载的价款、报酬或使用费；产权转移书据为其所载的金额；记载资金的账簿为“实收资本”与“资本公积”两项金额的合计金额；权利、许可证照为应税凭证的件数。

实际应用时还应注意以下几点：①同一凭证，载有两个或两个以上经济事项而适用不同税目税率，分别记载金额的，应分别计算应纳税额，相加后按合计税额贴花；未分别记载金额的，按税率高的计税贴花。②合同在签订时无法确定计税金额的，可在签订时先按定额5元贴花，以后结算时再按实际金额补贴印花。③商品购销活动中，采用以货易货方式进行商品交易签订的合同，应按合同所载的购、销合计金额计税贴花。④施工单位将自己承包的建设项目，分包或转包给其他施工单位所签订的分包或转包合同，应按新的分包或转包合同所载金额计税贴花。⑤因购买、继承、赠与所书立的股权转让书据，应依书立时证券市场当日的实际成交价格计算的金额，由立据双方当事人分别按1‰的税率缴纳印花税。⑥应税合同在签订时纳税义务即已发生，不论合同是否兑现或是否按期兑现，均应贴花。对已履行并贴花的合同，所载金额与合同履行后实际结算金额不一致的，只要双方未修改合同金额，一般不再办理完税手续。⑦应纳税额不足1角的，免纳印花税；1角以上的，其尾数不满5分的不计，满5分的按1角计算。⑧应税凭证所载金额为外国货币的，应按凭证书立当日国家外汇管理局公布的外汇牌价折合成人民币计算应纳税额。

2.业务解析

1）参考答案：

一般进口货物关税完税价格包括货价、货物运抵我国境内输入地点起卸前的运输费、保险费。其中：

“货价”是指买方为购买该货物，按税法有关规定调整后的实付或应付价格。下列费用或价值未包括在进口货物的实付或应付价格中的，应计入关税完税价格：由买方负担的除购货佣金以外的佣金和经纪费；由买方负担的与该货物视为一体的容器费用；由买方负担的包装材料和包装劳务费用；与该货物的生产和向我国境内销售有关的，由买方以免费或以低于成本的方式提供并可以按适当比例分摊的料件、工具、模具、消耗材料及类似货物的价款，以及在境外开发、设计等相关服务的费用；作为该货物向我国境内销售的条件，买方必须支付的、与该货物有关的特许权使用费；卖方直接或间接从买方获得的该货物进口后转售、处置或使用的收益。下列费用如能与进口货物实付或应付价格区分的，不得计入该货物的关税完税价格：厂房、机械及设备等货物进口后的基建、安装、装配、维修和技术服务的费用；进口货物运抵境内输入地点起卸后的运输费、保险费；进口关税及其他国内税收。

“运输费、保险费”根据运输方式不同按如下规定确定：①陆运、海运和空运进口货物的运输费和保险费，应当按实际支付的费用计算。如果进口货物的运输费无法确定或未实际发生，海关应当按该货物进口同期运输行业公布的运费率（额）计算运费；按“货价加运费”两者总额的3‰计算保险费。②邮运进口货物的，应当以邮费作为运输费、保险费；以境外边境口岸价格条件成交的铁路或公路运输进口货物的，海关应当按货价的1%

计算运输费、保险费；自驾进口货物，海关在审定关税完税价格时，可以不另行计算运费。

出口货物的关税完税价格由海关以该货物的成交价格以及该货物运至我国境内输出地点装载前的运输费、保险费为基础审查确定。出口货物的成交价格，是指该货物出口时卖方为出口该货物应当向买方直接收取和间接收取的价款总额。出口货物关税完税价格不包括离境口岸至境外口岸之间的运输费、保险费和出口关税。

2）参考答案：

根据税法规定，计算土地增值税时准予从转让收入中扣除的项目有：

（1）取得土地使用权所支付的金额，包括纳税人为取得土地使用权所支付的地价款和在取得土地使用权时按国家统一规定缴纳的有关费用。其中，以出让方式取得的，以支付的土地出让金为地价款；以行政划拨方式取得的，以补交的土地出让金为地价款；以转让方式取得的，以向原土地使用人实际支付金额为地价款。（2）房地产开发成本，是指房地产开发项目实际发生的成本，包括土地征用及拆迁补偿费、前期工程费、建筑安装工程费、基础设施费、公共配套设施费、开发间接费用等。（3）房地产开发费用，是指与房地产开发项目有关的销售费用、管理费用和财务费用。根据税法规定，从转让收入中扣除的房地产开发费用，不按实际发生额扣除，而是按税法规定标准计算扣除。具体计算方法视财务费用中的利息支出的不同分别处理：①财务费用中的利息支出，凡能够按转让房地产项目计算分摊并提供金融机构证明的，允许据实扣除，但最高不能超过按商业银行同类、同期贷款利率计算的金额；其他房地产开发费用，在取得土地使用权所支付的金额和房地产开发成本金额之和的5%以内计算扣除，计算公式为“房地产开发费用=利息+（取得土地使用权所支付的金额+房地产开发成本）×扣除比例”。②财务费用中的利息支出，凡不能按转让房地产项目计算分摊利息或不能提供金融机构证明的，房地产开发费用按取得土地使用权支付金额和房地产开发成本之和的10%以内计算扣除。计算公式为“房地产开发费用=（取得土地使用权所支付的金额+房地产开发成本）×扣除比例”。（4）与转让房地产有关的税金，包括在转让房地产时缴纳的城市维护建设税、印花税、教育费附加。房地产开发企业发生转让行为时缴纳的印花税已列入管理费用，不再扣除。（5）其他扣除项目，特指从事房地产开发的纳税人，可按税法规定标准实行加计扣除。计算公式为“加计扣除费用=（取得土地使用权所支付的金额+房地产开发成本）×20%”。（6）旧房及建筑物的评估价格。由政府批准设立的房地产评估机构评定的重置成本乘以成新度折旧率后的价格。

3）参考答案：

企业核算资源税应设置“应交税费——应交资源税”科目。根据资源矿产品用途不同，其会计核算也存在差异，具体内容如下：对外销售应税产品应缴资源税，应借记“税金及附加”科目，贷记“应交税费——应交资源税”科目；自产自用应税产品应缴资源税，应借记“生产成本”“制造费用”等科目，贷记“应交税费——应交资源税”科目；收购未税矿产品代扣代缴资源税，应借记“应付账款”等科目，贷记“应交税费——应交资源税”科目；企业外购液体盐加工成固体盐，在购入液体盐时，按允许抵扣的资源税，借记“应交税费——应交资源税”科目，按外购价款扣除允许抵扣资源税后的数额，借记“物资采购”等科目，按应支付的全部价款，贷记“银行存款”等科目；企业加工成固体盐销售时，按销售固体盐应缴的资源税，借记“税金及附加”科目，贷记“应交税费——应交资源税”科目，将销售固体盐应纳资源税扣抵液体盐已纳资源税后的差额上交时，借记“应交税费——应交资源税”科目，贷记“银行存款”科目；纳税人按规定缴纳资源税时，借记“应交税费——应交资源税”科目，贷记“银行存款”科目。

4）参考答案：

印花税根据税额大小、贴花次数及税收征收管理的需要，分别采用自行贴花、汇贴或汇缴、委托代征三种方式完成纳税义务。（1）自行贴花是指由纳税人自行计算应纳税额，自行购买并贴足印花税票，自行注销或划销的缴纳方式。此方式一般适用于应税凭证较少或贴花次数较少的纳税人。对已贴花的凭证，修改后所载金额增加的，其增加部分应补贴印花税票；凡多贴印花税票的，不得申请退税或抵用。（2）汇缴是指由纳税人向税务机关提出申请，采取以缴款书代替贴花或按期汇总缴纳的方式。此方式一般适用于应纳税额较大或贴花次数频繁的纳税人。对于一份凭证应纳税额超过500元的，应向税务机关申请填写缴款书，将其中一联粘贴在凭证上或由税务机关在凭证上加注完税标记代替贴花。对于同一种凭证需要频繁贴花的，纳税人可以根据实际情况自行决定是否采用按期汇总缴纳印花税的方式，汇总缴纳的期限为一个月。缴纳方式一经选定，一年内不得改变。凡汇缴印花税的凭证，均应加盖税务机关的汇缴戳记，编号并装订成册后，将已贴印花税票或缴款书粘贴附册后，盖章注销，保存备查。（3）委托代征是受托单位按税务机关的要求，以税务机关的名义向纳税人征收税款的一种方式。受托单位一般是发放、鉴证和公证应税凭证的政府部门或其他社会组织。

5）参考答案：

城镇土地使用税以纳税人实际占用土地面积为计税依据，实行从量计征。其计算公式为：（年）应纳税额=实际占用土地面积×定额税率。凡有省、自治区、直辖市人民政府确定的单位组织测定面积的，以测定面积为依据；尚未组织测量，但纳税人持有政府部门核发的土地使用证书的，以证书确认的土地面积为依据；尚未核发土地使用证书的，以纳税人申报土地面积为依据，待核发土地使用证后再作调整。同时注意：免税单位无偿使用纳税单位土地的，免征城镇土地使用税，但纳税单位无偿使用免税单位土地的，纳税单位应依法缴纳城镇土地使用税。纳税单位与免税单位共同使用同一土地上的多层建筑，对纳税单位应按其占用的建筑面积占建筑总面积的比例计征城镇土地使用税。

6.3.3　案例题

1.案例分析

分析提示：

不正确。应缴纳的印花税为303元。

2.善恶研判

研判提示：

税务机关的处理是恰当的。根据《国家税务总局关于进一步明确房屋附属设备和配套设施计征房产税有关问题的通知》（国税发〔2005〕173号）规定，凡以房屋为载体，不可随意移动的附属设备和配套设施，如给排水、采暖、消防、中央空调、电气及智能化楼宇设备等，无论在会计核算中是否单独记账与核算，都应计入房产原值，计征房产税。因此，企业配置的凡是以房屋为载体、不可以随意移动的消防设施性质上属于应缴纳房产税的配套设施，无论是否计入固定资产原值，均应纳入房产原值缴纳房产税。如果可以随意移动，则不需要缴纳房产税。

6.3.4 实训题

教学建议：

（1）指导学生如何从繁杂的经济业务中选择与其他税相关的典型业务资料，并加以整理，使学生对其他税纳税人、征税范围、适用税率等法律规定有更深的理解。

（2）指导学生根据整理所得的典型业务进行其他税应纳税额核算与申报的实际操练，进一步提高其他税核算申报技能。

（3）培养学生认真细心的工作态度。

"6.4 实训资料"参考答案

实训资料6.4.1

参考答案：

应纳印花税总额=96387.5元，会计分录略。

实训资料6.4.2

参考答案：

（1）应纳城镇土地使用税=470 000元，会计分录略。

城镇土地使用税纳税申报表主要项目：

"本期实际占地面积"：50 000平方米

"法定免税"面积：3 000平方米

"全年应纳税额"：470 000元

（2）应纳房产税=1 344 000元，会计分录略。

房产税纳税申报表主要项目：

"本期实际房产原值"：18 000万元

"从价计税的房产原值"：16 000万元

"规定的免税房产原值"：2 000万元

"全年应纳税额"：134.4万元

理论题　　实务题　　案例题　　实训题

主要参考文献

[1] 中国注册会计师协会编写组. 税法 [M]. 北京：中国财政经济出版社，2018.
[2] 中华人民共和国个人所得税法 [S]. 中华人民共和国主席令第四十八号.
[3] 国务院. 中华人民共和国增值税暂行条例 [S]. 中华人民共和国国务院令第538号.
[4] 国务院. 中华人民共和国消费税暂行条例 [S]. 中华人民共和国国务院令第539号.
[5] 国务院. 中华人民共和国个人所得税法实施条例 [S]. 中华人民共和国国务院令第600号.
[6] 国务院. 中华人民共和国资源税暂行条例 [S]. 中华人民共和国国务院令第605号.
[7] 国务院. 中华人民共和国车船税法实施条例 [S]. 中华人民共和国国务院令第611号.
[8] 中华人民共和国增值税暂行条例实施细则 [S]. 财政部、国家税务总局令第50号.
[9] 中华人民共和国消费税暂行条例实施细则 [S]. 财政部、国家税务总局令第51号.
[10] 盖地. 税务会计与纳税筹划 [M]. 13版. 大连：东北财经大学出版社，2017.
[11] 王碧秀. 中国税收 [M]. 2版. 北京：人民邮电出版社，2017.

附录一 职业核心能力强化训练“知识准备”参照范围

“单元训练”和“综合训练”之“客观题”的“混合选择题”和“主观题”的“实训题”，其“职业核心能力强化训练”需要在操练前，由教师对学生进行“知识准备”的培训，“参照范围”详见“附表1-1”。

附表1-1 职业核心能力强化训练“知识准备”参照表

领域	等级	技能点	“知识准备”参照范围
自我学习	初级	确定短期学习目标	激发学习动力的方法；学习的基本原理；确定目标的原则和方法；编写学习计划的基本规则；取得他人帮助和支持的方法与技巧
		实施短期学习计划	学习的基本原理；学习的方法和技巧；计划落实、控制和调整的方法和技巧；节约时间的诀窍
		检查学习进度	学习方法与学习效果的关系；检查目标进度的方法和技巧（总结、归纳、测量）；成功学的基本要求
	中级	确定中期学习目标	学习的基本原理；确定目标的原则和方法；编写学习计划的基本规则；取得他人帮助和支持的方法或技巧
		实施中期学习计划	学习的基本原理；学习的方法和技巧；计划落实、控制和调整的方法和技巧；关于方法的知识；时间管理的诀窍
		检查学习进度	成功学的基本要点；项目目标检查、总结、归纳的方法；学习迁移的原理与应用知识；学习的观察、认知记忆及提高效率的规律；养成良好学习习惯的方法
	高级	确定长期学习目标	收集和运用信息的方法；有效资源利用的策略；项目论证和测评的方法；编写计划和检查调控计划执行的方法；团队合作的策略和方法
		实施长期学习计划	学习的方法和技巧；有关学习与实践关系的原理；计划落实、控制和调整的方法和技巧；关于思维方法的知识；目标管理的诀窍
		检查学习进度	成功学的基本要点；项目目标检查、总结、归纳的方法；学习迁移的原理与应用知识；学习的观察、认知记忆及提高效率的规律；养成良好学习习惯的方法
信息处理	初级	获取信息	信息的含义、特征与种类；信息收集的原则、渠道和方式；文献和网络索引法；一般阅读法；计算机和网络相关知识
		整理信息	信息的分类方法与原则；信息筛选方法与要求；信息资料手工存储方法；计算机信息存储方法；计算机其他相关知识
		传递信息	信息传递的种类与形式；口语和文字符号的信息传递技巧；现代办公自动化技术；计算机和网络相关技术

续表

领域	等级	技能点	“知识准备”参照范围
信息处理	中级	获取信息	信息的特征与种类；信息收集的范围、渠道与原则；信息收集方法（观察法、询访法）；计算机相关知识；网络相关知识
		开发信息	信息筛选、存储的方法与原则；信息资料的分析、加工的方法；新信息生成或信息预测的方法
		展示信息	口语和文字符号信息展示的技巧；多媒体制作与使用技术；计算机相关应用技术
	高级	获取信息	调查研究的方法和原理；信息收集的范围、方法（问卷法、检索法、购买法、交换法）和原则；信息收集方案选择；计算机和网络相关技术
		开发信息	信息资料鉴别方法；信息资料核校方法；信息资料分析方法；信息资料编写方法（主题提炼、标题选择、结构安排、语言组织）；信息资料加工方法；计算机信息生成知识
		展示信息	口语和文字符号的信息表达技巧；多媒体制作技术；科学决策知识；信息反馈方式与要求；网页设计与网络使用知识；知识产权知识
数字应用	初级	采集、解读数据信息	获取数据的方法（测量法、调查法、读取法）；数的意义（整数、小数、分数及百分数）；常用测量器具的功能与使用方法，常用单位，单位的换算；近似的概念与精度；图表（数表、扇形统计图、条形统计图、示意图）知识
		进行数字计算	计算方法（笔算、口算、珠算、计算器计算）；整数、分数四则运算；近似计算法；验算（逆算法、估算法、奇偶对应法）
		展示和使用数据信息	评价指标；最大值，最小值；平均值；精度
	中级	解读数据信息	获取数据信息的渠道与方法（测量法、调查法、读取法）；数的意义（整数、分数、正数、负数）；总量与分量，比例；误差、精度、估计；复合单位（如速度、速率等）；图表（数表、扇形统计图、条形统计图、折线图、示意图）知识
		进行数据计算	计算方法（笔算、计算器计算、查表、Excel等软件）；整式、分式四则运算、乘方、开方；近似计算（误差估计）；验算（逆算法、估算法、奇偶对应法）
		展示和使用数据信息	评价指标；最大值，最小值；平均值，期望值，方差；绝对误差，相对误差；图表的制作
	高级	解读数据信息	数据信息源的筛选原则（多样性、代表性、可靠性）；数据的采集方案；图表（数表、坐标、比例尺）；频率、频率稳定性；平均、加权平均；误差分析、估算
		进行数据计算	计算方法（笔算、计算器计算，查表，编程计算，Excel等软件）；整式、分式四则计算，乘方、开方；函数（幂函数、指数函数、对数函数、三角函数、反三角函数、复合函数）；近似计算（误差分析）；验算（逆算法、估算法）
		展示和使用数据信息	评价指标；最大值，最小值；平均值，期望值，方差；绝对误差，相对误差；图表的制作

续表

领域	等级	技能点	“知识准备”参照范围
与人交流	初级	交谈讨论	与人交谈主题相关的信息和知识；正确使用规范语言的基本知识；口语交谈方式和技巧；身体语言运用技巧
		阅读和获取资料	资料查询和搜索的方法；一般阅读的方法；文件资料归类的方法；词典类工具书的功能和使用方法；各种图表的功能；网上阅读的方法
		书面表达	与工作任务相关的知识；实用文体的应用；图表的功能和应用；素材选用的基本方法；写作的基本技法；逻辑和修辞初步技法
	中级	交谈讨论	与交谈主题相关的知识和信息；正确使用规范语言的基本知识；口语交谈的技巧；身体语言运用技巧；掌握交谈心理的方法；交谈的辅助手段或多媒体演示技术；会谈和会议准备基本要点
		简短发言	与发言主题相关的知识和信息；当众讲话的技巧（包括运用身体语言的技巧）；简短发言的辅助手段或多媒体演示技术
		阅读和获取资料	资料查询和搜索方法；快速阅读的原理与方法；文件归类的方法；各种图表的功能
		书面表达	与工作任务相关的知识；实用文体的应用；图表的功能和应用；素材选用的基本方法；文稿排版和编辑的技法；写作的基本技法；逻辑和修辞常用技法
	高级	交谈讨论	与会谈主题相关的知识和信息；语言交流的艺术和技巧；交谈的辅助手段或多媒体演示技术；总结性话语运用的技巧；谈判的心理和技巧；会议准备的基本要点；主持会议的相关程序
		当众讲演	与发言主题相关的知识和信息；演讲的技巧和艺术；演讲辅助手段或多媒体演示技术
		阅读和获取资料	资料查询和搜索方法；快速阅读的技巧；各种图表的功能
		书面表达	与工作任务相关的知识；实用文体的应用；图表的功能和应用；素材选用的基本方法；文稿排版和编辑的技法；写作的基本技法；逻辑和修辞技法
与人合作	初级	理解合作目标	活动要素的群体性与分工合作的关系；职业团队的概念、特征与种类，组织的使命、目标、任务；自身的职业价值，个人在组织中的作用
		执行合作计划	服从的基本概念，指令、命令的含义；求助的意义，人的求助意识；职业生活的互助性，帮助他人的价值
		检查合作效果	工作进度的概念，影响工作进度的因素；工作进程的检查，调整工作程序；工作汇报的程序、要领

续表

领域	等级	技能点	“知识准备”参照范围
与人合作	中级	制订合作计划	聚合型团队、松散型团队和内耗型团队的特征；组织内部的冲突情况，剖析内耗型团队的心理根源；合作双方的利益需求和社会心理需求
		完成合作任务	民族、学历、地域、年龄等差异；人的工作和生活习惯、办事规律；宽容的心态，容忍的方法
		改善合作效果	使他人接受自己的意见、改变态度的策略；在会议上提出意见和建议的规则；改变自己的态度，接受他人批评指责的心理准备
	高级	调整合作目标	领导科学与管理方法；组织文化的形成和发展；目标管理与时间管理
		控制合作进程	人际交往与沟通的知识和相关能力；有效激励的方法与技巧；批评的途径、方法和注意事项
		达到合作目标	信息的采集与整理，组织经济效益的统计学知识；员工绩效测评的基本方法和程序；合作过程的风险控制意识和防范
解决问题	初级	分析问题提出方案	分析问题的方法；归纳问题的方法；对比选择的方法；判断和决策的方法；关于相关问题本身的专业知识和发展规律的认识
		实施计划解决问题	撰写工作计划的相关知识；信息检索、文献查询的有关方法；逻辑判断、推理的相关知识；解决问题的技巧
		验证方案改进方式	分析和检查问题的方法；跟踪调查的方法；工作总结的规则和写作方法
	中级	分析问题提出方案	分析问题的方法；归纳问题的方法；对比选择的方法；判断和决策的方法；关于相关问题本身的专业知识和变化规律的认识
		实施计划解决问题	应用写作学中关于撰写工作计划的相关知识；信息检索、文献查询的有关方法；逻辑判断、推理的相关知识；解决问题的技巧；与他人合作的知识和方法
		验证方案改进计划	分析和检查问题的方法；跟踪调查的方法；工作总结的规则和写作方法
	高级	分析问题提出对策	决策科学的系统知识；形式逻辑、辩证逻辑思维的系统知识和方法；分析问题的系统知识和技巧；群体创新技法的系统知识；数学建模方法；关于相关问题本身的专业知识和变化规律的认识
		实施方案解决问题	关于撰写工作计划的系统知识；信息检索、文献查询的系统知识和方法；有关价值工程、现场分析和形态分析的知识；解决问题的技巧；有关进度评估的知识；与人合作的系统知识和方法
		验证方案改进计划	分析和检查问题的方法；跟踪调查的方法；工作总结的规则和写作方法；创新技法

续表

领域	等级	技能点	“知识准备”参照范围
革新创新	初级	揭示不足提出改进	关于思维和创造性思维的一般知识；关于思维定式的突破思维障碍的知识；关于相关事物本身的专业知识和发展规律的认识
		作出创新方案	列举类技法和设问类技法的原理、特点、适用范围和具体操作的知识；有关分解类技法、组合类技法、分解组合类技法的原理、特点、适用范围和具体操作方法的知识；收集信息、案例的知识和方法
		评估创新方案	有关创新成果价值评定的知识；可行性分析的知识；撰写可行性报告的知识
	中级	揭示不足提出改进	有关思维障碍形成的知识；横向、逆向、灵感思维的知识；换向、换位思维的知识；逻辑判断和推理知识；关于相关事物本身的专业知识和发展规律的认识
		作出并实施创新方案	有关类比类技法和移植类技法的知识；有关德尔斐法和综摄法的知识；有关还原法、换向思考类技法的知识
		评估创新方案	有关项目可行性测评的知识；有关最佳方案评估的知识；撰写评估报告的知识
	高级	揭示不足提出改进	创新能力构成和提升的知识；有关事物运动、变化和发展的知识；灵活运用各种思维形式的知识；关于相关事物本身的专业知识和发展规律的认识
		作出并实施创新方案	有关价值工程、现场分析和形态分析的知识；针对不同事物运用不同创新方法的知识；综合运用各种创新方法的知识
		评估创新方案	可持续创新的知识；有关创新原理的知识；有关知识产权的知识；技术预测和市场预测知识

（资料来源：劳动和社会保障部职业技能鉴定中心. 职业核心能力标准［M］. 北京：人民出版社，2007.本表参照“资料来源”所列文献相关内容提炼与编制）

附录二 案例分析、职业核心能力和职业道德训练与考核参照规范及标准

附表 2-1　　　　案例分析考核表

考核指标		考核内容	分项成绩
形成性考核 $\sum 50$	个人准备 $\sum 20$	案例概况；讨论主题；问题理解；揭示不足；创新意见；决策标准；可行性方案	
	小组讨论 $\sum 15$	上课出席情况；讨论发言的参与度；言语表达能力；说服力大小；思维是否敏捷	
	班级交流 $\sum 15$	团队协作；与人交流；课堂互动等方面的满意度；讨论参与的深度与广度	
课业考核 $\sum 50$	分析依据 $\sum 8$	分析依据的客观性与充分性	
	分析步骤 $\sum 8$	分析步骤的恰当性与条理性	
	理论思考 $\sum 8$	理论思考的正确性、深刻性与全面性	
	解决问题 $\sum 8$	理解问题与解决问题能力的达标性	
	革新创新 $\sum 10$	揭示不足与提出改进能力的达标性	
	文字表达 $\sum 8$	文字表达能力的强弱性	
总成绩 $\sum 100$			
教师评语	签名： 20　年　月　日		
学生意见	签名： 20　年　月　日		

附表2-2　　职业核心能力考核参照规范与标准

领域	等级	基本要求	技能点	参照规范与标准
自我学习	初级	具备学习的基本能力，在常规条件下能运用这些能力适应工作和学习要求	确定短期学习目标	能明确学习动机和目标，并计划时间、寻求指导
			实施短期学习计划	能按照行动要点开展工作、按时完成任务，使用不同方式、选择和运用不同的学习方法实现目标，并能对计划及时作出调整
			检查学习进度	能对学习情况提出看法、改进意见和提高学习能力的设想
	中级	主要用理解式接受法，对有兴趣的任务可以用发现法掌握知识信息；在更广泛的工作范围内灵活运用这些能力以适应工作岗位各方面需要	确定中期学习目标	能明确提出多个学习目标，列出实现各目标的行动要点，确定实现目标的计划，并运筹时间
			实施中期学习计划	能开展学习和活动，通过简单的课程和技能训练，提高工作能力
			检查学习进度	能证明取得的学习成果，并能将学到的东西用于新的工作任务
	高级	能较熟练灵活地运用各种学习法在最短时间内掌握急需知识信息；能广泛地搜集、整理、开发和运用信息，善于学习、接受新的事物，以适应复杂工作和终身发展的要求	确定长期学习目标	能根据各种信息和资源确定要实现的多个目标及途径，明确可能影响计划实现的因素，确认实现目标的时限，制订行动要点和时间表，预计困难和变化
			实施长期学习计划	能保证重点、调整落实、处理困难、选择方法，通过复杂的课程和技能训练提高工作能力
			检查学习进度	能汇总学习成果、成功经验和已实现的目标，证明新学到的东西能有效运用于新选择的职业或工作任务
信息处理	初级	具备进入工作岗位最基本的信息处理能力，在常规条件下能收集、整理并传递适应既定工作需要的信息	获取信息	能通过计算机或网络获取信息
			整理信息	能使用不同方法、从多个资源中选择、收集和综合信息，并通过计算机编辑、生成和保存信息
			传递信息	能通过口语、书面形式，用合适的版面编排、规范的方式展示、电子手段传输信息
	中级	在更广泛的工作范围内获取需要的信息，进行信息开发处理，并根据工作岗位各方面的需要展示组合信息	获取信息	能定义复杂信息任务，确定搜寻范围，列出资源优先顺序，通过询访法和观察法搜寻信息
			开发信息	能对信息进行分类、定量筛选、运算分析、加工整理，用计算机扩展信息
			展示信息	能通过演说传递信息，用文字图表、计算机排版展示组合信息，用多媒体辅助信息传达

续表

领域	等级	基本要求	技能点	参照规范与标准
信息处理	高级	广泛地搜集、深入地整理开发、多样地传递、灵活地运用信息，以适应复杂的工作需要；具备信息处理工作的设计与评估能力，并表现出较强的组织与管理能力	获取信息	能分析复杂信息任务，比较不同信息来源的优势和限制条件，选择适当技术、使用各种电子方法发现和搜寻信息
			开发信息	能辨别信息真伪，定性核校、分析综合、解读与验证资料，建立较大规模的数据库，用计算机生成新的信息
			展示信息	能用新闻方式发布、平面方式展示、网络技术传递，利用信息预测趋势、创新设计，收集信息反馈，评估使用效果
数字应用	初级	具备进入工作岗位最基本的数字应用能力，在常规条件下能运用这些能力适应既定工作的需要	采集、解读数据信息	能按要求测量并记录结果，准确统计数目，解读简单图表，读懂各种数字，并汇总数据
			进行数字计算	能进行简单计算并验算结果
			展示和使用数据信息	能正确使用单位，根据计算结果说明工作任务
	中级	在更广泛的工作范围内，灵活地运用数字应用能力以适应工作岗位各方面的需要	解读数据信息	能从不同信息源获取信息，读懂、归纳、汇总数据，编制图表
			进行数据计算	能从事多步骤、较复杂的计算，使用公式计算结果
			展示和使用数据信息	能使用适当方法展示数据信息和计算结果，设计并使用图表，根据结果准确说明工作任务
	高级	具备熟练把握数字和通过数字运算来解决实际工作中的问题的能力，适应更复杂的工作需要	解读数据信息	能组织大型数据采集活动，通过调查和实验获取、整理与加工数据
			进行数据计算	能从事多步骤的复杂计算，并统计与分析数据
			展示和使用数据信息	能选择合适的方法阐明和比较计算结果，检查并论证其合理性，设计并绘制图表，根据结果作出推论，说明和指导工作
与人交流	初级	具备进入工作岗位最基本的与人交流能力，在常规条件下能运用这些能力适应既定工作的需要	交谈讨论	能围绕主题，把握讲话的时机、内容与长短，倾听他人讲话，多种形式回应；使用规范易懂的语言、恰当的语调和连贯的语句清楚地表达意思
			阅读和获取资料	能通过有效途径找到所需资料，识别有效信息，归纳内容要点，整理确认内容，会做简单笔记
			书面表达	能选择基本文体，利用图表、资料撰写简单文稿，并掌握基本写作技巧

续表

领域	等级	基本要求	技能点	参照规范与标准
与人交流	中级	在更广泛的工作范围内，灵活运用这些能力以适应工作岗位各方面的需要	交谈讨论	能始终围绕主题参与，主动把握讲话时机、方式和内容，理解对方谈话内容，推动讨论进行，全面准确传达一个信息或观点
			简短发言	能为发言做准备，当众讲话并把握讲话内容、方式，借助各种手段说明主题
			阅读和获取资料	能根据工作要求从多种资料筛选有用信息，看懂资料的观点、思路和要点，并整理汇总资料
			书面表达	能掌握应用文体，注意行文格式；组织利用材料，充实内容要点；掌握写作技巧，清楚表达主题；注意文章风格，提高说服力
	高级	在工作岗位上表现出更强的组织和管理能力，通过运用与人交流的能力适应更复杂的工作需要	交谈讨论	始终把握会议主题，听懂他人讲话内容并作出反应，主持会议或会谈，全面准确表述复杂事件或观点
			当众讲演	能为讲演做准备，把握讲演的内容、方式，借助各种手段强化主题
			阅读和获取资料	能为一个问题或课题找到相关资料，看懂资料的思路、要点、价值和问题，分析、筛选和利用资料表达主题
			书面表达	能熟悉专业文书，把握基本要求；有机利用素材，说明内容要点；掌握写作技巧，清楚恰当表达主题；采用适当风格，增强说服力
与人合作	初级	理解个人与他人、群体的合作目标，有效地接受上级指令；准确、顺利地执行合作计划；调整工作进度，改进工作方式；检查工作效果	理解合作目标	能确定合作的基础和利益共同点，掌握合作目标要点和本单位人事组织结构，明确个人在团队中的职责和任务
			执行合作计划	能接受上级指令，准确、顺利地执行合作计划
			检查合作效果	能通过检查工作进展情况，改进工作方式，促进合作目标实现
	中级	与本部门同事、内部横向部门、外部相关部门共同制订合作计划；协调合作过程中的矛盾关系，按照计划完成任务；在合作过程中遇到障碍时提出改进意见，推进合作进程	制订合作计划	能与本部门同事、组织内部横向部门、组织外部相关部门共同制订合作计划
			完成合作任务	能与他人协同工作，处理合作过程中的矛盾
			改善合作效果	能判断合作障碍，表达不同意见，接受批评建议，弥补双方失误

续表

领域	等级	基本要求	技能点	参照规范与标准
与人合作	高级	根据情况变化和合作各方的需要，调整合作目标；在变动的工作环境中，控制合作进程；预测和评价合作效果，达成合作目的	调整合作目标	能发现各方问题，协调利益关系，进行有效沟通，调整合作计划与工作顺序
			控制合作进程	能整合协调各方资源，妥善处理矛盾，排除消极因素，激发工作热情
			达到合作目标	能及时全面检查工作成效，不断改善合作方式
解决问题	初级	具备进入工作岗位最基本的解决问题能力，在常规条件下能根据工作的需要，解决一般简单和熟悉的问题	分析问题提出方案	能用几种常用的办法理解问题，确立目标，提出对策或方案
			实施计划解决问题	能准备、制订和实施被人认可并具有一定可行性的计划
			验证方案改进方式	能寻找方法，实施检查，鉴定结果，提出改进方式
	中级	在有限的资源条件下，根据工作岗位的需要，解决较复杂的问题	分析问题提出方案	能描述问题，确定目标，提出并选择较佳方案
			实施计划解决问题	能准备、制订和实施获得支持的较具体计划，并充分利用相关资源
			验证方案改进计划	能确定方法，实施检查，说明结果，利用经验解决新问题
	高级	在工作岗位上表现出更强的解决问题能力，在多种资源条件下，根据工作需要解决复杂和综合性问题	分析问题提出对策	在提出解决问题的对策时，能分析探讨问题的实质，提出解决问题的最优方案，并证明这种方案的合理性
			实施方案解决问题	在制订计划、实施解决办法时，能制订并实施获得认可的详细计划与方案、并能在实施中寻求信息反馈，评估进度
			验证方案改进计划	在检查问题、分析结果时，能优选方法，分析总结，提出解决同类问题的建议与方案
革新创新	初级	在常规工作条件下，能根据工作需要，初步揭示事物的不足，运用创新思维和创新技法进行创新活动	揭示不足提出改进	能揭示事物不足，提出改进意见
			作出创新方案	能在采纳各方意见的基础上，确定创新方案的目标、方法、步骤、难点和对策，指出创新方案需要的资源和条件
			评估创新方案	能进行自我检查，正确地对待反馈信息和他人意见，对创新方案及实施作出客观评估，并根据实际条件加以调整

续表

领域	等级	基本要求	技能点	参照规范与标准
革新创新	中级	根据工作发展需要，在更广泛的工作范围内揭示事物的不足，较熟练地运用创新思维和创新技法进行创新活动，并对创新成果进行分析总结	揭示不足提出改进	能在新需求条件下揭示事物的不足，提出改进事物的创新点和具体方案
			作出并实施创新方案	能从多种选择中确认最佳方案，并利用外界信息、资源和条件实施创新活动
			评估创新方案	能按常规方式和专业要求，对创新改进方法和结果的价值进行评估，根据实际条件进行调整，并指导他人的创新活动
	高级	在工作岗位上表现出更强的创新能力，在复杂的工作领域，能根据工作需要揭示事物的不足，熟练运用创新思维和创新技法进行创新活动，对创新成果进行理论分析、论证、总结和评估，并指导他人的创新活动	揭示不足提出改进	能通过客观分析事物发展与需求之间的矛盾揭示事物的不足，提出首创性的改进意见和方法
			作出并实施创新方案	能根据实际需要，设计并实施创新工作方案，并在条件变化时坚持创新活动
			评估创新方案	能按常规方式和专业要求，对创新方法和结果进行检测和预测风险；针对问题调整工作方案，总结经验，指导他人，提出进一步创新改进的方法

（资料来源　劳动和社会保障部职业技能鉴定中心．职业核心能力培训测评标准（试行）（共7册）及其《训练手册》（共6册）［M］．北京：人民出版社，2007.本表参照“资料来源”所列文献相关内容提炼与编制）

附表2-3　**职业道德考核参照规范与标准**

职业道德领域	参照规范与标准
职业观念	对职业、职业选择、职业工作、会计人员职业道德和企业会计伦理等问题具有正确的看法
职业情感	对职业或职业模拟有愉快的主观体验、稳定的情绪表现、健康的心态、良好的心境，具有强烈的职业认同感、职业荣誉感和职业敬业感
职业理想	对将要从事的职业种类、职业方向与事业成就有积极的向往和执着的追求
职业态度	对职业选择或模拟选择有充分的认知和积极的倾向与行动
职业良心	在履行职业义务时具有强烈的道德责任感和较高的自我评价能力
职业作风	在职业模拟、职业实践或职业生活的自觉行动中，具有体现职业道德内涵的一贯表现
职业守则	爱岗敬业，诚实守信，廉洁自律，客观公正，坚持原则，提高技能，参与管理，强化服务

附表2-4　　能力考核采分系数表

系　数	达标程度
90%～100%	能依照全部考核要求，圆满、高质地完成此种能力所属各项技能操作，其效率与稳定性俱佳
80%～89%	能依照多数考核要求，圆满、高质地完成此种能力所属各项技能操作，其效率与稳定性较佳
70%～79%	能依照多数考核要求，较圆满、高质地完成此种能力所属各项技能操作，其效率与稳定性一般
60%～69%	能依照多数考核要求，基本完成此种能力所属各项技能操作，其效率与稳定性一般
60%以下	只能依照少数考核要求，基本完成此种能力所属各项技能操作，其效率与稳定性较低

新概念教材

总策划 许景行

高职高专教育会计专业精品课程教材新系

多元整合型一体化系列

"十二五"辽宁省重点图书出版规划项目

税务会计——原理、实务、案例、实训
训练手册

（第五版）

王碧秀 主编
梁伟祥 主审

ISBN 978-7-5654-3330-6

9 787565 433306 >

定价:29.00元

21世纪高等职业教育精品教材 · 金融类

保险实务

（第二版）

杨华　主编
鞠文欣　副主编

BAOXIAN
SHIWU

东北财经大学出版社
Dongbei University of Finance & Economics Press
国家一级出版社
全国百佳图书出版单位